U0522959

本书受到云南省哲学社会科学学术著作出版专项经费资助

金融资源错配、股权结构特征和企业创新投入

卢佳瑄 ○ 著

Financial Resources Misallocation,
Ownership Structure and Innovation Input of Companies

中国社会科学出版社

图书在版编目（CIP）数据

金融资源错配、股权结构特征和企业创新投入／卢佳瑄著．—北京：中国社会科学出版社，2023.7
ISBN 978-7-5227-2453-9

Ⅰ.①金… Ⅱ.①卢… Ⅲ.①金融—资源分配—研究—中国②企业产权—研究—中国 Ⅳ.①F832.1②F279.21

中国国家版本馆 CIP 数据核字（2023）第 155152 号

出 版 人	赵剑英
责任编辑	彭　丽　李　沫
特约编辑	单　钊
责任校对	刘　健
责任印制	王　超

出　　版	中国社会科学出版社
社　　址	北京鼓楼西大街甲 158 号
邮　　编	100720
网　　址	http://www.csspw.cn
发 行 部	010-84083685
门 市 部	010-84029450
经　　销	新华书店及其他书店
印　　刷	北京君升印刷有限公司
装　　订	廊坊市广阳区广增装订厂
版　　次	2023 年 7 月第 1 版
印　　次	2023 年 7 月第 1 次印刷
开　　本	710×1000　1/16
印　　张	13.75
插　　页	2
字　　数	219 千字
定　　价	78.00 元

凡购买中国社会科学出版社图书，如有质量问题请与本社营销中心联系调换
电话：010-84083683
版权所有　侵权必究

前　言

当前，中国正面临经济增速放缓、产业转型升级等重大经济问题，正经历从投资驱动转向创新驱动的新常态。制造业是实体经济的核心力量，更是创新活动的主要载体，而金融支持已经成为制造业创新与转型升级的必要条件，金融资源错配是制造企业进行创新活动时首先需要面对的难题。长期以来，中国制造企业技术效率并不令人满意，尤以全要素生产率为代表的制造企业技术能力未能取得显著提升。低效要素配置诱致企业偏离最优技术选择是主要原因，而金融资源错配也已成为中国要素市场的典型特征。党的十八届三中全会以来，随着混合所有制改革的深入推进，中国企业的股权结构更多呈现出多元化混合式特征。股权结构特征在一定程度上反映了现代企业产权制度的健全程度，对企业应对创新过程中的"拦路虎"具有积极意义。企业破除创新过程中金融资源错配可能造成的障碍，除了寄希望于外部的金融供给侧结构性改革以外，更应该从企业自身入手。面临金融资源错配时如何通过完善企业制度助力企业创新，是当前形势下一个亟待研究的主题。因此，揭示金融资源错配对于制造企业技术选择与创新激励的内在决定机制，解析股权结构优化的作用机制，构建缓解路径与方案，成为统筹中国制造企业创新资源配置体系的重要内容，更是实现创新驱动战略有效落地的必要前提。

基于此，本书以中国 2011—2020 年制造业上市公司为研究对象，就不同类型金融资源错配对企业创新投入的影响以及股权结构对其作用机制进行实证研究，试图回答以下三个主要问题：第一，金融资源错配对企业创新投入产生什么影响？第二，金融资源错配对企业创新投入的影响机制是什么？第三，什么样的股权结构特征有利于金融资源错配与企业创新投入的关系的改善？

本书主要研究结论如下：

（1）金融资源错配对企业创新投入具有抑制作用，这种抑制作用主要是由供给不足型错配造成的，金融资源供给不足型错配程度越高对企业创新投入的抑制作用越强，而供给过度型错配对企业创新投入无显著影响。进一步分析发现金融资源错配对创新持续性的影响基本延续了对创新投入的影响。以不同专利类型反映企业的创新偏好发现，供给不足型错配对不同激进程度创新偏好均具有显著的抑制作用，这种抑制作用随创新质量由高到低呈递减趋势；供给过度型错配对发明专利和实用新型专利均无显著抑制作用，但对外观设计专利反而具有促进作用，说明低质量创新行为很可能是供给过度型错配企业的一种迎合性策略性创新选择。进一步关注金融资源不同错配类型是否影响创新投入与未来业绩的敏感性发现，供给不足型错配程度越高，越有利于创新投入对未来业绩的促进作用；而供给过度型错配程度越高，越发降低未来业绩对创新投入的敏感性。

（2）金融资源不同错配类型影响企业创新投入的机制有所不同：供给不足型错配主要通过加剧融资约束效应和寻租挤占效应进而抑制企业创新投入，融资约束和寻租活动在供给不足型错配对企业创新投入的影响中表现为中介效应；而供给过度型错配通过缓解融资约束效应促进创新投入的同时还会通过加剧投资替代效应抑制创新投入，融资约束与金融资产投资在供给过度型错配对企业创新投入的影响中表现为遮掩效应。也恰恰由于同时存在这两种作用力相反的间接效应，使得供给过度型错配对企业创新投入的总效应被遮掩。

（3）以股权多元度和股权混合度表征企业股权结构特征，检验金融资源错配与股权结构对企业创新投入的影响发现：相比股权多元度，股权混合度的提升更能够显著缓解金融资源错配对企业创新投入的抑制作用，并且这种缓解作用在供给过度型错配企业中表现更突出。考察不同产权性质下金融资源错配与股权混合度对企业创新投入的影响发现，股权混合度对金融资源错配抑制企业创新投入的缓解，主要在金融资源供给不足型错配的民营企业和供给过度型错配的国有企业中发挥显著作用，且在国有企业的缓解作用更强。考察不同金融发展水平下金融资源错配与股权混合度对企业创新投入的影响发现，越是在金融市场发达的地区，股权混合度对金融资源错配抑制企业创新投入的缓解作用越得以有效发挥。进一步研究发现，只有在保证企业控股股东地位的前提下，股权混合度，即异质性股东参股比例越高才越有利于缓解金融资源错配对企业创新投入的抑制。单独就机构投资者参股对缓解金融资源错配抑制企业创新投入的作用进行分析发现，机构参股的股东总量多比单一机构持股量大在缓解金融资源错配抑制企业创新投入方面更有效果。

本书的创新之处如下：

第一，拓展了不同类型金融资源错配对企业创新影响的研究。本书基于中国现实情境，将金融资源错配区分为供给不足和供给过度两种类型，侧重于分析和验证不同金融资源错配类型对企业创新影响的差异，拓展了不同类型的金融资源错配对从创新投入到高质量创新产出再到产出效益整个创新链条的研究，为企业创新影响因素的研究补充了新的经验证据。

第二，明确了金融资源供给过度型错配与供给不足型错配分别对企业创新投入的影响机制。本书基于微观企业视角，分析并揭示了不同类型的金融资源错配对企业创新投入的影响机制差异，研究结论为理解金融资源错配作用于企业创新行为的机制提供全面的经验证据，也为研究不同企业金融资源错配的矫正机制提供了可供参考的政策启示。

第三，丰富了微观企业产权制度视角下金融资源错配经济后果调节效应的研究。本书将混合所有制改革背景下中国企业股权结构所呈现的新特征纳入金融资源错配境遇下企业创新价值链中，将金融资源错配、股权结构和创新投入置于同一维度，揭示了三者之间的作用机制。同时，对股权混合度的度量方法进行了改进：在追溯终极控股权的基础上，分别使用最大异质性股东参股比例和异质性股东参股比例的绝对值与相对值反映异质股东对控股股东的制衡作用。研究结论对厘清产权制度对金融资源错配与创新关系调节机制的理论作用边界提供了有益的理论参考。

目 录

第一章 绪论 ……………………………………………………… (1)
  第一节 研究背景与研究意义 ……………………………… (1)
  第二节 概念界定 …………………………………………… (7)
  第三节 研究思路与研究内容 ……………………………… (13)
  第四节 研究方法与技术路线 ……………………………… (16)
  第五节 创新点 ……………………………………………… (18)

第二章 文献综述 ………………………………………………… (20)
  第一节 金融资源错配的相关研究 ………………………… (20)
  第二节 融资对企业创新的影响研究 ……………………… (26)
  第三节 股权结构对企业创新的影响研究 ………………… (37)
  第四节 文献评述 …………………………………………… (42)

第三章 理论基础与分析框架 …………………………………… (45)
  第一节 理论基础 …………………………………………… (45)
  第二节 理论启示与分析框架 ……………………………… (55)

第四章 金融资源错配对企业创新投入的影响 ………………… (59)
  第一节 理论分析与研究假设 ……………………………… (59)
  第二节 研究设计 …………………………………………… (63)
  第三节 实证结果分析 ……………………………………… (69)

第四节　进一步分析 …………………………………………… (86)
　　第五节　本章小结 ……………………………………………… (96)

第五章　金融资源错配对企业创新投入的影响机制 …………… (97)
　　第一节　理论分析与研究假设 ………………………………… (97)
　　第二节　研究设计 ……………………………………………… (103)
　　第三节　实证结果分析 ………………………………………… (108)
　　第四节　本章小结 ……………………………………………… (127)

第六章　股权结构特征对金融资源错配与企业创新投入
　　　　　关系的影响 …………………………………………… (128)
　　第一节　理论分析与研究假设 ………………………………… (129)
　　第二节　研究设计 ……………………………………………… (136)
　　第三节　实证结果分析 ………………………………………… (140)
　　第四节　进一步分析 …………………………………………… (171)
　　第五节　本章小结 ……………………………………………… (180)

第七章　研究结论与展望 ………………………………………… (182)
　　第一节　研究结论与政策建议 ………………………………… (182)
　　第二节　研究不足与研究展望 ………………………………… (186)

附　录 ……………………………………………………………… (187)
　　附录 A1　有无实际控制人与金融资源错配程度的回归结果 …… (187)
　　附录 A2　是否发生终极控制权转移与金融资源错配程度的
　　　　　　 回归结果 …………………………………………… (188)

参考文献 …………………………………………………………… (190)

图表目录

图 1-1　影响中国企业股权结构的重大时间节点……………………（12）
图 1-2　技术路线………………………………………………………（17）
图 3-1　理论分析框架…………………………………………………（58）
图 5-1　金融资源错配对创新投入的影响机制………………………（98）
图 6-1　股权结构特征对金融资源错配与创新投入关系的
　　　　影响…………………………………………………………（130）
图 6-2　股权混合度对金融资源错配抑制创新投入的缓解
　　　　作用…………………………………………………………（147）
图 6-3　异质性股东持股比例与股权性质的变动关系………………（171）

表 1-1　反映股权结构特征变量的辨析………………………………（13）
表 4-1　金融资源错配常见度量方法…………………………………（65）
表 4-2　主要变量定义…………………………………………………（68）
表 4-3　主要变量描述性统计分析……………………………………（69）
表 4-4　主要变量相关系数矩阵………………………………………（72）
表 4-5　金融资源错配与创新投入的回归结果………………………（73）
表 4-6　替换解释变量下的稳健性检验………………………………（77）
表 4-7　替换被解释变量下的稳健性检验……………………………（79）
表 4-8　改变模型和样本下的稳健性检验……………………………（82）
表 4-9　倾向得分匹配法下的稳健性检验……………………………（84）
表 4-10　工具变量法下的稳健性检验…………………………………（86）

表 4-11	金融资源错配与创新持续性的回归结果	(88)
表 4-12	金融资源错配与创新偏好的回归结果	(91)
表 4-13	金融资源错配与创新投入对未来业绩的影响	(95)
表 5-1	主要变量定义	(106)
表 5-2	主要变量按错配类型分组检验	(108)
表 5-3	主要变量相关系数矩阵	(110)
表 5-4	供给不足型错配对创新投入的中介效应	(111)
表 5-5	供给过度型错配对创新投入的遮掩效应	(113)
表 5-6	Bootstrap法下供给不足型错配对创新投入的中介效应检验	(119)
表 5-7	Bootstrap法下供给过度型错配对创新投入的遮掩效应检验	(119)
表 5-8	替换中介变量的稳健性检验	(121)
表 5-9	改变估计样本的稳健性检验	(123)
表 5-10	加入金融资源错配滞后期的稳健性检验	(125)
表 6-1	股东分类规则	(136)
表 6-2	主要变量定义	(139)
表 6-3	主要变量描述性统计分析	(141)
表 6-4	主要变量相关系数矩阵	(142)
表 6-5	金融资源错配与股权多元度对创新投入的影响	(143)
表 6-6	金融资源错配与股权混合度对创新投入的影响	(145)
表 6-7	按产权性质分组主要变量差异检验	(151)
表 6-8	不同产权性质下金融资源错配与股权混合度对创新投入的影响	(152)
表 6-9	不同金融发展程度下金融资源错配与股权混合度对创新投入的影响	(158)
表 6-10	替换解释变量的稳健性检验	(162)
表 6-11	替换被解释变量的稳健性检验	(165)
表 6-12	剔除无异质股东样本后的稳健性检验	(167)

表6-13 剔除异质股东持股和小于10%样本后的稳健性
　　　　检验……………………………………………………（169）
表6-14 有无实际控制人的分析……………………………（172）
表6-15 是否发生控制权转移的分析………………………（175）
表6-16 金融资源错配与机构股东参股与对创新投入的
　　　　影响……………………………………………………（178）

第 一 章

绪　　论

第一节　研究背景与研究意义

一　研究背景

(一) 金融资源错配问题突出

金融为经济持续增长的动能培育提供了不可或缺的支持与保障作用，金融发展影响着微观经济主体融资程度，进而影响着他们对其他生产要素的支配能力。依循中国改革开放以来经济发展的现实脉络不难发现，金融发展及其带来的规模化的资本积累，快速推动工业化进程，助推中国经济实现高速增长，然而增长奇迹更多依赖于生产要素的大量投入与扩张，这种粗放式经济增长背后也暴露出中国金融体系所存在的金融资源错配问题，不健全的市场、不适宜的政策等体制性因素往往是导致资源错配的重要原因。[1]

改革开放后中国金融业发展迅速，服务能力大幅提升，目前中国已基本形成多层次金融市场体系，涵盖了银行、证券、保险、基金等多个金融领域，并通过多年来在产品市场和要素市场上进行的一系列改革举措，极大推动了市场化进程。然而，受历史条件、经济基础及经济调控能力等多因素的影响，金融资源的供给一直存在结构性缺陷：股票、债券等直接融资机制发展滞后，作为主要金融业态的间接融资以国有四大

---

[1] Diego Restuccia and Richard Rogerson, "Misallocation and Productivity", *Review of Economic Dynamics*, Vol. 16, No. 1, 2013, pp. 1–10.

商业银行为主导。国有商业银行作为政策制度安排的传导主体加之自身的治理机制、技术能力仍存在缺陷，使得金融资源配置效率还无法完全适应市场经济的高速发展进程。金融制度不完善及政府不当干预是造成中国金融资源错配问题的重要原因。中国金融市场化进程相对滞后，银行系统普遍采用条块化垂直化管理模式，地方政府对所属辖区内国有银行拥有一定人事任免权，同时还可能参股或控股城市商业银行，以 GDP 为导向的政绩考核目标致使地方政府通过直接行政干预或隐性干预方式影响着银行信贷决策，政府对资本的定价机制的干预不当使市场利率无法反映金融市场供需双方的真实状态。此外，而非国有企业尤其是中小民营企业往往在以大型国有银行为主导的信贷市场中面临着严重的融资约束问题，只能被迫把目光投向非正规金融市场，如民间借贷。然而，非正规金融市场的借款利率要远高于正规渠道。市场机制下生产要素更倾向于从生产率低的企业流向生产率高的企业，但若资本要素的配置与企业生产率高低的相关度较低，那么意味着同一经济体内的企业个体面临着不同的待遇，企业只是因所有制、规模等差异随之匹配不同的融资能力，从而造成金融资源错配。上海财经大学发布的《2021 年中国宏观经济形势分析与预测年度报告》指出，中国金融资源错配问题依然严峻，2010—2016 年金融资源错配导致企业全要素生产率损失（TFP）4.55%，且这一数字仍在逐年提高。金融资源错配也已成为中国要素市场的典型特征。[1] 因此，关注金融资源错配问题兼具紧迫性和重要性。

（二）制造业创新任务艰巨

当前，全球需求衰减叠加长期结构性问题，使中国未来经济发展倍感压力：GDP 增速从 2011 年进入个位数增长，直至 2020 年受全球疫情影响增长率一度下降到 2.3%。中国身处经济增速下滑、产业转型升级等重大经济问题的抉择中，经历着从投资驱动向创新驱动转化的新常态发展。与此同时，新一轮科技产业革命骤然而至，信息技术和群体性重大

---

[1] 陈诗一、陈登科：《中国资源配置效率动态演化——纳入能源要素的新视角》，《中国社会科学》2017 年第 4 期；张建华、邹凤明：《资源错配对经济增长的影响及其机制研究进展》，《经济学动态》2015 年第 1 期；Chang-Tai Hsieh and Peter J. Klenow, "Misallocation and Manufacturing TFP in China and India", *Quarterly Journal of Economics*, No. 4, 2009, pp. 1403–1448.

技术变革正在悄无声息地改变着国际产业分工，世界各国更加注重协同创新以全面提升制造业的核心竞争力，全球已经进入了空前的创新密集期。《国家创新驱动发展战略纲要》明确部署了建设科技创新强国的"三步走"目标。党的十九大更是鲜明提出"创新是引领发展的第一动力，是供给侧结构性改革的核心枢纽，是引领经济新常态的根本之策"。制造业是实体经济的核心力量，也是技术创新活动的主要载体，目前中国已进入提质增效的关键时期。2015年，中国实施制造强国战略《中国制造2025》；2016年，三大部委联合印发《装备制造业标准化和质量提升规划》，部署创建制造业国家级示范区，引领制造业创新升级。中国制造业向高质量发展的进程中，以技术创新为第一驱动力，增强技术进步的贡献度，是当前中国产业结构升级的一项重要任务。

根据世界知识产权组织《2021年全球创新指数报告》，中国创新要素投入增加的同时，创新产出也呈现量质齐升的态势。虽然中国已逐渐成为世界具有重要影响力的科技创新大国，但同时以基础研究为载体的原始创新水平、关键领域高端技术研究和全球创新资源吸引力等方面依然与其他国家存在显著差距，具体表现为：其一，研发经费投入依然具有提升空间，同经济合作与发展组织（OECD）国家2.47%的平均水平仍存在差距；其二，重点领域的一流科技创新型人才严重缺乏，金融、互联网等高收入行业对高层次人才的分流效应明显；其三，技术成果转化率偏低，科研机构对技术成果所能产生的经济社会效益重视程度不足，专利成果与企业需求脱节，成果转化率不足30%，与发达国家的平均水平仍具有较大差距。可见作为创新主体，制造业企业以自主创新带动转型升级未来仍有一段很长的路要走。

（三）企业创新融资需求迫切

企业，作为技术创新的微观载体，承担着经济增长的重任。研发活动是企业技术创新的具体表现，而创新资金是开展研发活动前提，每一个阶段的技术突破都需要以资金为基础。由于技术创新具有高风险、高不确定性和长期性的特征，创新主体靠自身资本积累难以支撑创新活动对资金的需求，金融可以通过动员储蓄等方式，在资金的供给与需求之间实现融通，企业创新的外部融资成为衔接金融发展和全要素生产率之间的关键环节。① 提升制造业企业自主创新的动力和能力,以创新助推制造业提高发展质量,前提是首先解决制造业企业面临的融资难、融资成本高等实际问题,金融资源的合理配置是营造利于企业创新发展与转型升级环境的必要条件。如何发挥金融服务实体经济的能力,促进制造业企业技术创新是当前学界和政界普遍关注的重要课题。然而,金融资源错配一直是中国制造业企业开展创新活动的一大障碍。长期以来,中国制造业企业技术效率并不令人满意,尤以全要素生产率为代表的制造业企业技术能力并未取得显著提升。② 学者们认为,低效要素配置甚至错配诱致企业偏离最优技术选择,扭曲了技术创新激励是创新效率不甚理想的主要原因。使有限的资本获得有效最优配置以实现最大收益是资本配置的基本原则,然而企业技术创新效率和信贷资源配置呈现显著差异。研究发现,生产效率和创新效率偏低的企业反而可以享受政策特权,优先获得成本低廉的信贷资源。2020 年,中共中央、国务院出台了《关于构建更加完善的要素市场化配置体制机制的意见》,强调加快推动资本要素市场化配置,实现技术要素与资本要素的融合发展。可见,研究金融资源错配对企业创新的影响机制已经成为制造业企业应对持续创新"拦路虎"而必须解决的问题。

（四）产权制度改革步入攻坚阶段

外部环境的改善始终是事物发展的条件,而内因才是事物发展的根源。破解企业创新的难题,归根结底还是要落到企业自身。作为一个有机组织,企业为了协调内外资源、实现经营目标,需要建立一系列制度安排,这些制度安排是企业经营管理的体制基础和保证,其中产权制度作为企业制度的核心决定了企业财产的组织形式和经营机制。党的十八届三中全会以来,混合所有制改革势如破竹,不断涌现。混合所有制改革的实质就是产权制度改革,优化股权结构成为本轮混合所有制改革建

---

① James R. Brown, Steven M. Fazzari and Bruce C. Petersen, "Financing Innovation and Growth: Cash Flow, External Equity, and the 1990s R&D Boom", *The Journal of Finance*, Vol. 64, No. 1, 2009, pp. 151–185.

② 张同斌、李金凯、周浩:《高技术产业区域知识溢出、协同创新与全要素生产率增长》,《财贸研究》2016 年第 1 期。

立健全现代企业产权制度至为关键的一环。混合所有制改革希望通过不同性质资本扬长避短、相互融合，打破垄断利益格局，使企业优化现有资本结构，聚合产业资源。随着混合所有制改革的深入推进，中国企业的股权结构更多呈现出多元化混合式特征。混合所有制改革背景下的企业股权结构特征在一定程度上反映了现代企业产权制度的健全程度，企业产权制度的健全对企业应对创新过程中的"拦路虎"具有积极且极其重要的意义。因此，破除企业创新过程中金融资源错配可能造成的障碍，除了寄希望于企业外部的金融供给侧结构性改革以外，就企业内部而言，当企业面临金融资源错配时能否通过完善自身产权制度助力企业创新，是当前形势下一个亟待研究的主题。与此同时，就金融资源错配下的创新激励问题检验新一轮混合所有制改革下股权结构优化的效果，将为攻坚阶段继续深化产权制度改革、完善治理结构提供全面的经验依据。

综上所述，基于上述背景，本书试图探讨以下问题：（1）不同类型金融资源错配对企业创新投入具体产生什么影响？（2）不同类型金融资源错配是通过什么机制对企业创新投入产生影响的？（3）企业什么样的股权结构安排可以对金融资源错配与创新投入的关系产生积极影响？这些问题对于丰富和完善制造业企业金融资源错配、股权结构与企业创新投入三者关系的研究具有重要价值。

二 研究意义

制造业企业转型升级是中国在新一轮的科技产业革命中抢占先机的关键举措。如何缓解金融资源错配，保证创新投入支持创新能力提升，需要政企齐心协力，充分发挥企业的主导作用和政府的引导作用。本书聚焦企业间的金融资源错配及其对企业创新的影响，涉及技术经济学、发展经济学、新制度经济学等相关学科的热点问题，对两者关系的理论和实证研究既丰富了相关理论，又从微观企业视角为中国经济转型升级提供参考建议。

（一）理论意义

本书的理论意义如下。

第一，本书紧抓"十二五"规划以来制造业的发展困境，关注企业金融资源错配的现实问题，揭示了不同类型金融资源错配与企业创新之间的关系，为研究企业创新提供了新的理论切入点，拓展了相关资源错配与创新理论的应用范围，有助于结合中国制造业企业创新的现实情境来强化现有资源配置效率理论的解释力。

第二，本书基于供给不足型和供给过度型两种错配类型，构建了对企业创新投入影响机制的理论框架，明确了不同错配类型影响创新投入的机制差异，进一步丰富了学术界关于金融资源错配对企业创新影响机制的研究成果。

第三，本书将金融资源错配、股权结构和企业创新置于同一维度，试图探究金融资源错配与股权结构对企业创新影响的理论依据和实证结果，揭示了金融资源错配、股权结构与企业创新三者之间的作用关系，解释了股权结构对金融资源错配下企业研发投资价值创造的影响，深化了学术界对金融资源错配、股权结构与企业创新之间关系的认识和理解，为探讨不同股权结构对金融资源错配与企业创新行为的影响提供理论基础，既弥补了现有研究的不足，同时也抓住了提升制造业企业技术创新的关键，为协调产权制度改革和金融体制改革之间的关系提供新的理论思路，并在一定程度上拓展了对中国混合所有制改革背景下股权结构影响的认知范围。

（二）实践意义

依据当前国内经济形势严峻性和复杂性，中国政府制定并实施了供给侧改革的相关政策。汲取国际金融危机的经验教训，政府提出将制造业作为实体经济发展的重点，稳步向制造业强国转变。这意味着以创新驱动制造业企业的高质量发展是中国进行经济结构调整和变革过程中举足轻重的内容，特别是引导技术创新、货币资本等生产要素实现协同共赢。研究金融资源错配对微观企业创新活动的影响，构建得当的矫正方案，是统筹中国制造业企业创新资源配置体系的重要内容，也是实现创新驱动战略有效落地的必要前提。本书的实践意义如下。

第一，本书以制造业企业创新为落脚点，关注以信贷为主的金融资源配置对制造业企业创新的支持作用，通过对金融资源错配微观经济后果的研究，为政策制定者和企业决策者审视金融资源错配与微观企业创新的关系提供全面的经验证据。

第二，明确不同金融资源错配类型影响微观企业创新的机制差异，有助于政策决策者制订具有差异化、针对性的解决方案，为政策评估与制定提供可参考的依据和基准，同时也为面临不同类型金融资源错配的微观创新主体如何积极主动应对提供了思路。

第三，在混合所有制改革背景下观测股权结构对金融资源错配与创新投入的调节作用，有助于企业摆脱范式化思维方式被动依赖宏观政策和体制，而更多从创新主体自身出发，强化企业顶层设计，完善企业制度，从而更好地实现制造业统筹创新资源体系和提升企业创新能力的双重目标。

第二节 概念界定

考虑到本书的规范性、严谨性和科学性，本节有必要就后续研究中涉及的相关重要概念进行界定，为后续研究奠定扎实的研究基础。

一 金融资源错配

1969年，金融结构理论的创立者戈德史密斯（Raymond Goldsmith）在《金融结构与金融发展》的著作中将"金融资源"首次作为一个概念提出，但他引入这个概念主要用于解释金融结构的内涵和分类，并未对其进行详尽的理论解释。中国学者开始将金融资源作为一种稀缺的社会资源展开系统研究，源自于白钦先以解决金融可持续发展问题为出发点，将金融资源作为一种兼具自然资源与社会资源属性的战略资源[①]，引发了人们对金融资源系统内部各要素间以及与外部经济资源系统、社会资源系统间联动性的思考。王振山分别从广义与狭义的角度定义了金融资源的基本概念，认为金融资源反映了社会经济主体对他人所创造价值的占用，并将帕累托最优条件延伸至金融资源配置领域。[②] 崔满红提出金融资

[①] 白钦先：《金融资源的构成层次》，《经济研究参考》1998年第65期。
[②] 王振山：《金融效率论》，经济管理出版社2000年版，第12页。

源除了具有一般资源的特性以外，还具有特殊的中介性、社会性、层次性。① 曾康霖指出人们对金融资源的理解更多基于经验认知，学术层面规范的概念尚未达成共识。② 何风隽将金融资源作为金融交易流程中的权力集合，将金融资金、金融机构以及金融制度均纳入其概念范畴中。③ 随着金融研究的不断深入，金融资源的概念范畴也在发生变化。已有对于金融资源内涵的阐释，虽然有关内容和范围的表述存在差异，但其本质基本相同。

金融资源错配，这一概念源自于资源配置效率理论。资源配置的最优状态是以完全竞争市场假设为前提的，市场对于资源具有完全的定价权，资源可以不受任何限制自由流动，并在市场出清状态下得到充分利用。金融资源错配是相对于金融资源配置的有效性而言的，能够获得最大产出的配置就是有效配置，在有效配置下可以达到帕累托最优状态，即任何资源配置的变化，都可能使某人获得的满足增加，同时也导致至少一人所获得的满足减少，此时不存在任何帕累托改进的空间。然而，这种理想的均衡状态建立在完全竞争市场严苛的假设条件之下，在现实经济活动中，很难达到不受任何阻碍和干扰的市场状态，因此或多或少都会存在"错配"，只不过错配程度有高低之分。从某种意义上说，"错配"可以被视作为一个中性经济概念。在真实的市场竞争中，往往存在许多不确定的干扰因素，如市场信息的不对称、垄断势力对小微企业的挤压、政府的干预等，这将导致市场失灵，不同竞争主体所对应的金融资源配置条件不同，金融资源的获取途径和享受到的资源价格也存在差异。

有些竞争主体能够相对容易地获取到金融资源从而可能导致资源过剩，而有些则无法获取到足够的金融资源而造成资源短缺，这种分化在一定程度上限制了金融资源的自由流动，损害了资源配置效率，致使竞争主体之间的边际收益差距拉大。这与完全竞争假设下帕累托最优的有

---

① 崔满红：《金融资源理论研究》，中国财政经济出版社2002年版，第28页。
② 曾康霖：《试论我国金融资源的配置》，《金融研究》2005年第4期。
③ 何风隽：《中国转型经济中的金融资源配置研究》，中国转型经济中的金融资源配置研究2010年版，第23页。

效配置相背而行,这种与有效配置状态发生的偏离便可以称之为"金融资源错配"。

回到中国的现实情境中。改革开放后中国金融业发展迅速,服务能力大幅提升。但是,受历史条件、经济基础及经济调控能力等多因素的影响,金融资源供给一直存在结构性缺陷:股票、债券等直接融资机制发展滞后,间接融资是主要金融业态。间接融资又以国有四大商业银行为主导,政府与国有银行之间的特殊联系加之自身的治理机制、技术能力的欠缺,使得金融资源配置效率还无法完全适应市场经济的高速发展进程。《2021年社会融资规模存量统计数据报告》显示,2021年末金融机构向实体经济发放的人民币贷款余额占同期社会融资规模存量的61.7%。可见,目前中国社会融资结构仍然以国有银行为中介的间接融资方式为主导,金融市场直接融资规模受限,银行部门占据金融体系的主体地位。[1] 因此,基于中国金融体系的现状,本书将从狭义角度对金融资源进行考察,本书所涉及的金融资源错配问题,就微观企业融资需求而言,主要指以信贷资源为主的错配问题。本书以正规金融机构支配的信贷资源作为主要研究对象,聚焦于银行体系为主的信贷资源配置。由于金融机构未能公平公正地按照边际报酬规律向企业分配信贷资源,配置过程中存在"所有制歧视"和"规模歧视"等现象,从而造成资本要素价格偏离均衡状态下的利率水平,发生金融资源错配。市场出清时,资源处于最优配置状态,资本要素价格达到均衡水平,所有企业面临相同的资本使用成本,不同企业部门之间要素边际产出相等,然而一旦要素价格扭曲,将导致要素边际产出在企业间有所差异。[2] 已有文献对企业金融资源错配程度度量的基本思路是,比较实际资本价格与市场均衡状态下资本边际报酬率的偏离方向和程度,本书也将以此为依据对微观企业的金融资源错配程度进行测度。此外,本书还参考王竹泉等对金融资

---

[1] 钟腾、汪昌云:《金融发展与企业创新产出——基于不同融资模式对比视角》,《金融研究》2017年第12期。

[2] Chang–Tai Hsieh and Peter J. Klenow, "Misallocation and Manufacturing TFP in China and India", *Quarterly Journal of Economics*, No. 4, 2009, pp. 1403–1448.

源错配类型进行了区分①，以高于市场出清时资本使用成本才能获得金融资源的企业，则认为发生了供给不足型错配，即企业所配置的金融资源实际规模少于合理规模；反之企业以低于市场出清时资本使用成本便可获得金融资源，则认为发生了供给过度型错配，即企业所配置的金融资源实际规模大于合理规模。

二 创新投入

从哲学层面看人类一切创造性的实践都属于创新的范畴，熊彼特首次对创新概念进行了经济学层面的界定，指出创新是对生产要素以新的组合方式重新构造，从而带来生产效率的大幅提升。由于技术创新始终是企业创新的核心，因此本书将聚焦于技术创新，探讨影响企业技术创新的因素。技术创新贯穿于整个企业生产行为，从最初对技术潜在商业价值的挖掘到实现商业化后转化为利润的各个阶段，具体包括研究开发、制造工艺及商业化等全部的阶段。综合来看，技术创新是企业以研究开发为起点，最终得以通过产品市场化实现商业利润为终点的过程，它从某个设想的产生为起点，到为此开始组织研发，再到商业化生产、普及应用等一系列活动，本质上是一个科技转化为生产力的过程。

受企业数据可得性的影响，并考虑到技术创新是由研究开发为起点的一系列线性过程，本书所指的创新主要指研究开发环节。现有文献普遍从投入或产出两种视角反映企业创新状况：投入视角下，由于研发过程中各种要素资源的消耗都将表现为费用支出，因此现有研究主要选择研发支出来反映企业的创新活动②；产出视角下，则普遍采用新产品或专利情况作为反映创新产出的依据。由于资源要素的投入是实现技术创新过程、形成技术创新成果的重要保障与前提，同时为了便于分析，本书主要从创新投入视角，考察金融资源错配对企业创新的

---

① 王竹泉、王惠、王贞洁：《杠杆系列错估与信贷资源错配》，《财经研究》2022年第11期。

② 龙小宁、林志帆：《中国制造业企业的研发创新：基本事实、常见误区与合适计量方法讨论》，《中国经济问题》2018年第2期。

影响。

研发支出作为一种战略投资是企业创新能力提升的基本保证，其投资规模、投资时长是影响创新绩效的关键因素。虽然创新投入不只局限于研究开发阶段，还会向生产制造和营销推广阶段拓展，如采购固定资产、投入营销费用等，但考虑到企业财务信息的可获得性和度量口径的可比性，从量化角度学术领域普遍使用研发阶段的费用支出作为衡量创新投入的重要指标。从会计核算的角度来看，研发支出主要为研发阶段，研发人员的薪金支出、材料成本、固定资产设备折旧等，既包括了人力资本的投入也包括了物质资本的投入。《中国会计准则》对研发支出的处理分为两种方式：如果研究阶段发生的费用或无法区分研究阶段还是开发阶段应进行费用化处理，期末转入"管理费用"科目；如果是企业开发阶段的支出，并且符合《企业会计准则第6号——无形资产》第十三条所规定的资本化条件的，应进行资本化处理，当项目完成该项技术实现预定用途时，将其转入"无形资产"科目。因此，本书选用研发阶段的资本化支出和费用化支出总额作为衡量企业创新投入程度的主要依据。

三 股权结构特征

股权结构，顾名思义即企业总股本中不同性质股权比例的构成及相互关系。作为公司治理的基础，股权结构是一个动态可塑的结构，股权结构特征将直接影响企业的组织结构和治理结构，从而决定了企业的行为与绩效。

中国企业股权结构的变迁是随着国有企业改革历程逐步推进的，影响中国企业股权结构的重大时间节点如图1-1所示。20世纪90年代，资本市场的建立推动中国企业通过股份制改造逐步实现了资本社会化。部分重组改制重组后资产质量优良的国有企业抓住了上市先机，通过建立规范的治理结构，进一步向现代企业制度的目标前进。随着中国资本市场的发展，最初为了稳定市场而推出的股权分置政策已无法适应资本市场规范稳定发展的要求，因此2005年4月中国证监会正式启动股权分置改革，实现了上市公司股东同股同权，使法人治理结构更加合理化、规范化。然而，虽然上市公司股权结构在形式上完成了改造，但现代企业制度的建立依然面临诸多问题。2013年11月，党的十八届三中全会开启新一轮混合所有制改革，将各种资本交叉持股、相互融合的混合所有制经济提升到前所未有的高度，加快了国有资本和非国有资本融合的步伐，使上市公司的股权结构得以进一步优化与完善。

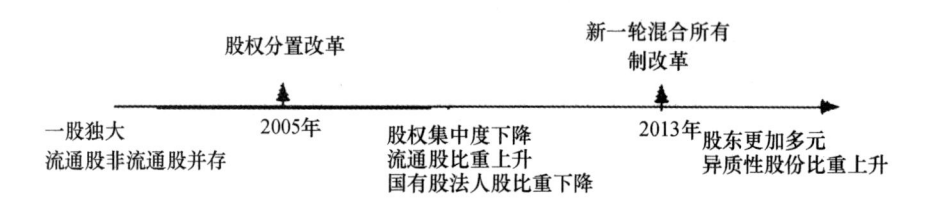

```
                股权分置改革              新一轮混合所有
                                           制改革
    ─────────────┼───────────────────────────┼──────────▶
一股独大         2005年                    2013年    股东更加多元
流通股非流通股并存  股权集中度下降                    异质性股份比重上升
                流通股比重上升
                国有股法人股比重下降
```

图 1-1　影响中国企业股权结构的重大时间节点

资料来源：《中国经济发展和体制改革报告No.7》，2016年1月。

本书所关注的主要是股权结构分布所呈现出的状态与特征，现有文献反映股权结构分布的变量主要有"股权集中度"、"股权制衡度"、"股权多元度（化）"和"股权混合度"四种常见的表述方式。表1-1试图对这四种变量的含义与度量方式进行辨析，使本书对股权结构特征的测度方式更为清晰。"股权集中度""股权制衡度"的提法源于西方学者对代理问题的研究，大量以中国企业为研究对象的文献也沿用了这种表述方式。然而由于证券市场发展初期制度不完备等原因，中国上市公司的股权结构呈现出区别于西方国家的特点。[①] 随着中国产权制度改革的不断深入，如股权分置改革、混合所有制改革对中国企业股权结构的影响更是显现出独具中国特色的一面。这时完全照搬或沿用西方研究中反映股权结构特征的传统提法，已无法满足基于中国制度背景下的研究需求，因此中国学者逐渐开始使用"股权多元度（化）""股权混合度"作为股权结构研究的关键词，关注异质股东交叉持股的作用。

---

① 如上市公司同时存在着流通股和非流通股，上市发行的股份分为国家股、法人股和社会公众股。

表1-1　　　　　　　　反映股权结构特征变量的辨析

变量	含义	度量方式
股权集中度	持股比例分布的集中或分散程度	第1大股东持股比例；前5大股东持股比例；前10大股东持股比例；前N大股东持股比例的平方和
股权制衡度	其他大股东对控股股东的制衡程度	第2大股东与第1大股东持股之比；第2—N大股东持股比例之和与第1大股东持股比例之比
股权多元度	股权结构中涵盖不同股东性质和类型的多少	前N大股东中不同性质股东种类的数量；不同性质类型的持股比例
股权混合度	异质性股东对控股股东的制衡程度	前N大股东中异质股东持股和与控股股东持股之比；前N大股东中最大异质股东持股与控股股东持股之比

为了能够全面反映近年来中国企业股权结构表现出的新趋势，本书参考近年来以混合所有制改革为背景的相关研究，从股权结构呈现的"量"和"质"两方面反映股权结构分布特征，其中"量"表现为股东种类的多少，"质"则表现为异质性股东持股的制衡作用[①]。因此，实证研究部分将分别采用"股权多元度"和"股权混合度"表征股权结构特征，不但可以考察不同性质所有者在股权结构中混合的广度，还可以关注异质股东参与企业决策的深度。具体度量方法将在相关章节中的变量定义部分进行详细说明。

第三节　研究思路与研究内容

一　研究思路

本书的研究思路遵循"发现问题—分析问题—解决问题"的层次递进，参照"理论研究—实证研究—对策研究"的基本范式，围绕"影响方向—影响机制—缓解策略"的逻辑主线展开。其中，在对策研究部分，由于产权制度是企业制度的基础，股权结构又是产权制度的实现形式，因此引导企业基于自身视角如何通过优化股权结构、完善自身制度主动

---

① 杨兴全、尹兴强：《国企混改如何影响公司现金持有？》，《管理世界》2018年第11期。

应对创新困境将作为本书对策研究的重点。

(一) 研究基础

本书立足中国经济增长模式转型的社会背景,将目标聚焦于实体经济的主体制造业企业的长远发展,发现并提出问题,确定研究意义;随后对本书所涉及的三大主题:首先,金融资源错配、创新投入和股权结构进行概念界定,以明确研究对象的范围与边界;其次,本书对相关主题的已有文献进行了梳理与评述,为本书寻找突破口与亮点;最后,在资源配置效率理论、融资约束理论、寻租理论、创新理论、委托代理理论等理论的借鉴与启发下,进一步明确本书研究的理论框架,为后续的理论分析和实证检验奠定稳固的研究基础。

(二) 理论分析

研究基础扎实后,对金融资源错配、创新和股权结构等相关文献进行了梳理。之后,重点分析了金融资源错配对企业创新投入的影响,不同错配类型对企业创新投入影响机制的差异,以及股权结构对金融资源错配与企业创新投入关系的调节作用,结合现有研究的进展,明确的论点论据和现有研究的创新之处与不足之处,为实证检验部分打好基础。

(三) 实证检验

首先,本书就金融资源错配对制造业企业创新投入的影响进行了检验;其次,本书基于不同错配类型验证了金融资源错配影响企业创新投入的机制;最后,将金融资源错配、股权结构与创新投入置于同一维度,实证检验股权多元度、股权混合度越高是否对金融资源错配抑制创新投入具有缓解作用。

(四) 研究结论与政策建议

本书根据理论分析与实证检验结果,得出主要研究结论,并在此基础上提出相关政策启示。

二 研究内容

本书围绕当今中国经济发展所面临的"创新"、"金融供给侧改革"和"混合所有制改革"三大战略任务,以解析当前中国制造业企业创新中存在的金融资源错配问题、基于微观企业股权结构构建缓解策略为主要研究内容,以提供能够提升中国制造业企业技术创新水平的政策建议为研究目标展开研究。

基于上述研究目标,本书共依托以下七个章节呈现研究内容。

第一章:绪论。本章从研究的背景与意义出发,在对基本概念进行了界定之后,阐述了研究的思路与内容,并基于实现研究所依托的方法与技术路线,对本书可能存在的创新之处进行了总结。

第二章:文献综述。本章对研究主题相关的文献进行了梳理、归纳与评述,以期借鉴现有研究的成果,挖掘研究空间,明确研究的突破点。

第三章:理论基础与分析框架。本章对研究主题相关的理论进行了归纳与总结,以期为后续实证研究的开展寻找理论支撑,同时基于研究主题,在现有理论的基础之上构建了本书研究的理论框架。

第四章:金融资源错配对企业创新投入的影响。本章研究了不同类型的金融资源错配对制造业企业创新投入的抑制作用。以 2011—2020 年制造业上市公司为样本,使用固定效应模型对金融资源错配对制造业企业创新投入的影响进行实证检验。在进一步分析中实证检验了金融资源错配对创新持续性的影响、金融资源错配对创新偏好的影响以及金融资源错配影响创新投入的经济后果。

第五章:金融资源错配对企业创新投入的影响机制。本章基于供给不足和供给过度两种错配类型分别剖析了金融资源错配对企业创新投入的影响机制,并以 2011—2020 年制造业上市公司为样本,使用固定效应模型实证检验了两种金融资源错配对企业创新投入影响机制的差异。

第六章:金融资源错配与股权结构对企业创新投入的影响。本章以股权多元度和股权混合度表征股权结构分布特征,理论分析多元化混合式股权结构通过内部治理效应和外部资源效应对金融资源错配与企业创新投入关系的缓解作用。同时,以 2011—2020 年制造业上市公司为样本,使用固定效应模型实证检验金融资源错配与股权多元度、股权混合度对制造业企业创新投入的影响。异质性分析中,验证了不同产权性质和金融发展水平下金融资源错配对创新影响的差异。最后对异质性股东参股的边界问题和机构股东参股的作用进行了进一步分析。

第七章:研究结论与展望。本章对全书核心章节的研究结论进行了概括与总结,以制造业企业创新激励政策、金融配置政策和完善股权结构政策为现实依据,提出了相关政策建议,并基于研究不足展望后续研究。

第四节 研究方法与技术路线

一 研究方法

本书将以文献梳理为基础,在厘清理论脉络的前提下进行理论分析提出理论假设,从微观视角揭示中国制造业企业金融资源错配对创新影响的内在机理,以及多元化混合式股权结构对其的缓解作用;同时,基于微观企业数据,采用统计方法和计量模型实证检验理论假设的适应性,并得出政策建议。具体如下。

(一)文献研究法

本书在研究中查阅了大量相关主题的文献资料,并对其进行梳理和回顾,采用总结、对比等方法,发现可能的研究缺口和研究目标。

(二)规范研究法

本书通过对相关理论的归纳与演绎,明确提出本书的理论假设。由于微观经济模型对微观现实的解释作用受到较为严苛的数理假设的限制,因此本书更多的是依据层层递进的逻辑演绎,进而提出理论假设。此外,本文以金融资源错配、股权结构对制造业企业创新影响的已有现象为现实依据,对微观企业行为与宏观制度环境的良性互动提出相关政策建议。

(三)实证研究法

本书主要使用来源于万得数据库和国泰安数据库的制造业上市公司数据,其中尤其涉及度量股权多元度和股权混合度的数据处理与分析工作比较繁杂,需要按照上市公司年报中关于实际控制人性质的说明对数据进行手工整理。对数据的分析,主要采用了描述性统计、分组回归分析、费舍尔组合检验、交乘项检验等方法。

二 技术路线

本书从中国制造业企业创新活动所面临的金融资源错配这一现实问题出发,提出拟解决的关键科学问题。通过对已有相关主题文献的梳理,发现研究缺口，继而提出变量关系的理论假设，通过构建"金融资源错配对企业创新投入的影响—金融资源错配对企业创新投入的影响机制—金融资源错配与股权结构对企业创新投入的影响"的实证研究框架，并借助大样本企业数据的统计和计量分析，解析金融资源错配对制造业企业创新投入的影响机制，识别股权结构对缓解金融资源错配抑制企业创新投入的微观效应，并在此基础上提出相关政策建议。本书的技术路线如图1-2所示。

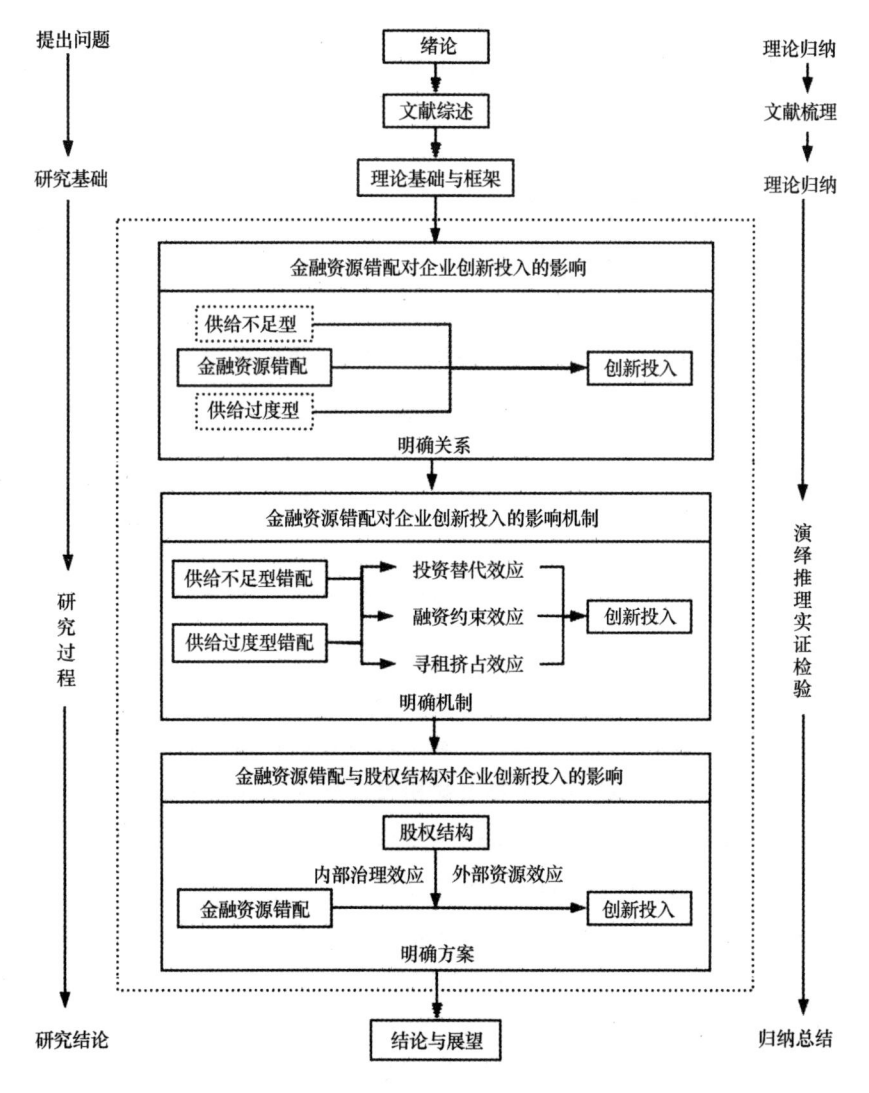

图1-2 技术路线

第五节　创新点

技术创新为制造业企业可持续发展提供动能，解决技术创新所需的资金问题，是进一步提升企业的创新意愿和创新绩效的先决条件。本书在继承前人研究的基础上，关注微观企业的金融资源错配问题，研究以金融资源错配对制造业企业创新的影响为起点，以混合所有制改革为契机试图从企业主体的角度寻找解决方案。本书可能存在的创新点主要体现为以下三个方面。

第一，拓展了不同类型金融资源错配对企业创新影响的研究。

已有研究往往从单一维度研究金融资源错配状态对企业创新的影响，很少有研究对金融资源错配的类型进行区分，也并未关注到不同错配类型对企业创新影响可能存在的差异。本书基于中国现实情境下所存在的金融资源供给不足和供给过度两种错配类型，通过聚焦不同企业所面临的错配境遇，侧重于分析和验证不同类型金融资源错配对企业创新影响的差异，拓展了不同类型的金融资源错配对从创新投入到创新持续性再到高质量创新产出以及产出效益整个创新链条的研究，为企业创新影响因素的研究补充了新的经验证据。

第二，明确了金融资源供给过度型错配与供给不足型错配分别对企业创新投入的影响机制。

目前，关于金融资源错配对企业创新影响的宏观层面的研究偏多，关注影响机制的微观研究不多，且缺乏较为统一的理论框架，更值得关注的是现有文献并未对不同类型金融资源错配影响企业创新的路径机制进行区分，研究者们大都认为影响过程相同。本书基于微观企业视角，充分考虑到不同错配类型的内在特征，构建了金融资源错配影响企业创新投入的理论框架，分析并揭示了不同金融资源错配类型对企业创新投入的影响机制。研究认为两种类型的金融资源错配对企业创新投入的影响机制不甚相同：供给不足型错配主要通过融资约束效应和寻租挤占效应进而抑制企业创新投入，而供给过度型错配则通过融资约束效应促进企业创新投入的同时，还通过投资替代效应对企业创新投入产生抑制。

研究结论为理解金融资源错配作用于企业创新行为的机制提供全面的经验证据，也为研究不同企业金融资源错配的矫正机制提供了可供参考的政策启示。

第三，丰富了微观企业产权制度视角下金融资源错配经济后果调节效应的研究。

现有关于宏观金融领域供给侧结构性改革的研究颇丰，但基于微观企业视角研究缓解金融资源错配抑制企业创新的文献仍有待增加，尤其较少研究就混合所有制改革背景下的股权结构特征对金融资源错配经济后果的调节作用进行验证。本书聚焦于"十二五"以来中国上市公司股权结构所呈现出的新特征，将混合式股权结构特征纳入金融资源错配境遇下的企业创新价值链中，基于股权结构的调节效应，对其进行理论分析和实证检验。同时，在方法上对股权混合度的度量进行了改进，在追溯了终极控股权的基础上，分别使用最大异质股东参股比例的绝对值与相对值反映异质股东对控股股东的制衡作用。研究结论为分析股权结构对缓解金融资源错配对企业创新的抑制提供了经验证据，对未来深化关于债务融资、股权结构对技术创新的影响机制的研究提供了有益的参考，也为正确发挥股权结构的治理机制以及金融资源对制造业持续创新的助推作用提供了思路。

第 二 章

文献综述

第一节 金融资源错配的相关研究

金融资源错配是本书研究的逻辑起点,本节将从金融资源错配的表现、成因以及影响对现有文献进行逐一梳理。

一 金融资源错配的表现

资源错配表现为对有效配置的一种偏离,现有文献从经济系统的静动视角将这种偏离分为两类错配:"内涵型错配"与"外延型错配"。Hsieh 和 Klenow 作为"内涵型错配"研究的代表,他们首先构建了异质性企业垄断模型,并对中国和印度的资源错配状况进行测算发现,资本要素的边际收益在截面存在差异。[1] Banerjee 和 Moll 针对经济体部分企业生产函数非"凸"的特征,更侧重研究企业在市场中的挤出效应[2]。这类"外延型错配",具体表现为由于市场扭曲或金融摩擦等原因使得低效率企业反而对高效率企业在要素市场中形成挤出。

以中国为研究对象的相关文献主要是对不同企业间边际收益不等的"内涵型错配"的研究。研究表明,中国金融市场体系中显著存在金融资

---

[1] Chang-Tai Hsieh and Peter J. Klenow, "Misallocation and Manufacturing TFP in China and India", *Quarterly Journal of Economics*, No. 4, 2009, pp. 1403–1448.

[2] Abhijit V. Banerjee and Benjamin Moll, "Why does Misallocation Persist?", *American Economic Journal: Macroeconomics*, Vol. 2, No. 1, 2010, pp. 189–206.

源错配现象,金融资源错配模糊了债务融资的治理属性。① 现有对金融资源错配存在性检验的研究,分别从宏观与微观两个视角展开。

宏观研究主要从地区或行业层面检验金融资源错配。韩剑和郑秋玲、靳来群、张慧慧和张军通过计算,均认为中西部及东北部地区的金融资源错配程度普遍比东部地区严重。② 周海波等采用1999—2007年中国工业企业数据测算了中国制造业要素错配程度,发现相比中西部地区,东部地区的要素供给明显不足。③ 除了地区间存在金融资源配置差异,金融资源错配还表现为行业差异。陈永伟和胡伟民基于Syrquin推广的增长模型测算发现,如果中国制造业不存在资源错配将挽救15%的潜在损失。④ 姚毓春等借助中国2004—2010年的行业面板数据实证研究认为中国金融资源错配正在改善,但金融的边际贡献仍不容乐观。⑤

金融资源错配在微观上主要表现为企业之间因所有制和规模差异而导致的金融资源配置失衡。因中国的金融机构主要以国有银行为主,故而更倾向于将贷款发放给国有企业。⑥ Song等研究认为所有制歧视现象存在于中国信贷市场。⑦ 靳来群基于1998—2007年中国工业企业数据对制造业金融资源错配程度测算后发现,如果所有制歧视引发的信贷错配能

---

① 周煜皓、张盛勇:《金融错配、资产专用性与资本结构》,《会计研究》2014年第8期。

② 张慧慧、张军:《中国分区域资源扭曲程度测算》,《上海经济研究》2018年第3期;靳来群:《所有制歧视所致金融资源错配程度分析》,《经济学动态》2015年第6期;韩剑、郑秋玲:《政府干预如何导致地区资源错配——基于行业内和行业间错配的分解》,《中国工业经济》2014年第11期。

③ 周海波、胡汉辉、谢呈阳等:《地区资源错配与交通基础设施:来自中国的经验证据》,《产业经济研究》2017年第1期。

④ 陈永伟、胡伟民:《价格扭曲、要素错配和效率损失:理论和应用》,《经济学》(季刊)2011年第4期。

⑤ 姚毓春、袁礼、董直庆:《劳动力与资本错配效应:来自十九个行业的经验证据》,《经济学动态》2014年第6期。

⑥ Genevieve Boyreau‑Debray and Shang‑Jin Wei, "Pitfalls of a State‑Dominated Financial System: The Case of China", *National Bureau of Economic Research, Inc*, *NBER Working Papers*, 2005.

⑦ Michael Song and Jeff Thieme, "The role of Suppliers in Market Intelligence Gathering for Radical and Incremental Innovation", *Journal of Product Innovation Management*, Vol. 26, No. 1, 2009, pp. 43–57.

够被抑制,那么制造业全要素生产率将提升1/2。① 张庆君等研究认为按照所有制分配金融资源会降低配置效率。② 邢天才和庞士高从企业规模视角出发,利用1992—2013年中国制造业上市公司的面板数据,研究发现资本边际生产率高的中小企业反而面临着更高的资金使用成本。③ 张杰认为贷款期限、贷款成本、贷贷风险和贷款供需错配是以间接融资为主的中国金融体系错配的主要表现。④

二 金融资源错配的成因

金融资源配置的原则是遵循效率,将有限稀缺资源配置到效率高的主体,以实现帕累托最优。如果出现垄断、信息不对称、政府干预、金融摩擦等情况,则市场功能失灵,资源错配就会发生。⑤ 现有对影响金融资源错配因素的研究主要是从金融体制不完善、政策干预过多的角度展开的。

Claessens 和 Perotti 指出新兴国家因制度薄弱给予企业的信贷机会并不均等。⑥ Amaral 和 Quintin、Buera 等、Moll、Greenwood 和 Scharfstein 针对金融资源错配的影响进行了定量评估,研究发现一国全要素生产率低

---

① 靳来群:《所有制歧视所致金融资源错配程度分析》,《经济学动态》2015年第6期。
② 张庆君:《要素市场扭曲、跨企业资源错配与中国工业企业生产率》,《产业经济研究》2015年第4期。
③ 邢天才、庞士高:《资本错配、企业规模、经济周期和资本边际生产率——基于1992—2013年我国制造业上市企业的实证研究》,《宏观经济研究》2015年第4期。
④ 张杰:《中国金融体系偏向性发展的典型特征、错配效应与重构路径》,《探索与争鸣》2018年第1期。
⑤ Virgiliu Midrigan and Daniel Yi Xu, "Finance and Misallocation: Evidence from Plant - Level Data?", *Social Science Electronic Publishing*, Vol. 104, No. 2, 2014, pp. 422 – 458.; Diego Restuccia and Richard Rogerson, "Misallocation and productivity", *Review of Economic Dynamics*, Vol. 16, No. 1, 2013, pp. 1 – 10.; Allen Berger, W. Frame and Nathan Miller, "Credit Scoring and the Availability, Price, and Risk of Small Business Credit", *Journal of Money, Credit and Banking*, Vol. 37, 2005, pp. 191 – 222.
⑥ Stijn Claessens and Enrico Perotti, "Finance and Inequality: Channels and Evidence", *Journal of Comparative Economics*, Vol. 35, No. 4, 2007, pp. 748 – 773.

下多半与外部金融市场发展水平滞后相关。① David 等从不完全信息与资源错配角度指出金融市场缺陷会导致不同生产者之间出现资源错配。② 战明华建立了金融摩擦条件下修正状态模型,发现信贷资源在不同产业类型企业间具有不均衡的结构性配置效应,而紧缩性的货币政策和企业国有背景强化了这一效应。③ 于泽等利用上市公司数据发现,中国特色的货币执行模式促使商业银行为了规避贷款规模限制,将通过非银行金融机构将高风险贷款移至表外,致使信贷资源因所有制和规模歧视未能按需分配。④ 潘英丽聚焦中国企业债务融资问题,系统地剖析了中国金融资源错配出现的制度成因,认为金融市场化流于表面,政府管控与国家信用担保却顽固不化,会导致金融运行机制发育畸形。⑤ 马蓓丽等也再次表达了上述观点,认为中国财政改革和金融改革不到位是造成企业创新资本错配的重要原因。⑥ 邢志平和靳来群研究发现政府干预对不同产权性质企业金融资源错配的作用不同。⑦ 简泽等考察了不完善的金融市场对资本配置和全要素生产率的影响,研究发现金融市场的信息不对称以及金融资

---

① Benjamin Moll, "Productivity Losses from Financial Frictions: Can self – Financing Undo Capital Misallocation?", *American Economic Review*, Vol. 104, No. 10, 2014, pp. 3186 – 3221; Robin Greenwood and David Scharfstein, "The Growth of Finance", *Journal of Economic Perspectives*, Vol. 27, No. 2, 2013, pp. 3 – 28; Francisco J. Buera, Joseph P. Kaboski and Yongseok Shin, "Finance and Development: A Tale of Two Sectors", *American Economic Review*, Vol. 101, No. 5, 2011, pp. 1964 – 2002; Pedro S. Amaral and Erwan Quintin, "Limited Enforcement, Financial Intermediation, and Economic Development: A Quantitative Assessment", *International Economic Review*, Vol. 51, No. 3, 2010, pp. 785 – 811.

② Joel M. David, Hugo A. Hopenhayn and Venky Venkateswaran, "Information, Misallocation, and Aggregate Productivity", *The Quarterly Journal of Economics*, Vol. 131, No. 2, 2016, pp. 943 – 1005.

③ 战明华:《金融摩擦、货币政策银行信贷渠道与信贷资源的产业间错配》,《金融研究》2015 年第 5 期。

④ 于泽、陆怡舟、王闻达:《货币政策执行模式、金融错配与我国企业投资约束》,《管理世界》2015 年第 9 期。

⑤ 潘英丽:《从战略高度关注与破解金融资源错配问题》,《探索与争鸣》2016 年第 12 期。

⑥ 马蓓丽、杨七中、袁奋强:《我国创新资本错配的深层原因及对策》,《科学管理研究》2017 年第 4 期。

⑦ 邢志平、靳来群:《政府干预的金融资源错配效应研究——以中国国有经济部门与民营经济部门为例的分析》,《上海经济研究》2016 年第 4 期。

源尤其是信贷资源配置的非市场化，使中国制造业资本要素价格扭曲问题突出。[1] 林滨等基于1998—2007年中国工业企业数据，实证研究发现金融摩擦将引发金融资源错配，企业融资约束的变化在当中起到重要的传导作用。[2] 王韧和张奇佳选择了五个产能过剩的代表性行业作为研究对象，检验发现非市场化因素是中国产能过剩行业金融资源错配的主要成因。[3]

三 金融资源错配的影响

现有关于金融资源错配影响的研究，更多的是从宏观视角考察对全要素生产率的影响：金融资源错配通过影响全要素生产率，进而对经济增长率产生负面影响。鲁晓东基于中国1995—2005年省级面板数据实证研究发现在中国资本要素并未得到优化配置，以致对经济增长产生了抑制。[4] Hsieh和Klenow对中国、印度和美国的资源错配程度进行了测度，发现若资本和劳动力的配置效率达到美国水平，中国制造业全要素生产率将提高至少1/3。[5] Brandt等在部门和区域的宏观视角下，经测算发现1985—2007年中国非农经济部门资本要素错配引发的全要素生产率损失约20%。[6] 张庆君等、王欣和曹慧平分别采用中国省级面板数据和行业面板数据验证了金融资源错配对全要素生产率的减损效应及异质性。[7] 白俊红和卞元超依然采用中国省份面板数据研究认为中国资本要素错配如果

---

[1] 简泽、徐扬、吕大国等:《中国跨企业的资本配置扭曲：金融摩擦还是信贷配置的制度偏向》，《中国工业经济》2018年第11期。

[2] 林滨、王弟海、陈诗一:《企业效率异质性、金融摩擦的资源再分配机制与经济波动》，《金融研究》2018年第8期。

[3] 王韧、张奇佳:《金融资源错配与杠杆响应机制：产能过剩领域的微观实证》，《财经科学》2020年第4期。

[4] 鲁晓东:《金融资源错配阻碍了中国的经济增长吗》，《金融研究》2008年第4期。

[5] Chang-Tai Hsieh and Peter J. Klenow, "Misallocation and Manufacturing TFP in China and India", *Quarterly Journal of Economics*, No. 4, 2009, pp. 1403-1448.

[6] Loren Brandt, Trevor Tombe and Xiaodong Zhu, "Factor Market Distortions Across Time, Space and Sectors in China", *Review of Economic Dynamics*, Vol. 16, No. 1, 2013, pp. 39-58.

[7] 王欣、曹慧平:《金融错配对中国制造业全要素生产率影响研究》，《财贸研究》2019年第9期；张庆君、李雨霏、毛雪:《所有制结构、金融错配与全要素生产率》，《财贸研究》2016年第4期。

能够得到抑制将使创新生产率提升 20.55%。① Kim 等研究发现相比行业之间的配置效率，行业内部发生资源错配的概率更大。② 孙光林等分析了资本错配对中国经济增长质量的作用机理，认为金融效率和产能利用率的降低在当中发挥了中介作用。③ 也有学者关注如何缓解金融资源错配对全要素生产率的抑制作用。王道平和刘琳琳认为数字金融可以通过减少金融资源错配进而提升全要素生产率④；李凯风等在研究金融资源错配对全要素生产率的影响时将环境规制因素纳入其中，研究认为环境规制可以缓解金融资源错配对全要素生产率的抑制。⑤

在研究金融资源错配对全要素生产率的影响时，还有学者重点关注了金融摩擦引致作用。Buera 等指出金融摩擦通过扭曲异质性企业间资本配置进而影响全要素生产率，因贸易部门企业规模较大，融资需求也更大，金融摩擦对贸易部门全要素生产率的抑制作用比对非贸易部门更强。⑥ Midrigan 和 Xu 试图探究金融摩擦通过扭曲企业进入及技术采用决策和在异质企业间产生资源错配，进而对全要素生产率产生负面影响。⑦ Moll 指出金融摩擦引发的资源错配可以使总生产率降低 25%。⑧ 以上文献主要在经济稳定的状态下分析金融摩擦对于资源配置效率的影响，近年来从动态层面对这一问题的研究开始增多。林滨等使用微观企业数据实

---

① 白俊红、卞元超：《要素市场扭曲与中国创新生产的效率损失》，《中国工业经济》2016 年第 11 期。

② Minho Kim, Jiyoon Oh and Yongseok Shin, "Misallocation and Manufacturing TFP in Korea, 1982-2007", Vol. 99 (2017), https：//ssrn.com/abstract=2952263.

③ 孙光林、艾永芳、李淼：《资本错配与中国经济增长质量——基于金融效率与产能利用率中介效应实证研究》，《管理学刊》2021 年第 5 期。

④ 王道平、刘琳琳：《数字金融，金融错配与企业全要素生产率——基于融资约束视角的分析》，《金融论坛》2021 年第 8 期。

⑤ 李凯风、夏勃勃、郭兆旋：《金融错配，环境规制与工业绿色全要素生产率》，《统计与决策》2021 年第 18 期。

⑥ Francisco J. Buera, Joseph P. Kaboski and Yongseok Shin, "Finance and Development: A Tale of Two Sectors", American Economic Review, Vol. 101, No. 5, 2011, pp.1964-2002.

⑦ Virgiliu Midrigan and Daniel Yi Xu, "Finance and Misallocation: Evidence from Plant-Level Data?", Social Science Electronic Publishing, Vol. 104, No. 2, 2014, pp. 422-458.

⑧ Benjamin Moll, "Productivity Losses From Financial Frictions: Can self-Financing undo Capital Misallocation?", American Economic Review, Vol. 104, No. 10, 2014, pp. 3186-3221.

证研究发现金融摩擦将通过强化高效企业的融资约束形成金融资源错配，进而最终放大整体经济波动。① 林东杰等从经济周期的角度动态分析了货币政策宽松时，金融摩擦异质性对部门间资源配置和全要素生产率的影响。②

除了关注金融资源错配对全要素生产率影响的研究以外，还有文献关注了金融资源错配对对外投资的影响。冀相豹和王大莉以全要素生产率为中介发现金融资源错配对中国对外直接投资具有抑制作用。③ 张庆君和李萌对金融资源错配导致中国实体经济企业非效率投资进行了验证。④ 有学者以金融资源错配为调节变量对企业投资影响时发现，金融资源错配可以加剧控股股东股权质押对非效率投资的不利影响⑤，还可以抑制绿色信贷政策对企业投资效率的提升。⑥

这一领域中还有一部分研究专注于探讨金融资源错配对企业创新的影响，这部分文献将在本章第二节中 2.2.4 部分进行重点梳理和阐释，此处将不再冗述。

第二节 融资对企业创新的影响研究

企业创新会受到多方面因素的影响，其中融资是重要的影响因素之一。本节将按照"是否有资金支持创新—不同资金来源如何支持创新—资金配置失衡如何影响创新"这一逻辑链对相关研究进行逐一梳理。

---

① 林滨、王弟海、陈诗一：《企业效率异质性、金融摩擦的资源再分配机制与经济波动》，《金融研究》2018 年第 8 期。

② 林东杰、崔小勇、龚六堂：《金融摩擦异质性、资源错配与全要素生产率损失》，《经济研究》2022 年第 1 期。

③ 冀相豹、王大莉：《金融错配、政府补贴与中国对外直接投资》，《经济评论》2017 年第 2 期。

④ 张庆君、李萌：《金融发展、信贷错配与企业资本配置效率》，《金融经济学研究》2018 年第 4 期。

⑤ 杨松令、田梦元：《控股股东股权质押与企业非效率投资——基于金融错配背景的分析》，《商业研究》2019 年第 12 期。

⑥ 王艳丽、类晓东、龙如银：《绿色信贷政策提高了企业的投资效率吗？——基于重污染企业金融资源配置的视角》，《中国人口·资源与环境》2021 年第 1 期。

一 融资约束对创新的影响

当企业内部资金无法有效支持创新活动的正常开展,而外部融资又面临约束时,企业将被迫搁置甚至放弃创新,Brown 等证实了融资约束是世界各国技术创新普遍存在的问题,同样中国的相关实证研究发现90%以上企业主要依赖内部资金开展创新活动。[1] 现有对企业创新融资约束效应的研究路径,通常先明确融资约束对技术创新的作用方向,之后对作用方向的调节因素进一步展开讨论。

现有研究普遍认为,融资约束将制约企业创新。Faulkender 和 Wang 研究发现企业融资约束程度对创新具有显著的抑制作用,企业只能更多依靠自身的内部现金流来保证创新运行。[2] Aghion 等研究发现融资约束是阻碍企业研发投入的主要因素。[3] 张杰等利用微观企业数据实证研究发现企业在进行创新活动时所面临的融资约束要比一般的生产经营或投资项目所面临的融资约束更严重。[4] 唐清泉和肖海莲从创新模式视角出发实证研究发现,企业创新投资更依赖内源融资;相比常规式创新,融资约束对企业探索式创新的负向作用力更强。[5] 胡艳和马连福基于创业企业研发数据实证研究发现企业无论内部资金不充裕还是外源融资不畅通均会限制突破式创新活动的开展。[6] 石璋铭和谢存旭选择具有发展前景的上市公

---

[1] James R. Brown, Gustav Martinsson and Bruce C. Petersen, "Do Financing Constraints Matter for R&D?", *European Economic Review*, Vol. 56, No. 8, 2012, pp. 1512 – 1529.

[2] Michael Faulkender and Rong Wang, "Corporate Financial Policy and the Value of Cash", *The Journal of Finance*, Vol. 61, No. 4, 2006, pp. 1957 – 1990.

[3] Philippe Aghion, Philippe Askenazy and Nicolas Berman, etc, "Credit Constraints and the Cyclicality of R&D Investment: Evidence from Micro Panel data", *Journal of the European Economic Association*, Vol. 10, No. 5, 2012, pp. 1001 – 1024.

[4] 张杰、芦哲、郑文平等:《融资约束、融资渠道与企业 R&D 投入》,《世界经济》2012年第10期。

[5] 唐清泉、肖海莲:《融资约束与企业创新投资—现金流敏感性——基于企业 R&D 异质性视角》,《南方经济》2012 年第11 期。

[6] 胡艳、马连福:《创业板高管激励契约组合、融资约束与创新投入》,《山西财经大学学报》2015 年第8 期。

司作为研究对象，研究表明技术创新显著受到了融资约束的限制。[1] 然而也有研究认为，融资约束反而会刺激管理层在资金量紧张的情况下更注重创新能力的挖掘和创新效率的提升，如陈燕宁研究发现在融资约束程度与高新技术企业创新效率呈正向变动，融资约束程度高会迫使管理层反而加强对研发项目的监管。[2] 潘士远和蒋海威、马晶梅等也发现融资约束对企业创新具有一定促进效应。[3] 还有研究认为融资约束与创新绩效之间并非单纯的线性变动关系，而呈现倒"U"形变动。[4] 李杰义和何亚云认为融资约束的不同来源对创新绩效的作用方向不同[5]：内源融资约束会抑制创新绩效，而外源融资约束反而会提升创新绩效。以上研究结论的差异，很大一部分原因恐怕与融资约束的不同度量方式有关。

关于对融资约束与企业创新负向关系调节因素的研究，可以按照调节因素的类型将其划分为企业特质、行业特征、政府行为、市场环境、金融环境五种主要因素。在企业特质方面，康志勇实证检验发现小规模企业创新活动对融资约束的抑制更加敏感[6]；张璟和刘晓辉基于企业异质性视角提出企业融资约束与融资结构会产生联动机制，企业特质和融资结构的差异使得创新活动也存在差异。[7] 除上述企业特质方面的因素之外，产权性质也是反映企业特质的重要调节因素：解维敏和方红星以上市公司为研究对象，发现相比国有企业，融资约束的缓解对民营企业研

---

[1] 石璋铭、谢存旭：《银行竞争、融资约束与战略性新兴产业技术创新》，《宏观经济研究》2015年第8期。

[2] 陈燕宁：《融资约束、研发投入与企业绩效相关性研究》，《经济论坛》2017年第5期。

[3] 马晶梅、赵雨薇、王成东等：《融资约束，研发操纵与企业创新决策》，《科研管理》2020年第12期；潘士远、蒋海威：《融资约束对企业创新的促进效应研究》，《社会科学战线》2020年第5期。

[4] 孙博、刘善仕、姜军辉等：《企业融资约束与创新绩效：人力资本社会网络的视角》，《中国管理科学》2019年第4期。

[5] 李杰义、何亚云：《双重融资约束、国际化程度与创新绩效——基于205家跨国制造企业的面板数据》，《科技管理研究》2019年第6期。

[6] 康志勇：《融资约束，政府支持与中国本土企业研发投入》，《南开管理评论》2013年第5期。

[7] 张璟、刘晓辉：《融资结构，企业异质性与研发投资——来自中国上市公司的经验证据》，《经济理论与经济管理》2018年第1期。

发投入的提升效果更加明显①；陈海强等也进一步论证了民营企业创新效率的提升对融资约束的缓解更为敏感的观点。② 在行业特征方面，石璋铭和谢存旭认为融资约束对技术创新的抑制作用在战略性新兴产业中更加明显③；马红和王元月也论证了融资约束对战略性新兴产业技术创新的抑制④；熊广勤等创业板上市公司具有显著创新融资约束效应，产业集聚对其具有显著的调节作用。⑤ 武志勇和马永红则以 2005—2016 年中国国际化经营的上市公司为样本，发现融资约束对该类企业的创新投入并无显著影响。⑥ 在政府行为方面，解维敏和方红星认为政府干预会减弱融资约束缓解对企业研发投入的促进作用。而康志勇的研究表明政府支持会有利于促进创新投资，并可以缓解融资约束对创新的不利影响。⑦ 钟凯等研究发现紧缩型货币政策使企业创新面临更加严重的融资约束。⑧ 严若森等在实证研究中也发现政府补贴可以有效缓解企业面临的融资约束进而促进了企业创新投入。⑨ 可见随着政府职能的不断优化，政府在完善技术创新体制的过程中与企业的协同联动机制正在呈良性发展。在市场环境方面，周开国等研究发现市场竞争激烈会加剧融资约束对企业研发活动的

---

① 解维敏、方红星：《金融发展、融资约束与企业研发投入》，《金融研究》2011 年第 5 期。

② 陈海强、韩乾、吴锴：《融资约束抑制技术效率提升吗？——基于制造业微观数据的实证研究》，《金融研究》2015 年第 10 期。

③ 石璋铭、谢存旭：《银行竞争、融资约束与战略性新兴产业技术创新》，《宏观经济研究》2015 年第 8 期。

④ 马红、王元月：《融资约束，政府补贴和公司成长性——基于我国战略性新兴产业的实证研究》，《中国管理科学》2015 年第 S1 期。

⑤ 熊广勤、周文锋、李惠平：《产业集聚视角下融资约束对企业研发投资的影响研究——以中国创业板上市公司为例》，《宏观经济研究》2019 年第 9 期。

⑥ 武志勇、马永红：《融资约束、创新投入与国际化经营企业价值研究》，《科技进步与对策》2019 年第 9 期。

⑦ 康志勇：《融资约束，政府支持与中国本土企业研发投入》，《南开管理评论》2013 年第 5 期。

⑧ 钟凯、程小可、肖翔等：《宏观经济政策影响企业创新投资吗——基于融资约束与融资来源视角的分析》，《南开管理评论》2017 年第 6 期。

⑨ 严若森、陈静、李浩：《基于融资约束与企业风险承担中介效应的政府补贴对企业创新投入的影响研究》，《管理学报》2020 年第 8 期。

抑制效应。① 李杰义和何亚云发现国际化程度越高，越有利于缓解融资约束对创新绩效不利影响。在金融环境方面，唐清泉和巫岑研究发现银行业的良性竞争可以缓解民营、高科技和小规模上市公司研发所面临的融资约束②；张璇等采用 1998—2007 年中国工业企业数据进一步发现，银行业充分竞争尤其是股份制银行和城商行的竞争，可以通过缓解融资约束提升企业创新能力。③ 陈金勇等研究发现区域金融发展程度越高，融资约束对企业创新投入的阻碍越小。④ 张璇等还发现信贷寻租活动加剧了融资约束对企业创新的负面影响。⑤

随着融资约束对企业创新影响的研究不断丰富，学者们对融资约束与创新关系已普遍达成共识。近年来更多文献将融资约束作为其他因素影响企业创新的中介机制对其展开研究，仅对融资约束影响创新的研究逐渐减少。

二 资本结构对创新的影响

资本结构，即融资结构，与融资的来源渠道密切相关，具体表现为股权融资和债权融资与企业总资产的比例关系。不同融资结构下企业的融资风险与融资成本不同，故而对企业创新影响也会存在差异。对融资结构与企业创新之间关系主要是围绕融资来源的不同层次展开的。国外这一领域的研究很少从该视角展开，这与国外金融市场金融抑制程度低有很大关系。现有的研究大多是以中国企业为研究对象。韩剑和严兵以 2005—2007 年中国工业企业数据为样本，实证研究发

---

① 周开国、卢允之、杨海生：《融资约束、创新能力与企业协同创新》，《经济研究》2017 年第 7 期。

② 唐清泉、肖海莲：《融资约束与企业创新投资—现金流敏感性——基于企业 R&D 异质性视角》，《南方经济》2012 年第 11 期。

③ 张璇、李子健、李春涛：《银行业竞争，融资约束与企业创新——中国工业企业的经验证据》，《金融研究》2019 年第 10 期。

④ 陈金勇、舒维佳、牛欢欢：《区域金融发展，融资约束与企业技术创新投入》，《哈尔滨商业大学学报》（社会科学版）2020 年第 5 期。

⑤ 张璇、刘贝贝、汪婷等：《信贷寻租、融资约束与企业创新》，《经济研究》2017 年第 5 期。

现内部融资对非上市公司研发投入贡献度极低，企业研发更依赖外部融资，尤其是高技术行业的中小民营企业。[①] 鞠晓生运用2007—2010年上市公司季度数据分别检验了内外源融资对创新投资的作用效果，发现内源融资仍然是企业创新的主要资金来源；外源融资对不同产权性质企业创新的贡献度存在差异，银行贷款是央企外部创新融资的主要来源，而地方国企和民营企业则更依赖股权融资。[②] 邓向荣和张嘉明基于世界银行调查数据，研究发现相比商业信用的提升作用，内源融资和银行贷款将会抑制企业投资效率。[③] 段海艳研究发现内源融资有助于增加中小板上市公司创新投资。以上研究表明中国企业，尤其是中小企业可供选择的外部融资渠道有限，融资约束较为严重。李汇东等采用2006—2010年上市公司数据，研究发现内外源融资对企业创新投资均具有激励作用，相比内源融资外源融资的作用力更强。[④]

聚焦外源融资，大量研究进一步关注股权融资与债权融资对技术创新的影响。国外研究普遍认为相比债权融资，股权融资在支持技术创新方面更具优势。Magri 研究发现因抵押物不足、抗风险能力小，相比债权融资，中小规模企业更多依赖股权融资为技术创新提供资金支持。[⑤] Rammer 等基于德国制造业发展背景，发现企业股权比例与创新的意愿和动力成正比。[⑥] Aghion 等以英国上市公司数据为样本，发现当有技术创新需求的企业更倾向于选择股权融资时，而且随着研发投入的加大，股权融资

[①] 韩剑、严兵：《中国企业为什么缺乏创造性破坏——基于融资约束的解释》，《南开管理评论》2013年第4期。

[②] 鞠晓生：《中国上市企业创新投资的融资来源与平滑机制》，《世界经济》2013年第4期。

[③] 邓向荣、张嘉明：《融资方式、融资约束与企业投资效率——基于中国制造业企业的经验研究》，《山西财经大学学报》2016年第12期。

[④] 李汇东、唐跃军、左晶晶：《用自己的钱还是用别人的钱创新？——基于中国上市公司融资结构与公司创新的研究》，《金融研究》2013年第2期。

[⑤] Silvia Magri, "The Financing of Small Innovative Firms: The Italian Case", *Economics of Innovation and New Technology*, Vol. 18, No. 2, 2009, pp. 181–204.

[⑥] Christian Rammer, Dirk Czarnitzki and Alfred Spielkamp, "Innovation Success of Non-R&D-Performers: Substituting Technology by Management in SMEs", *Small Business Economics*, Vol. 33, No. 1, 2009, pp. 35–58.

对企业技术创新的促进作用越发明显。[①] Brown 等通过构建融资结构与创新投资之间的动态计量模型，研究发现股权融资是美国高新技术企业创新最主要的资金来源。[②] Wang 和 Thornhill 通过对比股东与债权人的权利差异，认为股权融资对企业技术创新有正向促进作用。[③] 然而，国内的研究对股权融资与债权融资对技术创新的影响效应的研究结论却不甚一致。何国华等发现相比债务性融资，权益性融资更有利于提升企业创新能力。[④] 李汇东等从资金连续性视角研究了不同融资渠道对技术创新的影响，研究发现相比债权融资还本付息的资金压力，股权融资更能够保证资金的连续供应，更有利于企业技术创新。[⑤] 陈紫晴和杨柳勇以中国中小板上市公司为样本，实证研究表明中小企业资产负债率越高研发强度越低，而股权融资和内源融资与研发强度均不相关。[⑥] 张一林等采用分析式研究分别剖析了银行贷款和股权融资对技术创新的不同作用机理，研究发现银行对缺少抵押且研发潜在风险较大的企业往往缺乏贷款意愿，而股权融资下高风险伴随着高回报，更容易成为创新企业的首选，然而目前中国以银行为主导的金融供给结构下，企业技术创新面临着无法得到有效金融支持的困境。[⑦] 孙早和肖利平以战略性新兴产业上市公司为研究对象，发现相比债权融资的负面影响，股权融资可以显著激励企业自主

[①] Philippe Aghion, Stephen Bond and Alexander Klemm, etc, "Technology and Financial Structure: Are Innovative Firms Different?", *Journal of the European Economic Association*, Vol. 2, No. 2 – 3, 2004, pp. 277 – 288.

[②] James R. Brown, Steven M. Fazzari and Bruce C. Petersen, "Financing Innovation and Growth: Cash Flow, External Equity, and the 1990s R&D Boom", *The Journal of Finance*, Vol. 64, No. 1, 2009, pp. 151 – 185.

[③] Taiyuan Wang and Stewart Thornhill, "R&D Investment and Financing Choices: A Comprehensive Perspective", *Research Policy*, Vol. 39, No. 9, 2010, pp. 1148 – 1159.

[④] 何国华、刘林涛、常鑫鑫：《中国金融结构与企业自主创新的关系研究》，《经济管理》2011 年第 3 期。

[⑤] 李汇东、唐跃军、左晶晶：《用自己的钱还是用别人的钱创新？——基于中国上市公司融资结构与公司创新的研究》，《金融研究》2013 年第 2 期。

[⑥] 陈紫晴、杨柳勇：《融资结构，R&D 投入与中小企业成长性》，《财经问题研究》2015 年第 9 期。

[⑦] 张一林、龚强、荣昭：《技术创新、股权融资与金融结构转型》，《管理世界》2016 年第 11 期。

创新。① 李冲等通过构建最优创新收益函数，对企业资本结构与技术创新之间的关系进行实证研究②，回归结果显示股权债权融资比与企业技术创新之间显现显著的倒"U"形变动关系，且拐点处股权债权融资比约为2.6，说明股权债权融资比小于该值时，应积极推进股权融资；而大于该值时，应积极推动以银行为主导的债权融资，而目前中国该比值远未达到拐点值，股权融资更能激励企业创新，应充分发挥股权融资对技术创新的促进作用。海本禄等研究发现相比传统信贷融资，股权融资更能为融资约束和技术密集度较高企业的创新赋能。③ 李真等指出直接融资比例也存在最优边界，否则将会抑制企业创新。④

以上研究国内外研究结论基本一致，但也有存在差异的情形。温军等基于2004—2008年上市公司数据实证研究发现，以贷款为主的关系性债务融资有利于提升企业研发密度⑤；乔坤元借助上市公司数据研究发现企业的债务融资能力与创新能力显著正相关⑥；王娟和孙早以2006—2011年制造业上市公司为研究样本，估计了在不同成熟度和资本密集度的企业中，股权融资对企业创新投入的影响效应，研究发现制造业上市公司的股权融资并不利于增加创新投入，尤其对于成熟度和资本密集度较低的企业而言这种抑制作用尤甚。⑦ 该结论呈现出与大多数研究相反的特征，很可能与样本期间中国金融市场的发展相对滞后、不同期间不同行业上市公司的信息披露制度存在差异有很大关系。

---

① 孙早、肖利平：《产业特征、公司治理与企业研发投入——来自中国战略性新兴产业A股上市公司的经验证据》，《经济管理》2015年第8期。

② 李冲、钟昌标、徐旭：《融资结构与企业技术创新——基于中国上市公司数据的实证分析》，《上海经济研究》2016年第7期。

③ 海本禄、杨君笑、尹西明等：《外源融资如何影响企业技术创新——基于融资约束和技术密集度视角》，《中国软科学》2021年第3期。

④ 李真、李茂林、黄正阳：《研发融资约束、融资结构偏向性与制造业企业创新》，《中国经济问题》2020年第6期。

⑤ 温军、冯根福、刘志勇：《异质债务、企业规模与R&D投入》，《金融研究》2011年第1期。

⑥ 乔坤元：《创新和企业债务融资：来自中国上市企业的证据》，《南方金融》2012年第8期。

⑦ 王娟、孙早：《股权融资是否抑制了上市公司的创新投入——来自中国制造业的证据》，《现代财经·天津财经大学学报》2014年第8期。

三 金融资源错配对创新的影响

金融错配对技术创新影响的讨论是错配经济后果研究中的一个重要部分。金融作为现代经济的中枢，已成为实体经济发展的助推器，金融资源的支持为企业提供充足的创新血液，稳定长期的资金支持是企业可持续创新的保证。① 与西方金融市场的发展程度相关，国外学者有关金融资源错配对技术创新影响的实证研究并不多见。相比而言，国内学者对金融资源错配与创新的关系已基本形成了较为一致的结论。依据所采用的数据样本情况，现有对该主题的实证研究主要从中宏观和微观两个视角展开。

基于中宏观的实证研究，主要使用了国家、地区或行业层面的样本作为研究对象，近十年来的相关研究主要以中国省级面板数据为主，考察了金融资源错配对创新投入、产出或创新效率的影响。戴静和张建华研究发现所有制歧视所导致的金融资源错配阻碍了地区创新成果的转化。② 白俊红和卞元超也认为资本市场扭曲会阻碍地区创新效率的提升。③ 刘任重等同样发现金融资源错配会给规模以上工业企业技术创新投入带来负面影响。④ 李晓龙等通过测算金融要素错配指数考察了其对高新技术企业创新投资的负面影响。⑤ 李健和盘宇章采用动态面板数据模型研究发现资本要素扭曲与创新资源配置效率呈倒"U"形关系，与创新综合效率

---

① 贾俊生、伦晓波、林树：《金融发展、微观企业创新产出与经济增长——基于上市公司专利视角的实证分析》，《金融研究》2017 年第 1 期；Po - Hsuan Hsu, Xuan Tian and Yan Xu, "Financial Development and Innovation: Cross - Country Evidence", *Journal of Financial Economics*, Vol. 112, No. 1, 2014, pp. 116 – 135.

② 戴静、张建华：《金融所有制歧视、所有制结构与创新产出——来自中国地区工业部门的证据》，《金融研究》2013 年第 5 期。

③ 白俊红、卞元超：《要素市场扭曲与中国创新生产的效率损失》，《中国工业经济》2016 年第 11 期。

④ 刘任重、郭雪、徐飞：《金融错配、区域差异与技术进步——基于我国省级面板数据》，《山东财经大学学报》2016 年第 6 期。

⑤ 李晓龙、冉光和、郑威：《金融要素扭曲如何影响企业创新投资——基于融资约束的视角》，《国际金融研究》2017 年第 12 期。

呈负向变动关系。① 资本要素扭曲对创新的影响会受到地区发展特征的异质性影响，地区经济发展水平和对外开放度的提高能够缓解资本要素扭曲对创新投资和创新效率的抑制作用，此外所在地区的企业规模越大，非国有经济比重越高，技术密集度越低也利于缓解资本要素市场扭曲对创新的不利影响。② 以上研究均使用中国省级面板数据对企业的金融错配进行测度，虽然形成了一致性研究结论，但对金融资源错配与技术创新微观影响机理的探讨仍有较大拓展空间。

也有文献以微观企业为对象研究金融资源错配对创新的影响。康志勇以2001—2007年中国工业企业为样本实证研究发现信贷资源错配确实不利于中国制造业企业的创新投入和产出。③ 汪伟和潘孝挺基于2002—2003年世界银行企业调查数据再次验证了这一结论，并指出这种抑制作用在私营企业中表现更为突出。④ 成力为等以2005—2007年工业企业为样本发现金融错配使民营企业的研发投资比国有企业更加短缺。⑤ 以上研究在一定程度上丰富了金融资源错配对微观企业创新活动的异质性研究，但受微观数据观测年份限制，无法有效地反映中国经济近十年尤其是进入新常态发展以来的金融资源错配与企业创新的变化关系。甄丽明和罗党论以2009—2014年中国创业板上市公司为样本从信贷寻租的视角再次验证了金融资源错配对研发支出的不利影响⑥，但并未回答对这种影响在微观企业间的差异性。吕承超和王志阁以2012—2016年中国制造业上市公司为样本，研究认为相比国有企业，资本要素错配对非国有企业创新

---

① 李健、盘宇章：《要素市场扭曲和中国创新能力——基于中国省级面板数据分析》，《中央财经大学学报》2018年第3期。

② 李晓龙、冉光和、郑威：《金融要素扭曲的创新效应及其地区差异》，《科学学研究》2018年第3期；戴魁早、刘友金：《要素市场扭曲如何影响创新绩效》，《世界经济》2016年第11期。

③ 康志勇：《金融错配阻碍了中国本土企业创新吗？》，《研究与发展管理》2014年第5期。

④ 汪伟、潘孝挺：《金融要素扭曲与企业创新活动》，《统计研究》2015年第5期。

⑤ 成力为、温源、张东辉：《金融错配、结构性研发投资短缺与企业绩效——基于工业企业大样本面板数据分析》，《大连理工大学学报》（社会科学版）2015年第2期。

⑥ 甄丽明、罗党论：《信贷寻租，金融错配及其对企业创新行为影响》，《产经评论》2019年第4期。

的影响具有显著负面影响。[1] 这些研究丰富了关注最近十年来金融资源错配对企业创新影响的文献。

近年来，关注金融资源错配对企业创新影响机制的研究开始增加。李晓龙等认为金融错配通过融资约束这一中介变量进而对创新投资产生抑制[2]；张洁和唐洁则认为融资约束作为调节变量，对金融错配与创新投资间的负向作用关系具有强化作用。[3] 葛立宇考察了寻租活动在金融资源错配向创新投入传导过程中的中介作用[4]；甄丽明和罗党论则认为寻租活动会导致金融资源错配从而挤出创新投资。李爽认为政治关联在金融资源错配与创新投入之间存在中介效应；冉茂盛和同小歌则认为政治关联对金融资源错配与创新产出的负向关系具有正向调节效应。[5] 陈经伟和姜能鹏认为资本要素市场扭曲将通过抑制要素密集度转化、管理与生产效率进而阻碍创新。[6] 同小歌等认为金融资源错配通过政策扭曲和金融摩擦影响创新产出。[7] 张辽和范佳佳则认为金融资源错配通过信贷融资约束、非效率投资损失、研发投入漏损和要素价格扭曲阻碍创新。[8] 可见，目前对金融资源错配对企业创新影响机制的理论框架和研究结论尚存在分歧，而且鲜有研究关注影响机制是否因错配类型不同而不同。

---

[1] 吕承超、王志阁：《要素资源错配对企业创新的作用机制及实证检验——基于制造业上市公司的经验分析》，《系统工程理论与实践》2019年第5期。

[2] 李晓龙、冉光和、郑威：《金融要素扭曲如何影响企业创新投资——基于融资约束的视角》，《国际金融研究》2017年第12期。

[3] 张洁、唐洁：《资本错配，融资约束与企业研发投入——来自中国高新技术上市公司的经验证据》，《科技进步与对策》2019年第20期。

[4] 葛立宇：《要素市场扭曲对企业家寻租及创新的影响》，《科技进步与对策》2018年第13期。

[5] 冉茂盛、同小歌：《金融错配，政治关联与企业创新产出》，《科研管理》2020年第10期。

[6] 陈经伟、姜能鹏：《资本要素市场扭曲对企业技术创新的影响：机制、异质性与持续性》，《经济学动态》2020年第12期。

[7] 同小歌、冉茂盛、李万利：《金融错配与企业创新——基于政策扭曲与金融摩擦研究》，《科研管理》2021年第7期。

[8] 张辽、范佳佳：《金融资源错配如何阻碍技术创新——基于技术差距的视角》，《国际商务·对外经济贸易大学学报》2022年第3期。

第三节 股权结构对企业创新的影响研究

股权结构是公司治理的核心，清晰合理的股权结构是一个企业存在并能够可持续发展的必要条件。这一研究主题由来已久，但在不同的时代背景下历久弥新，依然是国内外学者们研究的热点。然而，学者们在股权结构研究的视角和维度上不甚相同，总体而言我们将现有研究中普遍采用的视角归纳为以下三种：第一种是基于股权分布视角下的研究，聚焦于股权结构分布特征所带来的影响；第二种是基于股东类型视角下的研究，聚焦于某种类型股东持股，如高管持股、机构持股所带来的影响；第三种基于股权性质视角下的研究，聚焦于控股股东性质所带来的影响。由于本书重点关注的是股权结构的分布特征，因此本节将着重就股权结构分布特征对企业创新影响的研究进行梳理。

一 股权集中度与制衡度的影响

大量经典文献主要基于股权分布视角探讨了股权结构的经济后果，早期研究主要以股权集中度或股权制衡度作为反映公司股权分布状态的主要指标。二者其实是一个问题的两个方面，股权集中度侧重于从控股股东持股比例的角度反映股权分布特征，而股权制衡度侧重于从大股东内部牵制力的角度反映股权分布特征。现有关于股权集中度对创新影响的研究结论因不同国家、不同时期以及不同度量方式而存在着差异。

有学者认为控股股东更关注长期回报，为了支持公司长远发展，更愿意投入资源承担风险，同时也能够抑制股权分散情况下的"搭便车"问题，有效约束经理人，降低代理成本，更有利于企业创新。[①] 还有学者认为，股权集中度较高会为控股大股东利益攫取行为提供契机，并不利

---

① Jing Song, Yinghong Susan Wei and Rui Wang, "Market Orientation and Innovation Performance: The Moderating Roles of Firm Ownership Structures", *International Journal of Research in Marketing*, Vol. 32, No. 3, 2015, pp. 319 – 331；党印、鲁桐：《公司治理与技术创新：两个基本模型》，《财经科学》2014 年第 7 期。

于企业创新①，而一定程度的股权制衡可以使控股股东攫取私利的行为得到更有效监督与控制，从而对企业创新产生积极作用。② 但如果股权制衡度过高，如同时存在两个及以上持股比例在10%以上的大股东可能导致监督过度，反而对企业创新产生不利影响。③ 因此，有文献对股权集中度与企业创新之间可能存在的非线性关系展开研究，冯根福和温军以2005—2007年中国上市公司为样本，实证研究发现股权集中度与企业创新之间的倒"U"形关系，指出企业创新过程中股权适度集中与制衡的重要性④，之后杨德伟、杨建君等也相继验证了这一结论。⑤ 宁青青等则基于2006—2015年中国沪深主板上市公司数据，研究发现控股股东持股比例与创新投入呈例"U"形关系，与创新产出呈负向变动关系。⑥

有些学者研究了不同情境下股权集中度影响企业创新异质性：杨凤和李卿云研究关注了不同行业与地区市场化程度下股权集中度对企业创新的影响，发现制造行业和市场化程度更高地区的企业股权集中度越高，研发支出越少⑦；张玉娟和汤湘希研究发现相比国有企业，股权集中度越

---

① 钟腾、汪昌云、李宗龙：《股权结构、隧道效应与创新产出——来自制造业上市公司的证据》，《厦门大学学报》（哲学社会科学版）2020年第6期；Raoul Minetti, Pierluigi Murro and Monica Paiella, "Ownership structure, governance, and innovation", *European Economic Review*, Vol. 80, 2015, pp. 165–193; Fabrizio Rossi and Richard J. Cebula, "Ownership Structure and R&D: An Empirical Analysis of Ltalian Listed Companies", *PSL Quarterly Review*, Vol. 68, No. 275, 2015.

② 毕晓方、翟淑萍、何琼枝：《财务冗余降低了企业的创新效率吗？——兼议股权制衡的治理作用》，《研究与发展管理》2017年第2期；陈志军、赵月皎、刘洋：《不同制衡股东类型下股权制衡与研发投入——基于双重代理成本视角的分析》，《经济管理》2016年第3期；朱德胜、周晓珮：《股权制衡、高管持股与企业创新效率》，《南开管理评论》2016年第3期；孙早、肖利平：《产业特征、公司治理与企业研发投入——来自中国战略性新兴产业A股上市公司的经验证据》，《经济管理》2015年第8期。

③ 朱冰：《多个大股东与企业创新》，《管理世界》2018年第7期。

④ 冯根福、温军：《中国上市公司治理与企业技术创新关系的实证分析》，《中国工业经济》2008年第7期。

⑤ 杨建君、王婷、刘林波：《股权集中度与企业自主创新行为：基于行为动机视角》，《管理科学》2015年第2期；杨德伟：《股权结构影响企业技术创新的实证研究——基于我国中小板上市公司的分析》，《财政研究》2011年第8期。

⑥ 宁青青、陈金勇、袁蒙茵：《产权性质、控股股东与企业自主创新》，《重庆大学学报》（社会科学版）2018年第4期。

⑦ 杨凤、李卿云：《股权结构与研发投资——基于创业板上市公司的经验证据》，《科学学与科学技术管理》2016年第2期。

高对民营企业创新的抑制作用越强[①]；王文寅和刘佳利用 2014—2018 年中国上市家族企业数据，研究发现不同控制水平、规模和两权分离度下家族企业的股权制衡度与研发投入之间存在不同的阈值。[②]

二 股权多元度与混合度的影响

起初相关研究重点探讨异质性股权混合对企业创新的作用方向，大部分研究都认为股权混合有助于激励企业创新。李文贵和余明桂研究发现非国有股东持股比例越高，国有企业创新意愿越强。[③] 赵放和刘雅君实证结果表明引入异质性股东有助于国有企业增加创新投资，但对提升创新产出效果不佳。[④] 王业雯和陈林发现自然人、外资等非国有股东参股国有企业将对企业创新效率的提升产生积极作用。[⑤] 王艳通过广东省地方国企"瀚蓝环境"的三次并购案例再次证实了因此引入异质性股东对企业技术创新活动的积极作用。[⑥] 杨运杰等以 1998—2007 年中国工业企业为样本研究发现国有适度引入非国有股东相比国有控股和国有民营化等形式更有利于促进创新。[⑦] 王玮等研究发现国有企业研究阶段创新投资的增加对多元化股权结构比开发阶段更为敏感。[⑧] 马连福和张晓庆进一步发现引入非国有股东并委派董事可以促进国有企业研究阶段创新投资，同时

[①] 张玉娟、汤湘希：《股权结构、高管激励与企业创新——基于不同产权性质 A 股上市公司的数据》，《山西财经大学学报》2018 年第 9 期。

[②] 王文寅、刘佳：《家族企业股权制衡度与研发投入的门槛效应分析》，《统计与决策》2021 年第 7 期。

[③] 李文贵、余明桂：《民营化企业的股权结构与企业创新》，《管理世界》2015 年第 4 期。

[④] 赵放、刘雅君：《混合所有制改革对国有企业创新效率影响的政策效果分析——基于双重差分法的实证研究》，《山东大学学报》（哲学社会科学版）2016 年第 6 期。

[⑤] 王业雯、陈林：《混合所有制改革是否促进企业创新？》，《经济与管理研究》2017 年第 11 期。

[⑥] 王艳：《混合所有制并购与创新驱动发展——广东省地方国企"瀚蓝环境"2001—2015 年纵向案例研究》，《管理世界》2016 年第 8 期。

[⑦] 杨运杰、毛宁、尹志锋：《混合所有制改革能否提升中国国有企业的创新水平》，《经济学家》2020 年第 12 期。

[⑧] 王玮、梁诗、何红玲等：《国企混改与双元创新——基于股权多样性视角》，《华东经济管理》2021 年第 9 期。

会对开发阶段创新投资产生抑制作用。① 贾凯威等研究显示股权多样化能够有效提升企业创新绩效,而股权集中度与创新绩效之间具有倒"U"形变动关系。② 也有研究对不同性质股权混合与创新之间的关系提出了完全不同的看法:钟昀珈等考察了国有企业民营化前后创新行为的变化,研究发现如果非国有股东持股比例增加以至于改变了企业的国有性质,会激发非国有大股东的掏空动机,反而对企业创新造成不利影响。③ 宋冬林和李尚基于2004—2007年工业企业数据库数据,实证研究发现国有企业部分民营化并未显著激励了企业创新。其原因或许与样本特征或解释变量度量方式有关。④ 任广乾等、汪涛等均发现股权多元度对企业创新无显著影响,但两者对异质性股东占比对企业创新的促进作用存在分歧。⑤⑥

之后的研究,在研究作用方向的基础上试图探讨异质性因素对混合式股权结构与企业创新之间的调节作用。这些调节变量主要表现为企业自身特质和外部环境两类因素。研究发现不同所有制性质下,混合式股权结构对创新的影响不同:王业雯和陈林认为国有企业引入异质性股东后的创新效率比外资企业和民营企业高⑦,张斌等则认为与国有企业相比,股权混合度对非国有企业创新绩效的促进作用更强。⑧ 同样以国有企业为研究样本,朱磊等发现地方国有企业股权多元度和混合度对创新投

---

① 马连福、张晓庆:《非国有股东委派董事与国有企业双元创新——投资者关系管理的调节作用》,《经济与管理研究》2021年第1期。
② 贾凯威、马成浩、赵丰义等:《不充分外部竞争环境下企业股权结构与创新关系再审视——基于非平衡面板数据分析》,《科技进步与对策》2018年第20期。
③ 钟昀珈、张晨宇、陈德球:《国企民营化与企业创新效率:促进还是抑制?》,《财经研究》2016年第7期。
④ 宋冬林、李尚:《混合所有制改革与国有企业创新研究》,《求是学刊》2020年第1期。
⑤ 任广乾、罗新新、刘莉等:《混合所有制改革,控制权配置与国有企业创新投入》,《中国软科学》2022年第2期。
⑥ 汪涛、王新、张志远:《双元创新视角下混改对国企创新决策的影响研究》,《技术经济》2022年第4期。
⑦ 王业雯、陈林:《混合所有制改革是否促进企业创新?》,《经济与管理研究》2017年第11期。
⑧ 张斌、李宏兵、陈岩:《所有制混合能促进企业创新吗?——基于委托代理冲突与股东间冲突的整合视角》,《管理评论》2019年第4期。

入的促进作用更加明显[1]，而解维敏则发现股权多元度对中央国有企业比对地方国有企业创新投入更具促进作用。[2] 除了所有制性质以外，企业规模、行业、生命周期的差异也会调节混合所有制改革对创新的影响，大型企业创新对国有终极控股权更加敏感，小规模企业创新则对非国有终极控制权更敏感[3]，研究发现处于非垄断行业和竞争性行业的国有企业混合所有制改革更有助于提升创新绩效。[4] 相比成长期和衰退期的企业，股权混合度对成熟期企业突破式创新水平具有显著的提升效果。[5] 从企业外部的制度环境来看，通常金融发展水平越高[6]，市场化程度越高[7]，制度建设越发达[8]，政府透明度放权度越高[9]，经济政策不确定性越低[10]，越有利于充分发挥混合式股权结构对创新的激励作用。

---

[1] 朱磊、陈曦、王春燕：《国有企业混合所有制改革对企业创新的影响》，《经济管理》2019年第11期。

[2] 解维敏：《混合所有制与国有企业研发投入研究》，《系统工程理论与实践》2019年第4期。

[3] 陈林、万攀兵、许莹盈：《混合所有制企业的股权结构与创新行为——基于自然实验与断点回归的实证检验》，《管理世界》2019年第10期。

[4] 王文寅、刘佳：《家族企业股权制衡度与研发投入的门槛效应分析》，《统计与决策》2021年第7期；姬怡婷、陈昆玉：《股权混合主体深入性，高管股权激励与创新投入——基于国有混合所有制上市公司的实证研究》，《科技进步与对策》2020年第16期；朱磊、陈曦、王春燕：《国有企业混合所有制改革对企业创新的影响》，《经济管理》2019年第11期；秦华英：《混合所有制改革影响国有企业创新的机制分析》，《管理世界》2018年第7期。

[5] 朱磊、亓哲、王春燕等：《国企混改提高企业突破式创新水平了吗？——基于企业生命周期视角》，《财务研究》2022年第1期。

[6] 余明桂、钟慧洁、范蕊：《民营化、融资约束与企业创新——来自中国工业企业的证据》，《金融研究》2019年第4期。

[7] 熊爱华、张质彬、张涵：《国有企业混合所有制改革对创新绩效影响研究》，《科研管理》2021年第6期。

[8] 尹美群、高晨倍：《混合所有制企业控制权，制度环境和研发创新》，《科研管理》2020年第6期；张斌、李宏兵、陈岩：《所有制混合能促进企业创新吗？——基于委托代理冲突与股东间冲突的整合视角》，《管理评论》2019年第4期；邵云飞、李刚磊、徐赛：《参与混合所有制改革能否促进民营企业创新——来自中国民营上市公司的经验证据》，《管理学》（季刊）2019年第2期。

[9] 吴祖光、孟祥龙：《混合所有制改革对研发投入强度的影响：政府透明度的调节作用》，《科技进步与对策》2021年第18期；王春燕、褚心、朱磊：《非国有股东治理对国企创新的影响研究——基于混合所有制改革的证据》，《证券市场导报》2020年第11期。

[10] 冯璐、张泠然、段志明：《混合所有制改革下的非国有股东治理与国企创新》，《中国软科学》2021年第3期。

也有部分文献侧重于从混合式股权结构对创新投资的影响机理入手进行更为细致的研究。王京和罗福凯使用高新技术上市公司数据，研究显示异质股权混合度越高越有利于推动企业技术创新。[1] 王新红等以2012—2016年制造业混合所有制上市公司为研究对象，对企业创新成果生成和转化两阶段创新效率进行测算后认为整体而言这些异质性股权混合企业的创新效率较高，但依旧存在投入产出比不合理的问题。[2] 罗福凯等采用2009—2014年上市公司数据，从终极产权的视角考察了股权混合度对企业创新投资的作用机制，研究发现混合股权通过资源效应和治理效应对创新投资产生积极影响。[3] 宋冬林和李尚认为是否引入异质性股东对国有企业创新的促进作用得益于对政府干预的缓解，而非代理机制的完善。[4] 杨运杰等则认为获得政府补贴和减低代理成本是提升国有企业股权混合激励创新的主要路径。[5] 现有文献对影响机理的研究视角和研究深度依然存在有待于挖掘和探讨的空间。

第四节　文献评述

通过文献梳理发现已有与本书主题相关的研究主要存在以下特点。

第一，关于金融资源错配对创新影响的研究较多，但区分不同错配类型的微观研究很少。

关于资源错配的早期研究更多基于国家、地区、行业层面考察其经济后果，因此现有关于金融资源错配对企业创新影响的中宏观研究偏多，考察不同类型的金融资源错配对微观企业创新的研究较为少见。现有文

---

[1] 王京、罗福凯：《混合所有制、决策权配置与企业技术创新》，《研究与发展管理》2017年第2期。

[2] 王新红、薛泽蓉、张行：《基于两阶段DEA模型的混合所有制企业创新效率测度研究——基于制造业上市企业的经验数据》，《科技管理研究》2018年第14期。

[3] 罗福凯、庞廷云、王京：《混合所有制改革影响企业研发投资吗？——基于我国A股上市企业的经验证据》，《研究与发展管理》2019年第2期。

[4] 宋冬林、李尚：《混合所有制改革与国有企业创新研究》，《求是学刊》2020年第1期。

[5] 杨运杰、毛宁、尹志锋：《混合所有制改革能否提升中国国有企业的创新水平》，《经济学家》2020年第12期。

献多关注金融资源错配状态对企业创新的影响，由于不同研究采用的样本与数据不同，因此彼此之间缺乏可比性，不利于理解不同类型的金融资源错配对企业创新影响的差异。

第二，关于金融资源错配与企业创新关系的研究较多，但对影响机制的研究较少。

企业是创新行为的主体，研究金融资源错配如何对微观企业创新产生影响有助于底层逻辑的铺设。现有关于金融资源错配对企业创新影响的文献中，对影响机制与路径的微观研究较少，大部分研究目的更侧重于分析作用关系的结果，而非传导过程。近年来，关于影响机制的研究数量有所增多，但是理论框架差异较大，对于传导过程仍存在分歧，尚未形成认可度较高的研究结论。而且现有文献很少基于偏离方向的不同，将金融资源错配类型进行区分，讨论不同错配类型下错配程度对企业创新的影响，研究者们大都认为影响机制和结果相同，或未将某一种错配类型纳入考察范畴，这将使其对影响机制的探究不够全面，不利于有针对性，区别性地寻找解决方案。

第三，基于宏观金融体制改革视角探寻纠正金融资源错配对企业创新抑制作用的研究较多，基于微观企业视角探寻缓解金融资源错配对企业创新抑制作用的研究较少。

由于金融资源错配产生的原因与一国金融抑制有关，因此基于金融体制改革矫正金融资源错配的研究文献更为丰富。然而，金融资源错配对企业行为的影响与企业自身特质也不无关系，"所有制歧视"作为金融资源错配影响因素之一，与现今中国政府自上而下倡导的企业产权制度改革目标有着潜在联系，因此从微观企业产权制度视角可否寻找缓解金融资源错配抑制企业创新的机制，对这一问题的研究仍亟待增加。

第四，基于名义股东视角研究股权结构的研究较多，基于终极控制权视角研究股权结构的研究较少。

现有研究股权机构的研究中，反映股权分布特征时，如果使用的是上市公司数据，那么在存在一致行动人关系的情况下，使用传统的股权制衡度的度量方式是不准确的，因为名义持股比例与实际控股情况并非绝对一致。大多数文献直接使用年报中十大名义股东持股比例或仅在名义股东中追溯上市公司的实际控制人,未全面考虑终极控制权问题,对股权结构度量的严谨性不足。即使有些文献使用的股权多元度、股权混合度作为度量股权结构特征的代理变量,如果未能逐层追溯名义股东背后的一致行动人关系,计算出来的结果和实际情况仍存在偏差。而不考虑终极控制权就对治理后果进行研究,其研究结论的可靠性将受到质疑。近年来,关注一致行动人关系的研究虽然有所增加,但受到手工搜集和整理数据时间成本的影响,依据终极控制权识别上市公司实际股权结构依然需要在未来研究中引起足够的重视。

第五,混合所有制背景下对国有企业股权结构经济后果的研究较多,对民营企业股权结构经济后果的研究较少。

由于混合所有制改革最初是为了完善国有企业产权制度而提出的,从时间进程来看,国有企业混合所有制改革大幕开启得更早。因此,更多研究将视角定位于国有企业,研究混合股权结构的经济后果。然而,随着国有资本与非国有资本双向融合的提档扩面,不仅有经营困境或谋求发展的国有企业有必要引入高效的民营股东,增强企业活力,同样谋求长远发展或寻求资金解困民营企业也渴望国有股东的参与,双向引入异质性股东是实现合作共赢的市场化行为。现有文献的研究对象多聚焦于国有企业,民营企业混合式股权结构经济后果提供的经验证据偏少,尤其是将不同产权性质企业同时进行比较的研究更少,未来有必要对国有企业和民营企业股权结构所发挥的不同功效与机制进行深入研究。

第六,考察金融资源错配和股权结构分别对企业创新两两关系的研究较多,关注三者之间影响关系的研究较少。

目前,关注金融资源错配、股权结构分别对企业创新的研究较多,相关研究主要从影响关系、影响的异质性以及影响机制展开讨论。就影响关系而言,现有文献基本对金融资源错配能够抑制创新、引入异质性股东能够促进创新的关系达成了共识,但关于影响机制的研究仍未形成意见趋于统一的理论框架。尤其是将金融资源错配、股权结构与创新置于同一个研究维度下,揭开三者之间相互作用关系的面纱,对拓展研究视角、深化研究内涵具有一定价值,有必要在未来研究中进一步探究。

第 三 章

理论基础与分析框架

第一节 理论基础

一 金融资源配置的相关理论

金融资源配置，可以理解为通过特定的机制将有限的金融资源，从资金供给者分配到资金需求者手中，使其为社会经济发展提供支持。与金融资源配置的相关理论主要有关注配置原则的资源配置效率理论、关注信贷配置的信贷配给理论和关注配置腐败问题的寻租理论。

（一）资源配置效率理论

"金融资源错配"这一提法主要源自于资源配置效率理论。解决资源稀缺性所导致的有限供给和无限需求之间的矛盾是经济社会资源配置问题的核心，资源配置的经济效率反映了稀缺资源在不同经济主体之间分配的有效程度。帕累托最优是资源配置效率高低的判别标准，在这个状态下，基于节约与效率的原则，资源重置都不可能在保证任何人利益不受损的前提下使得至少一个人受益，以实现资源最优配置。金融资源配置是金融系统的基本功能之一，也是资源配置问题的重心。作为企业发展所必需的稀缺资源，金融资源在生产要素配置中具有不可替代的驱动作用。金融资源配置效率不仅包括资本市场向资金需求者直接配置金融资源的效率，还包括金融中介机构间接配置金融资源的效率，具体表现为由企业生产率的高低决定金融资源的配置，使获得配置的企业进一步提高产出效率。金融资源错配一般会出现在不完善的金融市场中，根据发生错配原因的可控性，可以将现有研究中的错配因素分为两种[①]：一种是金融摩擦所引发的资金供给方和需求方之间"不可控"的资源错配，例如由于金融机构与企业存在信息不对称，银行难以区分贷款企业的生产效率，于是金融资源更多流向低效部门，进而使高效部门面临更少的资金供给和更高的资本成本[②]；另一种是受政府干预等体制性、人为性因素所引发的"可控"的资源错配[③]，例如所有制歧视下国有企业在信贷资源配置中所享受的政策待遇。

（二）信贷配给理论

在中国特殊的制度背景下，由于信贷资源是金融资源的主要构成部分，信贷资源错配问题在现代信贷配给理论中也有所体现。1973 年，肖（E. S. Shaw）和麦金农（R. I. Mckinnon）分别在两本著作中以发展中国家为研究对象提出了"金融抑制论"和"金融深化论"。他们指出发展中国家金融市场发展相对滞后，在资金紧张的情况下为了实现经济发展目标，政府将对信贷配给进行人为干预，进而破坏了信贷资源配置的市场机制，这种价格扭曲反而抑制了经济增长。J. E. Stigliz 和 A. Weiss 认为这一理论强烈的市场均衡假设在现实中无法实现，因此他们基于不完全信息市场进一步提出了"金融约束论"，认为信贷配给不仅仅局限于发展中国家，即使不存在政府对金融体系的过度干预，由于信息不对称的存在，商业银行也会选择信贷配给。信息不对称理论由阿克罗夫（G. Akerlof）、思彭斯（M. Spence）和斯蒂格利茨（J. E. Stigliz）三位经济学家分别基于商品市场、劳动力市场和金融市场的研究提出。经济

---

① 王竹泉、王惠、王贞洁：《杠杆系列错估与信贷资源错配》，《财经研究》2022 年第 11 期。

② Diego Restuccia and Richard Rogerson, "Misallocation and Productivity", *Review of Economic Dynamics*, Vol. 16, No. 1, 2013, pp. 1 – 10.

③ 简泽、徐扬、吕大国等：《中国跨企业的资本配置扭曲：金融摩擦还是信贷配置的制度偏向》，《中国工业经济》2018 年第 11 期；Abhijit V. Banerjee and Benjamin Moll, "Why does Misallocation Persist?", *American Economic Journal: Macroeconomics*, Vol. 2, No. 1, 2010, pp. 189 – 206；邵挺：《金融错配、所有制结构与资本回报率：来自 1999—2007 年我国工业企业的研究》，《金融研究》2010 年第 9 期；Nezih Guner, Gustavo Ventura and Yi Xu, "Macroeconomic Implications of Size – Dependent Policies", *Review of economic Dynamics*, Vol. 11, No. 4, 2008, pp. 721 – 744.

社会中广泛存在着信息不对称现象，信贷市场上，借款人相比银行对自身风险以及资金使用情况更为了解，银行为了避免贷款成为不良资产，有着强烈的风险规避意愿，银行将通过对借款人信用资质、还款能力的调研和审核，尽可能降低自身的经营风险。然而，信息不对称使得银行无法对贷款风险进行全面有效的控制，逆向选择和道德风险将成为信贷市场中的两大潜在风险。事前，当银行缺乏有效辨别借款人资质的充分信息时，银行被迫通过上浮贷款利率的方式来获取一定风险补偿，此时资质良好的低风险借款人将有可能放弃申请，而资质欠佳的高风险借款人则更愿意接受贷款，但由于其违约风险更高反而增加了银行的经营风险，这就是"逆向选择"效应。事后，借贷双方形成了合同关系后，高昂的监督成本使得银行无法充分掌握每一笔贷款资金的使用情况，贷款利率高的借款人为了追求更高的收益，便会在投资过程中承担更高的风险，进而增加了违约风险，由此便产生了"道德风险"效应。

(三) 寻租理论

经济学中对"租金"的探讨由来已久，但"寻租"作为一个学术概念被正式提出，要追溯到 1974 年克鲁格（Anne Krueger）在探讨国际贸易保护主义时所发表的《寻租社会的政治经济学》一文。由于中国早期不完善的经济制度为租金提供了滋生的土壤，西方寻租理论于首次通过发表于《经济社会体制比较》的一篇文章被中国学者所熟知[1]，从此开启了中国寻租理论研究之路。在研究中国金融资源配置中的腐败问题时，寻租理论成为一个重要的研究视角。寻租行为为企业谋取便利的融资条件提供了机会与可能，一旦受到潜规则干预，使金融资源不能按照市场机制进行配置，金融资源的使用效率将会受到负面影响。[2] "租"即"租金"的简称，在经济学中指某种资源的所有者获得的收入中超过机会成

---

[1] 吴敬琏：《"寻租"理论与我国经济中的某些消极现象》，《经济社会体制比较》1988 年第 5 期。

[2] 谢平、陆磊：《资源配置和产出效应：金融腐败的宏观经济成本》，《经济研究》2003 年第 11 期。

本的剩余。① 寻租行为被视为一种非生产性活动，寻租人通过游说、贿赂等方式寻求垄断，使社会资源向垄断势力转移，或寻求一种行政力所赋予的特权，从而享受特权带来的超额利润。"租金"的存在往往与政府干预有关②，政府以市场失灵等原因通过行政手段对市场加以干预，不公开不平等的市场环境阻塞了获得正常超额利润的渠道，于是寻租滋生。③ 当众多利益集团加入到同一管制租金的争夺中来，便会引发寻租竞争，竞争过程中势必会产生大量非生产性支出，从而造成整个社会的福利净损失。④

二 创新影响因素的相关理论

随着技术创新逐渐渗透到社会经济生活的各个角落，学术界对创新理论的研究越来越丰富完善。创新不仅仅具备技术领域的内涵与外延，同时还是一个经济学概念。本书涉及企业创新影响因素的相关理论，主要有熊彼特创新理论和融资约束理论。

（一）熊彼特创新理论

熊彼特（Joseph A. Schumpeter）的创新理论开创了技术创新研究的先河，1912 年他在《经济发展理论》中创造性地提出：不是任何其他生产要素，而是技术创新，才是资本主义经济增长的主要源泉。熊彼特反对新古典经济学家所推崇的静态均衡状态，认为正是技术创新所推动的动态均衡造就了资本主义经济的增长。他认为，技术创新会沿着这样一条路径产生与发展：外生于企业自身与市场需求，有一个具有前沿性和相对确定性的发明流。这个发明流的价值与意义被具有的创新精神的企业家捕捉到，并投身于其中，一旦成功地实现了开创式革新，它将打破原有经济运行的均衡惯性，为创新者带来丰厚的超额利润。然而，知识往

---

① James M. Buchanan, "Rent Seeking and Profit Seeking", *Toward a Theory of the Rent - Seeking Society*, Vol. 3, 1980, p. 15.
② 钱颖一：《克鲁格模型与寻租理论》，《经济社会体制比较》1988 年第 5 期。
③ 雷平、王孝德：《权力寻租："看不见的脚"踩住了"看不见的手"》，《重庆社会科学》1999 年第 2 期。
④ R. D. Tollison, "Rent Seeking: A Survey", *Kyklos*, Vol. 35, No. 4, 1982, pp. 575 - 602.

往具有外溢性,这种垄断带来的利润会随着大量模仿者的进入而被共享。

技术创新外溢的存在将影响创新主体进行创新的积极性和对创新资源配置的有效性。创新主体往往需要在技术创新的私人收益和社会收益间进行权衡,来自企业自身和外部环境的因素都会对创新的意愿和能力产生影响。企业家及企业家所在的组织作为技术创新活动的承载体,在推动技术创新方面具有核心作用,企业的规模、治理程度、产权性质、组织文化等因素构成了影响技术创新活动的内部生态,对生存发展的追求和企业家精神使技术创新成为企业生存和发展的内在驱动力。同时,技术创新的实现也离不开企业的外部生态,必要的社会经济条件,如市场环境、金融体系、信用制度等也成为保证技术创新活动顺利开展并取得效益的影响因素。其中,作为直接影响创新物质资本投入的金融因素,反映了创新环境的金融发展水平。金融作为实体经济发展的加速器,为企业创新提供充足的血液,稳定长期的资金支持是企业可持续创新的保证。熊彼特重点强调了银行信贷对推动技术创新的不可替代性,在循环流转的"静态经济"中厂商利润为0,在没有内部利润积累的情况下企业家想要开展并实现创新,必须依靠外部资金支持,信贷资本就成为推动技术创新不可替代性的因素。1973年麦金农也在《经济发展中的货币与资本》这一著作中肯定了资本要素在技术创新过程中不可替代的重要地位。金融体系越完善、金融市场越发达,信息不对称问题越能够得到有效的缓解,融资渠道畅通,技术创新活动的资金来源更容易得到保障。

(二)融资约束理论

融资约束理论为研究创新融资与投资之间的关系提供了理论基础。MM理论认为完全竞争的市场本身没有交易费用和摩擦,在完美的市场中企业内外部融资渠道畅通,获取的资金成本具有无差别性,二者可以相互替代,资金成本仅与融资数量相关。但现实情况是资金供求双方的信息不对称,导致供给者必须投入较多的人力物力进行信息收集以强化对需求方的监管与约束,将道德风险降至最低。因此,企业需要为此付出相应的代价与成本。较高的外部融资成本使外部融资渠道受到限制,企业在内部资金不足的情况下,缺乏充裕的资金参与优质项目投资,并由此产生融资约束。

当企业面临外部资本市场发育不成熟时，信贷资金成为企业外部融资的重要资金来源。信贷资金一方面拓展了企业可支配的资源规模，另一方面通过债权人的治理行为有助于提升资源配置效率。企业在面临创新决策时，由于债权人预见企业可能出现的道德风险问题，而通过溢价方式推高利率，外部融资成本升高将直接影响到企业获得信贷资金的难度，可能导致创新形成资金缺口，因此当企业面临融资约束时创新的动机意愿和成果产出均会受到影响。

三 股权结构的相关理论

股权结构是公司治理的基础，股权结构的相关理论来自现代企业理论对新古典经济学的反思。新古典经济学将企业定义为一个以收益最大化为目标并遵循严苛假设的生产函数，然而这一精美的数学逻辑背后所暗藏着不为人知的生产关系，为了探究企业内部关系，企业被视作为契约关系的有机组合，逐渐演化出了现代企业理论。本书所关注的与股权结构相关的现代企业理论主要有现代产权理论、委托代理理论、信号传递理论和资源基础理论。

（一）产权理论

产权理论，可以视为中国产权制度改革的理论基石之一。虽然产权理论萌生于西方资本主义的土壤中，服务于以私有制为基础的经济制度，然而对于中国产权制度改革而言，在保证社会主义基本经济制度的前提下，仍然具有重要的参考价值。产权理论是新制度经济学的理论分支之一，它将产权制度、交易成本等视作为影响资源配置效率的关键因素。科斯作为现代产权理论的开拓者，他更关注隐藏在经济运行背后的产权结构。1937年，他在《企业的性质》一文中指出，以市场机制为主导的经济运行过程并不是完美无憾，其缺陷表现为外部性，即某项经济活动对当事人以外的第三方产生的影响，而产生外部性的原因恰恰在于产权界限的模糊，由此所导致的交易摩擦继而又影响到企业资源配置的效率。之后1960年在《社会成本问题》发表时提出了著名的"科斯定理"，认为只有当财产权明确且交易成本为0或者很小时，无论谁被赋予了财产权，最终都可以实现资源的帕累托最优配置。现实经济活动中"交易成本为0"的假设很难实现，因此科斯进一步放松假设，认为即使在交易成本不为0的情况下，产权的初始界定依然会对资源配置效率产生有益的影响。"科斯定理"对产权功能进行了阐释，强调了清晰的产权界定对通过克服外部性、降低交易成本进而确保资源配置效率的重要意义。在科斯对私有产权效率肯定的同时，产权理论对公有产权也进行了探讨。与私有性相反，公有产权通常指任何人对该资源所拥有的权利均不会排斥其他人对其拥有相同的权利。产权理论认为，由于公有产权缺乏实际的、明确的利益相关者，可能会驱使共有人出于一己私利，损害其他共有人的利益，还极易出现"搭便车"的行为，无形中增加了交易成本，损害了资源配置的效率。[①] 面对公有产权的弊端，可以通过引入利益一致的私有产权来克服低效问题。[②]

（二）委托代理理论

科斯的产权理论之后，基于契约关系衍生出委托代理理论，该理论已成为研究公司治理的逻辑起点。1932年，伯利（Berle A. A）和米恩斯（G. C. Means）发现企业所有者与经营者身份的统一存在着隐患，因此倡导所有者保留剩余索取权而将经营决策权让渡给经营者，形成"两权分离"。20世纪60年代末，经济学家们开始从企业内部的信息不对称现象入手寻找激励方案，至此委托代理理论的理论框架开始形成，并逐渐发展为新制度经济学中契约理论的重要内容。委托代理关系源于"专业化"，随着社会经济的发展，日益扩大的企业规模要求企业匹配更高程度的生产专业化水平，由于企业所有者精力有限，为了适应经济发展趋势，企业所有者希望雇用更具备专业经营管理知识和技能的人员为其管理企业，于是具备相对优势的职业经理人作为代理人代表企业所有者即委托人的利益行使决策权，委托代理关系就这样形成了。但是在委托代理关系当中，一方面资源的所有者和使用者的效用函数存在差异，所有者追求公司价值的最大化，经营者追求个人利益最大化；另一方面双方存在

[①] Armen A. Alchian and Harold Demsetz, "The Property Right Paradigm", *The Journal of Economic History*, Vol. 33, No. 1, 1973, pp. 16–27.

[②] Harold Demsetz, *Toward a Theory of Property Rights*, Springer, 1974, pp. 163–177.

着非对称信息，此时代理人可能会凌驾于委托人利益之上，引发委托代理问题。根据信息不对称发生的时间，委托代理问题表现为两种形式：如果在委托代理关系签约之前非对称信息会不利于委托人决策，从而发生逆向选择；如果在委托代理关系形成之后代理人会利用非对称信息借监督缺位时机做出损害委托人利益的行为，从而导致道德风险。[1] 委托人保护自身利益，需要设计一套行之有效的公司治理机制约束代理人的行为，驱使双方的利益更趋于一致，降低代理人机会主义行为出现的概率。委托人为了克服代理问题必须付出一定代价，这些代价即代理成本，具体表现为监督成本、承诺成本和利益损失。[2] 公司治理机制的核心就是尽可能降低代理成本以实现制约并激励管理层的目的。[3]

委托代理理论除了关注所有者与经营者之间存在的第一类代理问题之外，公司治理视角下控股股东与中小股东之间的第二类代理问题也引起了学者们的普遍关注。在美国公司股权结构普遍分散的背景下，早期研究主要关注的是股权高度分散所导致的股东与管理者之间的代理问题。随着研究视角向世界其他范围扩大，研究发现世界大部分国家的企业股权结构更多呈现出高度集中的特征，权力过分集中于控股股东手中，使得控股股东通过"隧道行为"影响公司决策，以损害中小股东利益为代价满足私利[4]，大股东与中小股东间的第二类代理问题由此便产生了。如何安排恰当的治理机制，既能够减少股东的"搭便车"行为，又能够制衡大股东的权力滥用，成为当今第二类代理问题研究的重点和难点。

（三）信号传递理论

为了解决委托代理关系中所存在的逆向选择问题，思彭斯

---

[1] Kenneth J. Arrow, "Informational Structure of the Firm", *The American Economic Review*, Vol. 75, No. 2, 1985, pp. 303 – 307.

[2] C. Jensen Michael and H. Meckling William, "Theory of the Firm: Managerial Behavior, Agency Costs and Ownership Structure", *Journal of Financial Economics*, Vol. 3, No. 4, 1976, pp. 305 – 360.

[3] 姜国华、徐信忠、赵龙凯：《公司治理和投资者保护研究综述》，《管理世界》2006年第6期。

[4] Simon Johnson, Rafael La Porta and Florencio Lopez – de – Silanes, etc, "Tunneling", *American Economic Review*, Vol. 90, No. 2, 2000, pp. 22 – 27.

(M. Spence)奠定了信号传递理论的基石。信号传递理论的基本逻辑是签订契约的双方所掌握的信息程度具有明显差异，此时为了缓解双方存在的信息不对称，信息优势方向信息劣势方传递的信号，可以协助劣势方根据所观测到的信号做出判断决策。1973年，思彭斯在博士论文中通过构建了一个招聘模型，将教育信息作为劳动力市场中的信号展开研究。研究发现，假设教育不存在预算约束的情况下，每个人受教育的机会是均等的，即使受教育程度无法进一步提升个人能力时，一个人的教育信息依然可以作为一个信号在劳动力市场中被雇主获取，使雇主据此对被雇用者的实际能力做出判断与区分，确定与之相匹配的工资水平。因此，信号传递理论中需要具备三个基本要素：传递者、接收者和信号。同时，还需要具备两个重要的条件：第一，信号传递者与接收者存在信息不对称，信息优势方愿意主动发送信号；第二，为了保证信号的可信度，拥有信息的一部分人发送信号的成本应低于另一部分人，如对于低能力的求职者通过教育投资向雇主传递信息的成本更高，因为相比高能力的求职者，天赋差异使他们接受教育后获得学历的难度更大，这样一来以教育程度作为一种信号可以为信息接收者提供可靠的信息。之后这一分析框架被应用到研究企业内部委托代理关系，以及企业与各种外部利益相关者关系等领域的研究中。研究领域不同，信号的形式与内容也不尽相同。

（四）资源基础理论

资源基础理论由1984年沃纳菲尔特（Wernerfelt）明确提出，他将研究视角聚焦于企业内部，认为企业内部资源是企业进行战略决策的基础，异质性资源成为解释企业获取竞争优势的关键。作为资源的载体，企业之间的差异取决于这些资源是什么以及它们如何相互结合转变为不可复制的能力。这一研究视角为揭示企业成长之谜提供了方向。之后Barney在此基础上，将企业资源进一步划分为普通资源和战略资源，并对战略资源特性进行了分析与总结，认为价值性、稀有性、不可模仿性和不可替代性是企业拥有竞争优势的源泉。[1] 这些战略资源不仅包括如物力、财

---

[1] Jay Barney, "Firm Resources and Sustained Competitive Advantage", *Journal of Management*, Vol. 17, No. 1, 1991, pp. 99 – 120.

力等有形资源，还包括知识、信息、品牌、人力资本等无形资源。他们不但能够协助管理者实现企业战略目标，还可以为企业构筑风险防护机制。①

企业通常可以通过两种渠道获得异质性资源，一种通过凝练自身优势在企业内部集聚资源；另一种通过外购或引资从企业外部引进资源。当内部集聚缓慢，外部并购价格又令人望而却步时，引入投资成为外部获取资源的最佳选择。因此，企业作为一个柔性组织，从创立之初到不断发展壮大的过程中经历着股东不断整合更新以形成股东资源的过程。②股东资源作为一项独特的企业资源，包括股东个体所拥有并投入于公司的所有要素资源，除了最直观的资金投入之外，还包括社会关系、政治背景、市场资源、技术知识、管理理念等非财务资源。③ 拥有这些资源的大股东对公司的治理结构与战略选择具有重要影响，尤其随着资本市场的日渐完善与成熟，非财务资源将会在公司发展过程中产生更为深远的影响。资源属性与优势在一定程度上决定了股东参与公司治理的动机和能力，而股东控制权的配置又会对资源的使用效率形成反向作用，最终对企业构建竞争力产生影响。资源基础理论在研究资源组合时，格外强调资源类型的差异化。资源的不同组合反映了资源拥有者的分工与合作。相比同质化资源，异质化资源的互补对企业维持竞争优势更有价值④，例如不同性质股东的资源组合有助于形成相互监督、相互补充的治理机制，而获取重复的同质化资源既不经济，也缺乏效率，不但会造成资源浪费，还可能因为权力争夺而造成决策低效。

---

① Richard P. Rumelt, Dan Schendel and David J. Teece, "Strategic Management and Economics", *Strategic Management Journal*, Vol. 12, No. S2, 1991, pp. 5 – 29.

② 宋春霞：《股东资源——资源基础理论的研究新视角》，《技术经济与管理研究》2015 年第 3 期。

③ Paul Shum and Grier Lin, "A resource – Based View on Entrepreneurship and Innovation", *International Journal of Entrepreneurship and Innovation Management*, Vol. 11, No. 3, 2010, pp. 264 – 281.

④ Scott L. Newbert, "Empirical Research on the Resource – Based View of the Firm: An Assessment and Suggestions for Future Research", *Strategic Management Journal*, Vol. 28, No. 2, 2007, pp. 121 – 146.

第二节　理论启示与分析框架

金融资源错配的相关理论，阐述了金融资源错配的表现和影响因素。创新影响因素的相关理论，阐释了影响企业创新的内外部因素。股权结构的相关理论基于企业微观视角，揭示了企业内部制度安排以及优势资源培育的重要意义。上述理论为本书提供的重要的理论启示如下。

第一，改革开放以来，金融市场的培育与金融资源的积聚，成为助推中国经济快速增长的重要因素。然而，金融资源配置效率低下等问题，也正逐渐成为阻塞未来经济发展的障碍。金融资源配置效率理论、信贷配给理论和寻租理论为研究金融配置效率的判别标准、制约因素和经济后果提供了重要的理论依据。

第二，创新是经济增长的根本动因。中国经济进入新常态发展后，唯有依托技术变革和组织变革才能抓住新一轮经济发展的契机。熊彼特构建了以企业家、创新和信用创造为核心的经济发展理论，为中国经济如从高速度增长向高质量增长转变提供了理论基础。同时，创新理论和融资约束理论对创新关键影响因素的阐释，为金融资源错配下基于创新主体与外部环境思考推动创新的解决方案提供了理论指导。

第三，党的十八届三中全会以来，中国混合所有制经济进入一个全新的发展阶段，企业作为混合所有制的微观载体，形成多元投资主体的组织形态对企业内部治理和外部融资具有重要影响，而这一内一外双重影响也恰恰是作用于企业创新的关键因素。产权理论、委托代理理论、信号传递理论和资源基础理论，从微观企业视角出发，为通过调整与优化股权结构进而影响金融资源错配与企业创新关系提供了新的理论视角，同时对企业如何选择恰当的治理机制、更新自身的资源结构和配置模式发挥着科学的指导作用。

基于上述理论，本书试图解答以下三个主要问题：第一，金融资源错配对企业创新投入产生什么影响？第二，金融资源错配如何影响企业创新投入？第三，企业什么样的股权结构安排可以影响金融资源错配与创新投入的关系？

以研究问题为导向，首先，本书根据资源配置效率理论，将金融资源错配划分为供给不足型错配和供给过度型错配两种类型。在完全竞争的市场条件下，市场出清时，资源处于帕累托最优配置状态，资本要素价格达到均衡水平，此时市场中的所有企业都享有相同的资本使用成本，而企业金融资源获取能力取决于自身生产率水平。然而不完备的资本要素市场，使各个企业获取金融资源的能力受到其他因素的影响，以至于金融资源配置偏离了市场效率原则，于是出现金融资源供给不足和供给过度两种错配。当企业面临供给不足型错配时，外部融资渠道受限加之融资成本偏高，使企业在高风险、高不确定性的创新活动面前慎之又慎；同时供给不足性错配会促使企业主动寻找替代性策略以获得特殊收益，而非生产性支出的增加在一定程度上对企业创新投入造成挤占，可见供给不足型错配程度越高越会抑制企业的创新投入。当企业面临供给过度型错配时，相对优越的外部融资条件，一方面可以客观上缓解企业进行创新投资的融资约束，错配程度越高越有利于企业增加创新投入；但另一方面廉价的金融资源使企业更依赖粗放式增长方式，主观上纵容了企业的创新惰性，错配程度越高越不利于企业增加创新投入。

其次，本书主要基于融资约束理论、寻租理论和创新理论，从供给不足型错配和供给过度型错配两种类型，分别具体剖析了错配程度影响创新投入的机制。融资约束理论认为，当企业面临融资约束时创新的动机意愿和成果产出均会受到影响。在资本要素有限且稀缺的情况下，金融资源配置低效会降低不具备信贷优势的微观企业的资本可得性，增加获取难度和使用成本，加剧企业面临的融资约束；而具有所有制或规模优势的企业，可以相对容易地获得外部信贷资源的支持，享受到低于市场利率均值的贷款利率，使企业面临的融资约束得以缓解，因此金融资源错配均可以通过融资约束影响企业创新投入，但不同错配类型对融资约束的影响存在差异：供给不足型错配将会加剧融资约束进而抑制创新投入，而供给过度型错配则会缓解融资约束进而促进创新投入。寻租理论认为，寻租行为为企业谋取便利的融资条件提供了机会与可能，面临供给不足型错配的企业，往往不具备得天独厚的自然优势，相比供给不足型企业更有动机通过开展信贷寻租活动影响金融资源配置以攫取相关利益，寻租行为必然会增加企业的运营成本和交易成本，从而挤占了企业对创新的投入，使自主创新面临更高成本。因此，供给不足型错配可以通过加剧寻租挤占效应进而抑制企业创新投入。存在金融资源供给过度性错配的企业，往往更容易获得充裕的信贷资金，企业受逐利动机的驱使，更愿意选择获利周期更短的投资。当企业面临创新决策时，由于创新具有较强的外溢性和不确定性，过多的投资性资产配置对创新投入具有替代效应。因此，供给过度型错配可以通过加剧投资替代效应进而抑制企业创新。综上所述，供给不足型错配通过加剧融资约束和寻租挤占，进而对企业创新投入产生抑制作用，融资约束与寻租活动在金融资源错配对创新投入的影响中表现为中介效应；而供给过度型错配则通过加剧投资替代，进而对创新投入产生抑制作用，但由于金融资源供给过度同时可以缓解融资约束进而促进创新投入，因此这两种方向相反的作用力在金融资源错配对创新投入的影响中表现为遮掩效应。

最后，本书从微观企业视角，主要基于委托代理理论和资源基础理论，分析了企业股权结构的分布特征对金融资源错配抑制企业创新投入的缓解作用。委托代理理论认为股权结构的合理安排能够在一定程度上降低股东与管理层之间、大股东与中小股东之间的代理成本。企业异质性股东的引入使企业形成多元化混合式的股权结构，这种股权结构下的权力制衡使控股股东和异质性大股东对经理人的经营活动形成共同监督，既避免了"一股独大"可能造成的过度监督，又避免了监督人缺位，一定程度上可以相对有效地约束出于利己动机而有损股东利益的管理层行为，减少"内部人"控制问题。同时，制衡力的增强使大股东之间合谋的概率降低，相互监督有助于制约终极控制人为谋求控制权私利而做出损害公司长远利益的行为。代理成本的降低既可以减轻企业对外部债务融资的依赖，也可以提升战略决策的科学性。此外，资源基础理论为解释异质性股东参股为企业所带来的资源效应提供了理论基础。作为获取资源的有效途径，引入异质性股东形成混合式股权结构可以随之为企业带来相匹配的财务与非财务资源，使得优质资源在不同产权性质企业间实现一定程度的共享，而这些资源可以进一步转化为企业的外部融资能力。因此，股权多元度和股权混合度的提高可以通过内部治理效应和外部资源效应，进而缓解金融资源错配对创新投入的抑制。企业作为一个动态的柔性经营组织，调整与优化股权结构，可以成为缓解金融资源错配抑制企业创新投入的策略选择。

根据以上研究逻辑，本书对理论分析框架进行了简要梳理，如图3-1所示。① 具体的理论分析将在接下来三章中的"理论分析与研究假设"部分进行更为细致的剖析与阐释。

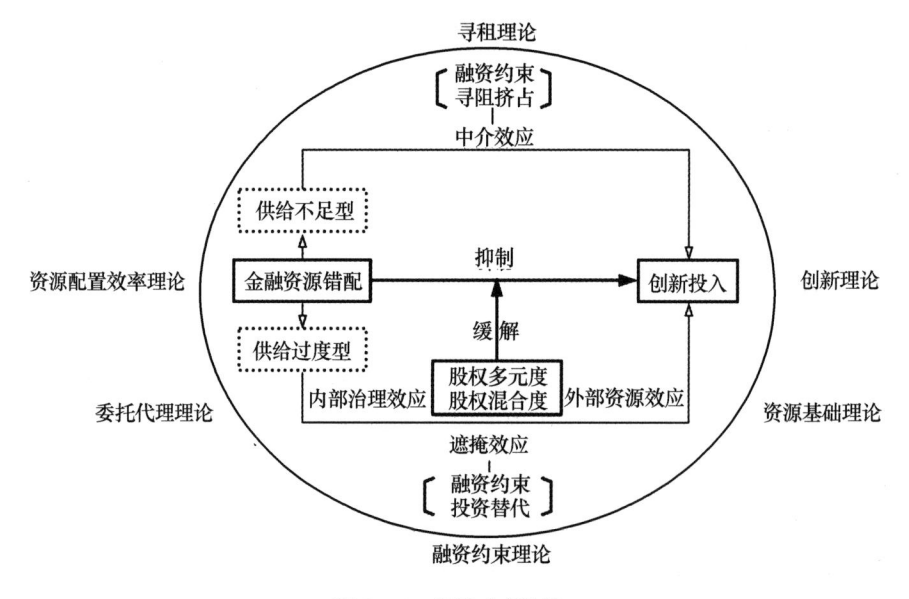

图 3-1 理论分析框架

---

① 理论分析框架图中，仅对理论分析中所使用的主要理论进行了列示。

第四章

金融资源错配对企业创新投入的影响

资源配置效率理论认为,假设在完全竞争的市场上所有企业的生产技术水平的规模报酬非增,那么当资源实现最优配置时每家企业投入相同生产要素将获得等量的边际产出。如果市场机制不完备,以至于资源发生错配,那么企业将无法获得最优配置状态下的最大产出。由于中国金融市场的发育程度仍不够成熟,金融资源配置的有效性欠佳,一旦发生金融资源错配,很可能进一步阻碍金融市场价值发现和监督管理功能的实现。而企业创新离不开金融资源的有效供给和金融功能的正常发挥,金融对企业创新的支持作用不言而喻。当金融资源在企业间出现错配时,企业的创新投入将会受到什么影响?如果受到影响将在多大程度上发挥作用?不同错配类型对企业创新投入的影响是否存在差异?

本章将主要围绕以上问题,分析和验证不同类型下金融资源错配对制造业企业创新投入的影响,以期明确不同金融资源错配类型与企业创新投入之间的关系及其可能存在的经济后果。一方面,增强理论模型对中国现实问题的解释力;另一方面,为中国经济进入新常态发展以来,金融资源错配对企业创新链条的影响提供更加全面的微观证据。

第一节 理论分析与研究假设

金融作为一种特殊的战略稀缺资源,配置效率影响着金融功能的正常发挥,同时会对整个社会其他经济资源配置产生间接影响,在一国的经济社会发展中具有不可替代的重要地位。企业创新难以脱离金融资源的支持和催化，金融市场通过识别培育创新企业、分摊减少创新风险、优化创新资源配置发挥着重要的功能。[①] 中国以银行为主导的金融体系下，银行信贷成为企业主要的外部金融资源。熊彼特的创新理论也指出银行信贷对推动企业技术创新具有举足轻重的作用。如果金融机构能够按照市场效率原则配置信贷资源，高效率企业将拥有更加充裕的现金流量，支撑其进行创新决策并合理安排创新资源，这将有利于整个经济社会形成优胜劣汰的良性循环。[②]

改革开放以来，随着经济体制改革的深化，中国产品市场的发育已经趋于成熟[③]，但由于逐步推进的市场经济体制改革过程中，受政府干预、信息不对称等因素的影响存在着发展不均衡的问题，以至于要素市场的市场化程度明显滞后于产品市场，关键生产要素的配置与定价决策往往与市场供需脱钩。其中，资本要素市场除了受金融摩擦等市场因素制约以外，还存在一些经济转型过程中固有的制度缺陷，使得金融资源在企业之间未能按照资本边际产出相等的原则进行配置，由此产生金融资源错配。基于中国现实情况，不同企业面临的金融资源错配类型也有所不同。为了满足中国制造业高质量发展的要求，尽管以商业银行为主的金融机构的供给总量庞大，但某些实体经济领域的有效供给依然不够均衡，具体表现为供给侧结构失衡问题：更多的金融资源流向供应链中具有绝对话语权的大规模企业或具有政府信用背书的企业及项目，而不具备显著优势的企业，尤其是民营企业、中小企业融资难、融资贵的问

[①] 解维敏、方红星：《金融发展、融资约束与企业研发投入》，《金融研究》2011 年第 5 期；James R. Brown, Steven M. Fazzari and Bruce C. Petersen, "Financing Innovation and Growth: Cash Flow, External Equity, and the 1990s R&D Boom", *The Journal of Finance*, Vol. 64, No. 1, 2009, pp. 151–185.

[②] Luigi Benfratello, Fabio Schiantarelli and Alessandro Sembenelli, "Banks and Innovation: Microeconometric Evidence on Ltalian Firms", *Journal of Financial Economics*, Vol. 90, No. 2, 2008, pp. 197–217.

[③] 邹涛、李沙沙：《要素价格扭曲阻碍了企业有效市场退出吗？——来自中国制造业企业的微观证据》，《产业经济研究》2021 年第 6 期。

题依然突出。[1] 一边在供给过度领域,由于企业杠杆率升高,财务风险逐渐积聚,使得过度供给逐渐转化为无效供给的概率增加;另一边在供给不足领域,由于银行对抵质押物要求过高、折扣率过低,将许多具有资金需求的企业拒之门外,金融资源供给不足与供给过度并存。

为简化分析,本书通过构建一个包含两家代表性厂商的简单市场进行分析论证。假设市场中某行业中仅有两家代表性厂商:生产率相对高效的 A 企业和生产率相对低效的 B 企业。其中,A 企业的资本使用成本为 R_a,B 企业的资本使用成本为 R_b,市场出清时均衡状态下的资本价格为 R。如果市场中不存在金融资源错配,那么应该存在以下等量关系:$R_a = R_b = R$,即所有企业所面临的资金使用成本都相同。如果金融资源在 A、B 两家企业之间出现了错配,即金融资源未能根据内生于企业的生产率进行配置,而是受到如政府干预、金融摩擦等某些特殊的外生因素影响,未按照市场效率原则进行分配。若进一步假定 B 企业享受到了利好政策的影响,更容易且获得更多金融资源的配置,由于金融资源是稀缺有限的,这必然导致另一家 A 企业受到不利影响,面临着融资难、融资贵的境遇。由于 A 企业承受着与自身生产率不匹配的价格更昂贵的资金使用成本,即 $R_a > R$,相比不存在错配,A 企业相对获得了过少的金融资源,对 A 企业而言则发生了金融资源供给不足型错配。假设使用 σ 表示资本要素价格扭曲,则供给过度型错配企业存在资本要素价格的正向扭曲($\sigma_a > 0$)。而 B 企业以低于市场出清价格获得了更为廉价的金融资源,即 $R_b < R$,相比不存在金融资源错配,金融机构向 B 企业配置了相对过多的金融资源,由此发生了金融资源供给过度型错配,存在资本要素价格的负向扭曲($\sigma_b < 0$)。

A 企业同时面临着融资规模不足和融资成本偏高困境,在已知的市场需求份额下,为避免陷入流动性不足的窘境,A 企业的首要任务是在利润最大化原则下保证企业日常生产经营活动的正常运转,将资金优先

---

[1] 林东杰、崔小勇、龚六堂:《金融摩擦异质性、资源错配与全要素生产率损失》,《经济研究》2022 年第 1 期;盖庆恩、朱喜、程名望等:《要素市场扭曲、垄断势力与全要素生产率》,《经济研究》2015 年第 5 期。

投入到短期生产项目中。明知企业创新活动具有潜在风险，理性的经营者会谨慎地配置资源，只有当企业的"生存"需求得到满足时，才有能力考虑使用多余的资金用于创新投入。与供给过度型错配企业相比，A企业面对外部融资难度和成本的增加，如果依然选择创新会意味着创新成本的上升和创新风险的累积，创新过程中需要持续的资金投入，外部信贷融资渠道的不畅，势必会对创新投资产生融资约束[1]，于是A企业会迫于客观现实的压力克制自己的创新行为。此外如果A企业在金融资源配置过程中遭受了"信贷歧视"，A企业则更有动机向拥有资源分配权利的部门或官员进行寻租，通过建立政治关联等非正规的替代性手段获得特殊待遇，如优惠或补贴。[2] 这种隐蔽性的寻租行为越是在金融资源错配严重的地区越难以受到监督和管束，企业通过非生产性支出为自身发展谋求空间的同时也提高了企业经营成本和交易成本，会对正常的生产经营活动造成资金挤占[3]，这也势必会对A企业创新投入造成进一步打击。

由此，提出以下假设：

H4-1：供给不足型错配程度越高对企业创新投入的抑制作用越强。

供给过度型错配使B企业不但更容易获得金融资源而且往往可以所享受低于市场出清时的资本价格。金融资源供给过度型错配可以被视为一种要素价格的"补贴性扭曲"[4]，给企业带来最直接的财务影响便是增加了筹资活动的现金流入，现金存量的充实可以降低现金流波动给企业带来的负面影响，为企业正常开展生产经营活动和扩大再生产奠定了资

---

[1] 韩珣、李建军：《金融错配，非金融企业影子银行化与经济"脱实向虚"》，《金融研究》2020年第8期；Benjamin Moll, "Productivity Losses from Financial Frictions: Can Self-Financing undo Capital Misallocation?", *American Economic Review*, Vol. 104, No. 10, 2014, pp. 3186-3221.

[2] 韩瑞栋、杜邢晔、薄凡：《资本错配对企业全要素生产率的影响研究》，《宏观经济研究》2022年第6期；赵璨、阴晓江、曹伟：《隐性资本成本，银行贷款与资本使用效率——基于企业寻租视角的分析》，《商业研究》2019年第11期。

[3] 张璇、刘贝贝、汪婷等：《信贷寻租、融资约束与企业创新》，《经济研究》2017年第5期。

[4] 余东华、孙婷、张鑫宇：《要素价格扭曲如何影响制造业国际竞争力》，《中国工业经济》2018年第2期。

金基础。① 因此，在金融资源有限稀缺的情形下，对于具有创新需求的企业而言，相对充裕稳定的外部资金供给，缓解了企业面临的融资约束②，使企业在资金方面更有能力参与创新，客观上将有助于促进企业增加创新投入。

然而，当 B 企业拥有过多廉价的金融资源时，意味着变相提升了企业现有经营活动的资本回报率。企业自发的创新需求往往源自于对更高资本回报率的追求，创新项目一旦获得成功，能够为企业带来更加丰厚的超额利润，使企业拥有创新动力。而面临供给过度型错配的 B 企业，此时即使选择"吃老本"，继续依赖粗放式生产方式，密集使用有形生产要素，而不必参与风险系数高、不确定性高的创新活动依然可以获得较高的资本回报率。抑或是将富余的资金按照回报率最大化原则进行投资对象的选择，此时风险与不确定性更高的创新项目往往不是见效快、收益高的最佳标的，将资金投放于金融领域回报率将更具诱惑。资金是有限的，投资项目的选择上往往鱼和熊掌不可兼得，如果企业选择追求短期收益，那么其创新的意愿和动力将大打折扣，创新投入必然受到抑制，从而陷入"金融资源诅咒"③。

由此，提出以下备择假设：

H4-2a：供给过度型错配程度越高对企业创新投入的促进作用越强。

H4-2b：供给过度型错配程度越高对企业创新投入的抑制作用越强。

第二节 研究设计

一 样本选择与数据来源

自 2010 年中国 GDP 规模成为全球第二后，中国经济呈现出明显不同

---

① 张传奇、孙毅、芦雪瑶：《现金流不确定性、管理者风险偏好和企业创新》，《中南财经政法大学学报》2019 年第 6 期。

② 张烁珣、独旭：《银行可得性与企业融资：机制与异质性分析》，《管理评论》2019 年第 5 期。

③ 蔡庆丰、陈熠辉、林焜：《信贷资源可得性与企业创新：激励还是抑制？——基于银行网点数据和金融地理结构的微观证据》，《经济研究》2020 年第 10 期。

于前30年的特征：经济增速持续下滑，逐步进入新常态发展，经济增长动力由要素驱动向创新驱动转变。为了反映自这一变化以来制造业的发展特征，本书选择2011年[①]（应该是3）至2020年中国制造业A股上市公司为研究样本。公司治理数据和专利数据来源于国泰安CSMAR数据库，其余数据来源于WIND金融数据库。为降低极端值的不良影响，本书除对金融资源错配变量进行1%右侧单边缩尾处理以外其他连续变量均进行了双边缩尾处理。剔除ST类公司和主要变量缺失的样本后，共涵盖19106个样本观测值。

二 变量定义与度量

（一）被解释变量

创新投入（Rd）：本文借鉴了胡国柳等的观点，认为创新投入作为企业创新活动的开端，其多寡反映了企业的创新意愿与能力，为企业创新成果数量和质量的提升提供了资金保障，因此本书选择主要创新投入入手反映企业创新状况。[②] 现有研究中度量常使用研发支出的绝对数和相对数两种表示方法，两种度量方法各有利弊：绝对数未考虑到企业规模效应，可比性欠佳；相对数虽然可能会受到分母等因素带来的噪声影响[③]，但仍然是测度企业创新投入的主流方法。本书选择研发支出占总资产的比重反映研发支出的多寡。[④] 为了保证回归结果的稳健，本书同时采用相对数和绝对数的方法更换被解释变量的度量方式，分别使用研发支出占营业收入比重、研发支出总额的自然对数作为稳健性检验部分企业创新投入的替代变量。

[①] 中国潜在增长率从之前的10%左右下降到"十二五"时期的8%以下，因此2011年可视为反映经济增长趋势的重要时间分割点。

[②] 胡国柳、赵阳、胡珺：《D&O保险、风险容忍与企业自主创新》，《管理世界》2019年第8期。

[③] 邹美凤、张信东：《供应商集中度影响企业创新吗？》，《投资研究》2020年第12期。

[④] 顾海峰、朱慧萍：《高管薪酬差距促进了企业创新投资吗——基于中国A股上市公司的证据》，《会计研究》2021年第12期；吴超鹏、唐菂：《知识产权保护执法力度、技术创新与企业绩效——来自中国上市公司的证据》，《经济研究》2016年第11期；解维敏、方红星：《金融发展、融资约束与企业研发投入》，《金融研究》2011年第5期。

(二) 解释变量

金融资源错配（Fm）：金融资源错配是金融要素资源未能按照效率原则得到配置的表现，可看作金融资源价格对"有效配置"下金融资源价格的偏离。相比发达国家，中国的经济背景为研究该问题提供了更适合的土壤，现有研究与金融资源错配的相关研究主要从中宏观视角和微观视角展开，常见的度量方法如表4-1所示。

表4-1　　　　　　　　金融资源错配常见度量方法

度量方法		近年代表文献	样本特征
生产函数法	C-D生产函数	Hsieh和Klenow；施炳展和冼国明；耿伟；邵宜航等；李平等；王宁和史晋川；林雪和林可全；廖显春和耿伟；李健和盘宇章；李爽；王文珍和李平；刘冬冬等；陈经伟和姜能鹏；王文波和周京奎；孙光林等	国家、地区、行业、企业
	超越对数生产函数	蒋含明；唐杰英；赖永剑和贺祥民	
	CES生产函数	白雪洁和李爽；余东华等	
随机前沿法		白俊红和卞元超；卞元超等	地区
基于标杆法的相对价格指数法		林伯强和杜克锐；蒋含明；戴魁早和刘友金；李晓龙等；葛立宇；张建平等	行业、地区
国有商业银行信贷情况		鲁晓东；刘瑞明；汪伟和潘孝挺；伦晓波等；曹源芳	地区
企业的债务资金成本对所在行业平均资金成本的偏离程度		邵挺；康志勇；周煜皓和张盛勇；成力为等；张庆君等；Wu；顾江等；甄丽明和罗党论；吕承超和王志阁；张洁和唐洁；韩珣和李建军；宁薛平和张庆君；冉茂盛和同小歌；赵晓鸽等；同小歌等；张辽和范佳佳	企业
超额银行借款		白俊等；王竹泉等	企业

对金融资源错配（也被表述为资本要素扭曲）的测度，最常见的方法是在资本要素价格扭曲的假设条件下通过内生演绎如生产函数、成本函数等函数形式计算出最优资本边际产出，通过比较最优配置下的资本

边际产出与资本实际价格的差异来反映错配程度，这种方法可以计算出企业层面的错配程度，但由于需要工业增加值等指标，对上市公司的测度难度较大，而且这种测度方法难以对两种方向相反的扭曲类型进行有效识别。随机前沿法可以有效刻画生产可能性边际，但计算过程复杂。以基于标杆法的相对价格指数法[1]对原有仅以市场发育程度作为测度标准的方法[2]进行了改进，更能够反映出各地区间金融发展的差异，但这种方法对地区市场化指数的依赖程度较高。也有部分研究采用国有商业银行的信贷情况作为测度金融资源错配的依据[3]，但这种方法无法识别出企业层面的错配程度。近年来，采用超额银行借款度量微观企业的金融资源错配程度正在成为一种选择，这种方法的核心思想是将企业实际获得的银行信贷数量和目标信贷数量做差，以判断企业面临信贷资源不足还是过度。这种方法将企业自身的禀赋因素考虑其中，可以相对准确地反映金融资源错配状况，但回归过程较为复杂，容易受到计算误差的干扰。目前，以上市公司为研究对象的微观研究，主要仍基于邵挺的方法对金融资源错配进行测度。根据新古典经济学的一般均衡理论，在帕累托最优的均衡条件下，不同企业部门的资本边际报酬率不应存在差异，金融资源的配置效率越高，各企业部门的资本边际报酬率与行业内资本边际报酬率的数学期望越为接近。那么，行业内各企业的平均资本价格可以反映最优配置下的资本边际报酬率，因此每个企业资本实际价格对所在行业年度平均资本价格的偏离程度可以用于衡量企业金融资源错配程度。鉴于微观数据可得性和计算复杂性，这种方法是目前兼顾了科学性与可操作性的主流方法，基本能够识别出大部分企业信贷资源的配置效率低下的情况。因此，本文最终选择通过比较企业实际债务资金成本与行业均值的差异对金融资源错配进行度量。不同文献使用这种方法的具体计算过程存在细微差异：大部分文献均采用企业债务成本与行业平均成本

---

[1] 林伯强、杜克锐：《要素市场扭曲对能源效率的影响》，《经济研究》2013年第9期。

[2] 张杰、周晓艳、李勇：《要素市场扭曲抑制了中国企业R&D?》，《经济研究》2011年第8期。

[3] 罗福凯、庞廷云、王京：《混合所有制改革影响企业研发投资吗？——基于我国A股上市企业的经验证据》，《研究与发展管理》2019年第2期。

的差值反映金融资源错配,但计算结果必然有正负之分,如果直接用于度量错配程度,表示认为供给不足型错配越大错配程度越高,而供给过度型错配越大则错配程度越低,这与中国的现实情况不完全相符;还有部分文献采用企业债务成本与行业平均成本之比反映金融资源错配[1],这依然存在上述未能将供给过度型错配也纳入研究范畴的问题。

为了分别研究金融资源错配对创新投入的影响,本书借鉴了邵挺、韩珣和李建军的研究[2],使用企业的债务资金成本对所在行业平均成本偏离百分比的绝对值来衡量金融资源错配的程度,取值越大,说明金融资源供给过度型错配或供给不足型错配的程度越高。其中债务资金成本用企业利息支出除以扣除应付款项后的负债总额来表示,所在行业平均成本用当年行业内发生的利息总支出除以扣除应付款项后的负债总规模来表示。此外,为了避免金融资源错配因行业和个体异质性所导致的度量偏差,本书使用超额银行借款作为金融资源错配的替换变量在稳健性检验部分进行再次验证。

(三)控制变量

为了尽可能控制遗漏变量可能存在的影响,本书参考关于企业创新的已有研究[3],选取以下变量作为控制变量。

企业规模($Size$,期末资产总额取自然对数)。规模越大的企业,资金实力相对雄厚,能够为企业创新提供资金支持,然而大规模企业也更容易产生创新惰性。

年龄(Age,经营年限)。经营年限越长的企业,往往积累了丰厚的

---

[1] 张洁、唐洁:《资本错配,融资约束与企业研发投入——来自中国高新技术上市公司的经验证据》,《科技进步与对策》2019 年第 20 期。

[2] 韩珣、李建军:《金融错配,非金融企业影子银行化与经济"脱实向虚"》,《金融研究》2020 年第 8 期;邵挺:《金融错配、所有制结构与资本回报率:来自1999—2007 我国工业企业的研究》,《金融研究》2010 年第 9 期。

[3] 汤倩、罗福凯、刘源等:《CEO 多职业背景对企业技术资本积累的影响——基于沪深 A 股上市公司数据的研究》,《会计研究》2021 年第 11 期;胡国柳、赵阳、胡珺:《D&O 保险,风险容忍与企业自主创新》,《管理世界》2019 年第 8 期;温军、冯根福:《风险投资与企业创新:"增值"与"攫取"的权衡视角》,《经济研究》2018 年第 2 期;孔东民、徐茗丽、孔高文:《企业内部薪酬差距与创新》,《经济研究》2017 年第 10 期。

资源，为创新奠定了一定基础。然而经营年限长也可能导致企业的创新活力不足。

总资产净利率（Roa，净利润除以平均资产总额）。总资产净利率越高的企业，盈利能力越强，可以支撑企业开展创新活动。

资产负债率（Lev，期末负债总额除以总资产）。一般情况下，企业财务杠杆越高，偿债压力越大，财务风险的累积对创新活动的开展具有一定负面影响。

现金流量（Cf，当年经营活动的现金流量净额除以总资产）。经营现金流量充裕，说明企业内源融资能力越强，可以为创新活动提供更多资金支持。

销售费用率（Market，销售费用除以营业总收入）。企业在销售方面的开销越大，在一定程度上说明垄断势力越低，在市场竞争较为激烈的状况下更容易激发企业的创新意愿。

技术人员占比（Tecstaff，技术人员占员工总数比重）。技术人员占比较大的企业，往往说明企业的创新意愿与能力越强。

本节变量定义及说明如表4-2所示。

表4-2　　　　　　　　　　主要变量定义

变量类型	变量名称	变量符号	变量定义
被解释变量	创新投入	Rd	研发支出÷总资产
解释变量	金融资源错配	Fm	债务资金成本对行业平均成本偏离百分比的绝对值
控制变量	规模	Size	资产总额对数化
	年龄	Age	经营年限
	总资产净利率	Roa	净利润÷平均资产总额
	资产负债率	Lev	负债总额÷总资产
	现金流量	Cf	经营活动的现金流量净额÷总资产
	销售费用率	Market	销售费用÷营业收入
	技术人员占比	Tecstaff	技术人员数量÷员工总数
固定效应	年度	Year	年度固定效应
	行业	Industry	行业固定效应

三 模型设定

为了考察金融资源错配对制造业企业创新的影响，遵照相关文献的经验，本书基于面板数据，通过 F 检验和 Hausman 检验发现结果在 1% 水平下显著，故最终建立面板固定效应模型。

$$Rd_{i,t} = \alpha_0 + \alpha_1 Fm_{i,t} + \alpha_2 \sum Ctrls_{i,t} + \eta Year + \lambda Industry + \varepsilon_{i,t}$$

(4.1)

模型（4.1）考察金融资源错配对创新的影响，用于检验 H4-1。其中，$Rd_{i,t}$ 表示当期企业创新投入程度，$Fm_{i,t}$ 表示当期金融资源错配程度，$Ctrls_{i,t}$ 表示前文提到的控制变量。同时，还控制了年度效应和行业效应，来反映经济周期、行业环境对回归结果的影响。

第三节 实证结果分析

一 描述性统计分析

根据表 4-3 中 Panel A 基准回归模型中全样本主要变量的描述性统计结果可以看出，制造业企业创新投入（Rd）的最小值为 0.000，最大值为 0.131，说明样本企业创新投入程度差异较大，具有良好的研究条件。金融资源错配（Fm）最大值为 3.843，最小值为 0.000，可见样本企业金融资源错配情况存在一定差异。金融资源错配的中位数为 0.508、均值为 0.631，说明金融资源错配在样本企业中普遍存在。

表 4-3 主要变量描述性统计分析

Panel A：全样本					
VarName	Obs	Mean	SD	Min	Median	Max
Rd	19106	0.024	0.020	0.000	0.021	0.131
Fm	19106	0.631	0.600	0.000	0.508	3.843
Size	19106	21.832	1.259	18.416	21.729	25.217
Age	19106	22.566	6.018	6.000	22.000	56.000
Roa	19106	0.060	0.073	-0.188	0.053	0.351

续表

Panel A：全样本

VarName	Obs	Mean	SD	Min	Median	Max
Lev	19106	0.456	0.195	0.007	0.433	0.999
Cf	19106	0.052	0.073	-0.162	0.049	0.315
Market	19106	0.079	0.091	0.003	0.047	0.496
Tecstaff	19106	0.181	0.125	0.022	0.146	0.675

Panel B：供给不足错配组

VarName	Obs	Mean	SD	Min	Median	Max
Rd	10241	0.022	0.018	0.000	0.019	0.131
Fm	10241	0.730	0.773	0.000	0.572	3.843
Size	10241	21.877	1.248	18.416	21.808	25.217
Age	10241	22.661	5.420	6.000	22.000	56.000
Roa	10241	0.060	0.078	-0.188	0.052	0.351
Lev	10241	0.461	0.192	0.008	0.450	0.999
Cf	10241	0.046	0.070	-0.162	0.044	0.315
Market	10241	0.071	0.084	0.003	0.043	0.496
Tecstaff	10241	0.171	0.118	0.022	0.139	0.675

Panel C：供给过度错配组

VarName	Obs	Mean	SD	Min	Median	Max
Rd	8814	0.027	0.021	0.000	0.024	0.131
Fm	8814	0.550	0.368	0.000	0.539	3.843
Size	8814	21.784	1.268	18.416	21.639	25.217
Age	8814	21.981	5.719	6.000	22.000	56.000
Roa	8814	0.060	0.077	-0.188	0.053	0.351
Lev	8814	0.452	0.182	0.007	0.425	0.999
Cf	8814	0.060	0.075	-0.162	0.056	0.315
Market	8814	0.088	0.099	0.003	0.052	0.496
Tecstaff	8814	0.192	0.133	0.022	0.154	0.675

全样本控制变量的描述性统计结果显示，全样本企业规模（Size）的均值为21.832，中位数为21.729，经营年限（Age）的均值为22.566，中位数为22.000，与制造业上市公司情况基本相符。盈利能力（Roa）的最大

值为 0.351，最小值为 -0.188，均值为 0.060，中位数为 0.053，说明样本企业的盈利状况差异较大，但大部分企业盈利能力良好。资产负债率（Lev）的最大值为 0.999，最小值为 0.007，均值为 0.456，中位数为 0.433，说明样本企业整体的资产负债率水平较为合理，但个别企业资产负债率偏高。自由现金流量（Cf）的最大值为 0.315，最小值为 -0.162，说明样本企业的创现能力存在较大差异，整体运营状况良好。销售费用率（Market）的最大值为 0.496，最小值为 0.003，均值和中位数分别为 0.079 和 0.047，反映出样本企业在行业中的市场地位差异较大，营销成本偏高的企业居多。技术人员占比（Tecstaff）最大值为 0.675，最小值为 0.022，均值和中位数分别为 0.181 和 0.146，说明大部分企业都比较重视技术人才队伍建设。

表 4-3 的 Panel B 与 Panel C 显示，按金融资源错配类型分组后，从供给不足型错配企业创新投入（Rd）的均值和中位数来看，取值均小于供给过度型错配企业。而供给不足型错配企业金融资源错配程度（Fm）的均值和中位数均大于供给过度型企业，从二者的标准差的差异来看，也反映出供给不足型错配企业金融资源错配情况的离散程度高于供给过度型错配企业。可见就金融资源错配程度而言供给不足型错配企业似乎比供给过度型错配企业状况更加严重，且企业之间的错配程度所表现出的差异更大。从控制变量均值情况来看，供给不足型错配企业的规模（Size）、经营时长（Age）、资产负债率（Lev）略大于供给过度型企业，而供给过度型企业的盈利能力（Roa）、自由现金流量（Cf）、销售费用率（Market）以及技术人员占比（Tecstaff）均高于供给不足型企业。

二 相关性分析

为了初步检验金融资源错配对企业创新强度的影响，对基准回归模型中的主要变量进行了 Pearson 相关性检验，检验结果如表 4-4 所示。可以看出金融资源错配与企业创新投入之间的相关系数均在 10% 水平内显著负相关，这表明金融资源错配程度越高，企业的创新投入程度越低。基准回归模型中被解释变量与其他控制变量 Pearson 相关系数都在 1% 水平内具有显著关系，这表明各控制变量均与企业创新投入显著相关，将这些变量加入回归中加以控制具有一定合理性。

表4-4　主要变量相关系数矩阵

Variables	Rd	Fm	Size	Age	Roa	Lev	Cf	Market	Tecstaff
Rd	1.000								
Fm	-0.002*	1.000							
Size	-0.215***	-0.182***	1.000						
Age	-0.136***	-0.072***	0.254***	1.000					
Roa	0.106***	-0.040***	0.000	-0.078***	1.000				
Lev	-0.128***	-0.060***	0.382***	0.111***	-0.297***	1.000			
Cf	0.160***	0.002	-0.013*	0.008	0.381***	-0.161***	1.000		
Market	0.110***	0.025***	-0.092***	0.024***	0.058***	-0.185***	0.062***	1.000	
Tecstaff	0.372***	0.020***	-0.053***	-0.057***	0.009	-0.107***	-0.063***	0.003	1.000

注：*、***分别表示10%、1%水平显著。

此外，解释变量与解释变量和其他控制变量、控制变量与其他控制变量之间的 Pearson 相关系数均低于 0.4，低于学术界公认的共线性判断标准，表明回归模型中各变量间不存在严重的共线性问题。

三 基准回归分析

表 4-5 反映了金融资源错配与企业创新投入的回归结果，第 1 列显示全样本下金融资源错配（Fm）对制造业企业创新投入（Rd）在 1% 水平下具有显著的抑制作用。第 2 列显示，当企业发生金融资源供给不足型错配时，金融资源错配（Fm）对企业创新投入（Rd）抑制作用在 1% 水平下显著，说明企业面临供给不足型错配时错配程度越高，企业创新投入程度越低，假设 4-1 得到了验证。第 3 列显示，当企业发生金融资源供给过度型错配时，错配程度对企业创新投入无显著影响，假设 4-2 均未得到验证，说明供给过度型错配在影响创新投入的过程中很可能同时存在影响方向不同的作用机制。可见全样本中金融资源错配对创新投入的负面效应主要表现为供给不足型错配的抑制作用，降低融资成本并非必然抑制创新，关键是同时建立创新的激励机制。此时需要关注的是，由于理论上供给过度型错配所造成的促进作用和抑制作用很可能同时存在，仅根据基准模型的回归结果尚无法明确影响过程，为了更加准确地判定金融资源错配影响企业创新的机制与路径，本书将在第五章中进行进一步的机制检验。

表 4-5　　　　　　　金融资源错配与创新投入的回归结果

样本组	全样本	供给不足型错配	供给过度型错配
Variables	(1)	(2)	(3)
	$Rd_{i,t}$	$Rd_{i,t}$	$Rd_{i,t}$
$Fm_{i,t}$	-0.0015***	-0.0015***	-0.0005
	(-8.46)	(-8.39)	(-1.14)
$Size_{i,t}$	-0.0028***	-0.0032***	-0.0026***
	(-22.56)	(-18.90)	(-13.28)

续表

样本组	全样本	供给不足型错配	供给过度型错配
$Age_{i,t}$	-0.0004***	-0.0004***	-0.0003***
	(-16.30)	(-13.08)	(-9.10)
$Roa_{i,t}$	0.0261***	0.0241***	0.0229***
	(11.58)	(8.98)	(5.97)
$Lev_{i,t}$	0.0053***	0.0043***	0.0103***
	(7.15)	(4.53)	(8.01)
$Cf_{i,t}$	0.0362***	0.0312***	0.0430***
	(16.89)	(11.29)	(12.64)
$Market_{i,t}$	0.0386***	0.0290***	0.0471***
	(17.31)	(9.70)	(14.16)
$Tecstaff_{i,t}$	0.0405***	0.0298***	0.0501***
	(27.33)	(15.87)	(22.49)
Constant	0.0800***	0.0904***	0.0686***
	(30.79)	(26.00)	(17.40)
行业	Yes	Yes	Yes
年度	Yes	Yes	Yes
N	19106	10241	8814
$Adj-R^2$	0.349	0.332	0.356

注：*** 分别表示1%水平显著。括号内为稳健标准误调整的 t 统计量。

此外，在全样本反映公司特征的控制变量中，企业规模（Size）的回归系数显著为负，说明制造业企业规模越大并不利于增加研发支出占总资产的比重；企业年龄（Age）的回归系数显著为负，说明对于制造业企业而言，经营年份越长的企业反而会因为在市场上已建立起成熟的运营模式而对创新投资强度的重视程度有所降低；企业资产收益率（Roa）的回归系数显著为正，说明盈利能力越强研发支出占总资产比重越高；企业资产负债率（Lev）的回归系数显著为正，与本文预期存在一定差异，但这种影响很可能是因为资产负债率与创新投入的计算方式均受到资产规模的同比例影响所致；自由现金流（Cf）的回归系数显著为正，说明经营活动现金流入越多越有利于增加企业创新投入；销售费用率（Mar-

ket) 的回归系数显著为正，说明企业所在市场竞争程度越激烈、市场垄断势力越弱的制造业企业进行研发活动的意愿越强；企业技术人员占比（*Tecstaff*）的回归系数显著为正，说明企业技术人员占比越高，制造业企业越重视技术创新投入。总体而言，控制变量在模型（4.1）中的回归结果符合本文预期，与胡国柳等控制变量的结果基本一致。

四 稳健性检验

为保证金融资源错配对企业创新投入影响结果的稳健性，本书采用以下六种方式进行稳健性检验。

（一）替换解释变量

为了进一步避免使用现有方法度量金融资源错配所导致的偏差，本书试图采用其他度量方法对解释变量进行替换。现有度量方法中，除基准回归中使用的度量方法外，只有基于超额银行贷款的度量方法适用于微观企业，并能够区分不同错配类型。本书将选取超额银行贷款视角下的不同方法重新计算金融资源错配程度。

$$
\begin{aligned}
OCS_{i,t} = & \alpha_0 + \alpha_1 Size_{i,t-1} + \alpha_3 Tang_{i,t-1} + \alpha_4 Ndts_{i,t-1} \\
& + \alpha_5 Liquidity_{i,t-1} + \alpha_6 Unique_{i,t-1} + \alpha_7 Growth_{i,t-1} + \alpha_7 MB_{i,t-1} \\
& + \alpha_8 ROE_{i,t-1} + \alpha_9 Cash_{i,t-1} + \alpha_{10} Risk_{i,t-1} + \alpha_{11} Age_{i,t-1} \\
& + \alpha_{12} Dividend_{i,t-1} + \eta Year + \lambda Industry + \varepsilon_{i,t-1}
\end{aligned} \quad (4.2)
$$

首先参考邓路等、白俊等使用的回归分析法计算超额银行贷款[①]，以此作为金融资源错配的替代变量。具体计算步骤如下：第一步，使用模型（4.2）[②] 基于稳健标准误进行回归，估计出企业当年的目标资本结构；第二步，将目标资本结构乘以总资产计算出企业当年的目标负债；第三

---

① 白俊、宫晓云、赵向芳：《信贷错配与非金融企业的影子银行活动——来自委托贷款的证据》，《会计研究》2022年第2期；邓路、刘瑞琪、廖明情：《宏观环境、所有制与公司超额银行借款》，《管理世界》2016年第9期。

② *OCS* 为目标资本结构；*Size* 为企业规模；*Tang* 为固定资产占比；*Ndts* 为非债务税盾；*Liquidity* 为资产流动性比例；*Unique* 为产品独特性；*Growth* 为营业收入增长率；*MB* 为市值账面比；*ROE* 为净资产收益率；*Cash* 为现金持有水平；*Risk* 为经营风险；*Age* 为经营年限；*Dividend* 为是否发放现金股利。

步，用企业当年目标负债减去公司所在行业除银行借款以外的其他负债中位数，再除以总资产，得到企业当年的目标银行借款，并使用总资产进行标准化；第四步，计算企业当年实际银行借款与目标银行借款偏离百分比的绝对值，若实际银行借款小于目标银行借款，则表示存在供给不足型错配；反之则表示供给过度型错配。将偏离百分比的绝对值（$Fm1$）替代模型（4.1）的解释变量重新进行回归，回归结果如表 4-6 前 3 列所示，与前文结果无实质性差异。

$$\begin{aligned}Credit_{i,t} = &\ \alpha_0 + \alpha_1 NL_{i,t-1} + \alpha_2 Roa_{i,t-1} + \alpha_3 NSSI_{i,t-1} \\ &+ \alpha_4 Size_{i,t-1} + \alpha_5 Growth_{i,t-1} + \alpha_6 Age_{i,t-1} \\ &+ \alpha_7 Seo_{i,t-1} + \alpha_8 Tang_{i,t-1} \\ &+ \alpha_9 Cash_{i,t-1} + \alpha_{10} FCF_{i,t-1} + \alpha_{11} Turnover_{i,t-1} \\ &+ \alpha_{12} Tax_{i,t-1} + \eta Year + \lambda Industry + \varepsilon_{i,t-1}\end{aligned} \quad (4.3)$$

此外，为了进一步佐证基准回归结果的稳健性，本书还参考了王竹泉使用残差法构建金融资源错配类型和错配程度的度量方式。[①] 具体步骤如下：第一步，使用模型（4.3）[②] 基于稳健标准误回归，估计出企业当年的目标信贷规模；第二步，计算残差，将残差取绝对值（$Fm2$）作为金融资源错配的替代变量，若残差小于 0，表示存在供给不足型错配；反之若残差大于 0，则表示存在供给过度型错配，将残差绝对值重新放入模型（4.1），回归结果如表 4-6 后 3 列所示，与前文结果无实质性差异。

（二）替换被解释变量

本书分别使用研发支出与营业收入的比值（Rdr）和研发支出加 1 的自然对数（$Lnrd$）对基准模型中的被解释变量企业创新投入进行替换，重新检验后回归结果如表 4-7 所示，与基准回归结果一致。

[①] 王竹泉、王惠、王贞洁：《杠杆系列错估与信贷资源错配》，《财经研究》2022 年第 11 期。

[②] $Credit$ 为目标信贷规模；NL 为权益乘数；Roa 为总资产净利率；Nss 为流动比率；$Size$ 为企业规模；$Growth$ 为营业收入增长率；Age 为经营年限；Seo 为当年是否有股权融资；$Tang$ 为固定资产占比；$Cash$ 为现金持有量；FCF 为自由现金流比率；$Turnover$ 为资产收转率；Tax 为所得税税率。

表4-6　替换解释变量下的稳健性检验

样本组 Variables	全样本 (1) $Rd_{i,t}$	供给不足型错配 (2) $Rd_{i,t}$	供给过度型错配 (3) $Rd_{i,t}$	全样本 (4) $Rd_{i,t}$	供给不足型错配 (5) $Rd_{i,t}$	供给过度型错配 (6) $Rd_{i,t}$
$Fm1_{i,t}$	-0.0003***	-0.0047***	0.0001			
	(-3.36)	(-6.89)	(1.37)			
$Fm2_{i,t}$				-0.0285**	-0.0734***	0.0366
				(-1.99)	(-3.78)	(1.45)
$Size_{i,t}$	-0.0017***	-0.0016***	-0.0040***	-0.0019***	-0.0025***	-0.0015***
	(-11.05)	(-7.56)	(-9.19)	(-11.91)	(-11.12)	(-7.04)
$Age_{i,t}$	-0.0001***	-0.0002***	-0.0001	-0.0001***	-0.0001***	-0.0001*
	(-2.96)	(-5.03)	(-0.13)	(-3.61)	(-2.87)	(-1.92)
$Roa_{i,t}$	0.0303***	0.0293***	0.0273***	0.0304***	0.0338***	0.0333***
	(10.97)	(8.80)	(5.52)	(10.45)	(7.72)	(8.44)
$Lev_{i,t}$	0.0069***	0.0074***	0.0121***	0.0062***	0.0086***	0.0078***
	(7.41)	(5.91)	(7.59)	(6.25)	(6.11)	(5.33)
$Cf_{i,t}$	0.0280***	0.0299***	0.0204***	0.0298***	0.0346***	0.0277***
	(11.22)	(9.71)	(4.85)	(11.43)	(9.37)	(7.58)

续表

样本组	全样本	供给不足型错配	供给过度型错配	全样本	供给不足型错配	供给过度型错配
$Market_{i,t}$	0.0341***	0.0333***	0.0307***	0.0357***	0.0260***	0.0397***
	(15.93)	(12.19)	(8.81)	(15.26)	(6.79)	(13.02)
$Tecstaff_{i,t}$	0.0337***	0.0258***	0.0463***	0.0329***	0.0265***	0.0361***
	(22.50)	(14.74)	(17.06)	(20.87)	(11.38)	(17.24)
Constant	0.0484***	0.0451***	0.0918***	0.0531***	0.0679***	0.0436***
	(14.93)	(10.34)	(10.09)	(16.39)	(14.74)	(9.58)
行业	Yes	Yes	Yes	Yes	Yes	Yes
年度	Yes	Yes	Yes	Yes	Yes	Yes
N	11228	6229	4997	10547	5789	4758
$Adj-R^2$	0.300	0.336	0.286	0.297	0.300	0.304

注：*、**、***分别表示10%、5%、1%水平显著。括号内为稳健标准误调整的 t 统计量。

表4-7 替换被解释变量下的稳健性检验

样本组 Variables	全样本 (1) $Rdr_{i,t}$	供给不足型错配 (2) $Rdr_{i,t}$	供给过度型错配 (3) $Rdr_{i,t}$	全样本 (4) $Lnrd_{i,t}$	供给不足型错配 (5) $Lnrd_{i,t}$	供给过度型错配 (6) $Lnrd_{i,t}$
$Fm_{i,t}$	-0.0006 **	-0.0015 ***	0.0001	-0.2073 ***	-0.1962 ***	-0.1004
	(-2.47)	(-3.55)	(0.11)	(-4.58)	(-3.52)	(-1.46)
$Size_{i,t}$	-0.0018 ***	-0.0015 ***	-0.0019 ***	1.0965 ***	1.0555 ***	1.1179 ***
	(-8.55)	(-5.33)	(-6.31)	(39.69)	(24.36)	(31.12)
$Age_{i,t}$	-0.0007 ***	-0.0006 ***	-0.0007 ***	-0.0801 ***	-0.1009 ***	-0.0654 ***
	(-17.86)	(-11.29)	(-13.11)	(-16.02)	(-11.51)	(-11.29)
$Roa_{i,t}$	-0.0463 ***	-0.0538 ***	-0.0431 ***	2.3454 ***	2.2182 ***	2.5010 ***
	(-11.65)	(-9.73)	(-7.47)	(5.86)	(3.42)	(5.05)
$Lev_{i,t}$	-0.0275 ***	-0.0216 ***	-0.0313 ***	-2.1054 ***	-2.0830 ***	-2.2378 ***
	(-20.78)	(-11.67)	(-15.13)	(-11.22)	(-7.58)	(-7.75)
$Cf_{i,t}$	0.0038	0.0104 **	0.0016	2.4465 ***	2.2350 ***	2.5303 ***
	(1.14)	(2.27)	(0.33)	(5.43)	(3.01)	(4.59)
$Market_{i,t}$	0.0795 ***	0.0767 ***	0.0790 ***	2.2547 ***	2.6336 ***	2.4088 ***
	(18.40)	(10.99)	(14.19)	(8.01)	(4.99)	(7.58)

续表

样本组	全样本	供给不足型错配	供给过度型错配	全样本	供给不足型错配	供给过度型错配
$Tecstaff_{i,t}$	0.1020***	0.0826***	0.1141***	1.6971***	1.7245***	1.9298***
	(36.90)	(21.20)	(30.20)	(8.95)	(5.39)	(8.22)
$Constant$	0.0876***	0.0818***	0.0899***	-4.7256***	-3.4308***	-5.3883***
	(20.59)	(13.30)	(15.00)	(-8.82)	(-4.25)	(-7.54)
行业	Yes	Yes	Yes	Yes	Yes	Yes
年度	Yes	Yes	Yes	Yes	Yes	Yes
N	19106	10241	8814	19106	10241	8814
$Adj-R^2$	0.425	0.382	0.440	0.279	0.285	0.281

注：*、**、*** 分别表示10%、5%、1%水平显著。括号内为稳健标准误调整的 t 统计量。

（三）改变估计模型

考察金融资源错配对企业创新投入的影响时，由于企业研发支出呈现左侧断尾分布，因此本书采用 Tobit 模型重新进行检验，模型（4.1）中的被解释变量、解释变量及控制变量均不变，同时对年度和行业进行了控制。回归结果如表4-8前3列所示，与前文结论仍然保持一致。

（四）改变估计样本

本书主要考察的是银行信贷为主的债务融资方式，随着中国要素市场化改革进程的加速，发行债券已成为部分企业的债务融资方式之一，为排除债券融资对基准回归结果可能造成的影响，参考钟凯等的做法[①]，剔除"应付债券"余额大于0的样本，仅对未发行企业债券的样本进行重新检验，回归结果如表4-8第4列至第6列所示，与前文结论无实质性差异。

此外，剔除研发支出为0的企业样本重新检验，回归结果如表4-8第7列至第9列所示，仍与前文结论无实质性差异。

（五）倾向得分匹配

由于技术创新能力更强的企业可能更不容易出现金融资源严重错配的情况，因此为了避免所存在的选择性偏误，缓解金融资源错配高低不同的企业在观测值数量和特征方面的差异对回归结果造成的干扰，本书采用倾向得分匹配方法，以中位数作为金融资源错配程度高低的分界点对样本进行分组，将金融资源错配程度较高企业作为控制组匹配错配程度较低的企业样本，匹配后两组样本中其他变量取值最大程度接近，以缩小组间差异。首先将模型（4.1）中连带年度、行业的所有控制变量作为匹配变量，按照1∶1的最近邻匹配原则，采用 Logit 模型回归，绝大部分观测值在共同的取值范围内。个体在干预状态下平均处理效应（ATT）均在1%水平下显著。处理组和控制组样本匹配后，所有控制变量间的标准偏差都大幅降低，所有控制变量均不存在显著差异，匹配效果优异。匹配后的样本进行回归，回归结果如表4-9所示，与前文结论仍无实质性差异。

---

① 钟凯、程小可、肖翔等：《宏观经济政策影响企业创新投资吗——基于融资约束与融资来源视角的分析》，《南开管理评论》2017年第6期。

表 4-8 改变模型和样本下的稳健性检验

样本组	改变模型：Tobit 模型			改变样本：全样本 / 剔除应付债券>0 样本			改变样本：剔除研发支出为 0 样本		
	全样本	供给不足型错配	供给过度型错配	全样本	供给不足型错配	供给过度型错配	全样本	供给不足型错配	供给过度型错配
Variables	(1) $Rd_{i,t}$	(2) $Rd_{i,t}$	(3) $Rd_{i,t}$	(4) $Rd_{i,t}$	(5) $Rd_{i,t}$	(6) $Rd_{i,t}$	(7) $Rd_{i,t}$	(8) $Rd_{i,t}$	(9) $Rd_{i,t}$
$Fm_{i,t}$	-0.0015***	-0.0018***	-0.0008	-0.0013***	-0.0017***	-0.0006	-0.0012***	-0.0016***	0.0000
	(-6.72)	(-7.49)	(-1.59)	(-6.29)	(-6.85)	(-1.26)	(-5.93)	(-7.02)	(0.03)
$Size_{i,t}$	-0.0027***	-0.0030***	-0.0026***	-0.0030***	-0.0035***	-0.0029***	-0.0032***	-0.0036***	-0.0030***
	(-23.93)	(-19.68)	(-15.91)	(-19.91)	(-15.88)	(-14.04)	(-24.29)	(-19.04)	(-16.44)
$Age_{i,t}$	-0.0004***	-0.0004***	-0.0004***	-0.0004***	-0.0004***	-0.0004***	-0.0003***	-0.0003***	-0.0003***
	(-18.43)	(-13.27)	(-12.19)	(-15.39)	(-10.87)	(-10.45)	(-12.90)	(-8.12)	(-9.19)
$Roa_{i,t}$	0.0272***	0.0234***	0.0242***	0.0266***	0.0220***	0.0241***	0.0267***	0.0235***	0.0223***
	(14.37)	(9.33)	(8.65)	(11.17)	(7.04)	(6.83)	(11.51)	(7.86)	(6.39)
$Lev_{i,t}$	0.0041***	0.0032***	0.0087***	0.0057***	0.0039***	0.0109***	0.0076***	0.0071***	0.0128***
	(5.61)	(3.34)	(7.65)	(7.28)	(3.69)	(8.86)	(9.78)	(6.82)	(10.28)
$Cf_{i,t}$	0.0372***	0.0302***	0.0441***	0.0378***	0.0300***	0.0446***	0.0371***	0.0305***	0.0437***
	(19.91)	(12.06)	(16.25)	(16.40)	(9.33)	(13.74)	(16.71)	(9.99)	(13.80)

续表

样本组	改变模型：Tobit 模型			改变样本：剔除应付债券 >0 样本			改变样本：剔除研发支出为 0 样本		
	全样本	供给不足型错配	供给过度型错配	全样本	供给不足型错配	供给过度型错配	全样本	供给不足型错配	供给过度型错配
$Market_{i,t}$	0.0399***	0.0255***	0.0465***	0.0394***	0.0227***	0.0460***	0.0389***	0.0236***	0.0450***
	(23.52)	(10.06)	(20.16)	(16.63)	(6.09)	(14.97)	(17.22)	(6.87)	(15.19)
$Tecstaff_{i,t}$	0.0409***	0.0277***	0.0495***	0.0432***	0.0301***	0.0506***	0.0411***	0.0276***	0.0495***
	(38.84)	(18.53)	(34.00)	(26.80)	(13.73)	(23.45)	(27.29)	(13.96)	(23.92)
Constant	0.0374***	0.0489***	0.0345***	0.0827***	0.0974***	0.0755***	0.0854***	0.0954***	0.0781***
	(6.68)	(6.75)	(3.93)	(26.36)	(21.22)	(17.97)	(31.39)	(24.62)	(20.70)
行业	Yes	Yes	Yes	Yes	Yes	Yes	Yes	Yes	Yes
年度	Yes	Yes	Yes	Yes	Yes	Yes	Yes	Yes	Yes
N	19106	10241	8814	16542	9476	7037	18419	10099	8279
$Adj-R^2/Pseudo\ R^2$	-0.0923	-0.0812	-0.0979	0.345	0.322	0.355	0.333	0.304	0.348

注：*、**、***分别表示10%、5%、1%水平显著。括号内为稳健标准误调整的 t 统计量。

表4-9　　　　　　　倾向得分匹配法下的稳健性检验

样本组	全样本	供给不足型错配	供给过度型错配
Variables	(1)	(2)	(3)
	$Rd_{i,t}$	$Rd_{i,t}$	$Rd_{i,t}$
$Dfm_{i,t}$	-0.0015***	-0.0027***	-0.0011
	(-4.61)	(-6.49)	(-1.60)
$Size_{i,t}$	-0.0030***	-0.0036***	-0.0027***
	(-17.17)	(-15.53)	(-10.47)
$Age_{i,t}$	-0.0004***	-0.0003***	-0.0003***
	(-11.98)	(-7.57)	(-6.90)
$Roa_{i,t}$	0.0242***	0.0273***	0.0165***
	(8.02)	(7.66)	(3.19)
$Lev_{i,t}$	0.0057***	0.0068***	0.0101***
	(5.65)	(5.30)	(5.70)
$Cf_{i,t}$	0.0342***	0.0311***	0.0458***
	(11.65)	(8.46)	(9.71)
$Market_{i,t}$	0.0404***	0.0346***	0.0436***
	(13.32)	(8.90)	(9.87)
$Tecstaff_{i,t}$	0.0417***	0.0316***	0.0495***
	(21.03)	(12.70)	(15.94)
Constant	0.0819***	0.0951***	0.0734***
	(23.22)	(20.44)	(13.71)
行业	Yes	Yes	Yes
年度	Yes	Yes	Yes
N	10309	5646	4394
$Adj-R^2$	0.350	0.345	0.342

注：*、**、*** 分别表示10%、5%、1%水平显著。括号内为稳健标准误调整的 t 统计量。

（六）工具变量法

内生性问题主要源于遗漏变量、选择性偏误和双向因果关系。固定效应模型可以处理因遗漏不随时间变化的变量而导致的内生性问题，本书尽可能多地控制了可能同时对关键解释变量和被解释变量产生影响的变量，缓解了遗漏变量所导致的内生性问题。倾向得分匹配通过控制与被解释变量和处理变量相关的可观测变量，可以在一定程度上缓解选择性偏误。内生性问题还可能源于解释变量金融资源错配与被解释变量创新投入的反向因果关系，企业技术创新程度越高很可能会导致其金融资源错配程度越低，这样会使解释变量与误差项相关。因此，本文按照Lewbel的思路[1]，因采用差分处理可以剥离部分相关的内生性因素，增强工具变量的外生性，同时由于一次方的渐进分布，在统计推断时不够稳定，三次方可以较好地解决该问题，因此选择金融资源错配与按行业和省份计算的金融资源错配均值差额的三次方作为工具变量。[2] 此外，为了进一步强化结论的稳健性，本书还借鉴段军山和庄旭东以宏观货币政策 M2 的增长率作为工具变量[3]，使用面板工具变量法进行回归。结果显示无论采用哪种工具变量，Kleiberhen – Paap rk LM 统计量的 p 值均为 0.000，强烈拒绝不可识别的原假设。服从 $\chi^2（2）$ 分布的 C 统计量对应的 p 值均为 0.000，故强烈拒绝"满足外生性"的原假设。表 4 – 10 显示，回归结果依然与基准回归结果相吻合。

---

[1] Arthur Lewbel, "Constructing Instruments for Regressions with Measurement Error When no Additional Data are Available, with an Application to Patents and R&D", *Econometrica*: *Journal of the Econometric Society*, 1997, pp. 1201 – 1213.

[2] 李唐、李青、陈楚霞：《数据管理能力对企业生产率的影响效应——来自中国企业—劳动力匹配调查的新发现》，《中国工业经济》2020 年第 6 期；张杰、周晓艳、李勇：《要素市场扭曲抑制了中国企业 R&D?》，《经济研究》2011 年第 8 期。

[3] 段军山、庄旭东：《金融投资行为与企业技术创新——动机分析与经验证据》，《中国工业经济》2021 年第 1 期。

表4-10　　　　　　　　工具变量法下的稳健性检验

工具变量	错配与行业均值差三次方			M2 增长率		
样本组	全样本	供给不足型错配	供给过度型错配	全样本	供给不足型错配	供给过度型错配
Variables	(1)	(2)	(3)	(4)	(5)	(6)
	$Rd_{i,t}$	$Rd_{i,t}$	$Rd_{i,t}$	$Rd_{i,t}$	$Rd_{i,t}$	$Rd_{i,t}$
$Fm_{i,t}$	-0.0013***	-0.0014***	-0.0008	-0.0244***	-0.0178***	-0.1880
	(-6.41)	(-5.96)	(-1.38)	(-10.85)	(-9.45)	(-1.50)
$Size_{i,t}$	-0.0029***	-0.0033***	-0.0024***	-0.0045***	-0.0049***	-0.0064**
	(-22.63)	(-19.19)	(-12.88)	(-17.87)	(-15.48)	(-2.23)
$Age_{i,t}$	-0.0004***	-0.0003***	-0.0003***	-0.0002***	-0.0002***	-0.0001**
	(-15.74)	(-10.79)	(-10.43)	(-6.65)	(-4.53)	(-2.12)
$Roa_{i,t}$	0.0260***	0.0241***	0.0226***	0.0104***	0.0074*	0.0401*
	(11.60)	(8.94)	(5.98)	(2.90)	(1.74)	(1.76)
$Lev_{i,t}$	0.0054***	0.0048***	0.0093***	0.0022*	0.0012	-0.1054
	(7.21)	(4.95)	(7.34)	(1.84)	(0.81)	(-1.42)
$Cf_{i,t}$	0.0359***	0.0303***	0.0432***	0.0440***	0.0373***	0.0834***
	(16.78)	(10.90)	(12.79)	(13.84)	(9.33)	(3.51)
$Market_{i,t}$	0.0383***	0.0289***	0.0468***	0.0314***	0.0206***	0.1176**
	(17.41)	(9.79)	(14.22)	(10.58)	(5.26)	(2.33)
$Tecstaff_{i,t}$	0.0404***	0.0298***	0.0502***	0.0371***	0.0245***	0.0882***
	(27.55)	(16.08)	(22.64)	(19.02)	(10.39)	(3.76)
行业	Yes	Yes	Yes	Yes	Yes	Yes
年度	Yes	Yes	Yes	Yes	Yes	Yes
N	19106	10241	8814	19106	10241	8814
$Adj-R^2$	0.190	0.168	0.199	-0.704	-0.598	-0.709

注：*、**、***分别表示10%、5%、1%水平显著。括号内为稳健标准误调整的 t 统计量。

第四节　进一步分析

一　金融资源错配对创新持续性的影响

20世纪90年代，Malerba 和 Geroski 等学者开始关注企业的创新持续性，即技术创新过程中，组织管理与效益转化方面的持续性，是企业在动态市场环境下不断迎合甚至开发市场需求持续不断地进行资源整合，适时步入新的技术轨道以实现可持续发展的过程。这种持续创新的过程往往与企业整合创新资源的动态能力息息相关，企业在已有创新的基础上，能否总结经验，进行渐进式的改进与学习，或真正实现实质性的技术跃迁，在很大程度上反映了企业在研究与开发中长期知识的积累能力。前文已经明确了金融资源错配对企业当期创新投入的抑制作用，本节将着重讨论金融资源错配对企业创新持续性的影响。

如果以创新投入为标准评判企业持续性创新活动，会忽略创新过程中人力资源的贡献、新知识的吸收与转化等持续性积累能力。由于技术创新的过程反映了无形资产的开发过程，持续创新是无形资产保值增值的有效手段。无形资产不仅能够反映企业自主研发阶段的成果，还能够反映出非研发创新情况。因此，为了全面反映金融资源错配对企业创新持续性的影响，本书借鉴鞠晓生等的方法，使用当年新增无形资产占总资产比重反映创新持续性（$Pers$）。[①]

将模型（4.1）中的被解释变量替换为创新持续性进行回归，回归结果如表4-11所示，全样本下金融资源错配（Fm）对企业创新持续性（$Pers$）的抑制作用在1%水平下显著，说明总体而言金融资源错配对企业创新的持续性依然具有抑制作用。按错配方向分组后，供给不足型错配组显示金融资源错配（Fm）的系数在1%水平下显著为负，说明供给不足型错配程度越高对企业创新持续性的抑制作用越强。而在供给过度型错配对创新持续性并无显著影响，与对创新投入的影响基本保持一致。可见，虽然创新持久性更多体现了企业创新管理过程中内在的能力与效率，然而企业所处的金融环境作为"物化"动因依然是影响企业知识积累与升级的重要因素，如果企业在创新过程中面临金融资源供给不足型错配，投入的创新资金很可能无法得到有效配置，从而影响创新成果的持续转化。同时也应注意到，金融资源作为有形资源对创新持续性的影响并未唯一，持续创新需要众多资源和流程的协同。企业创新不是一朝

[①] 鞠晓生、卢荻、虞义华：《融资约束、营运资本管理与企业创新可持续性》，《经济研究》2013年第1期。

一夕的事情，需要宏观环境与微观主体共同协力，为此进行长远规划，才能使企业真正进入持续创造竞争力的创新轨道。

表 4-11　　金融资源错配与创新持续性的回归结果

样本组	全样本	供给不足型错配	供给过度型错配
Variables	(1)	(2)	(3)
	$Pers_{i,t}$	$Pers_{i,t}$	$Pers_{i,t}$
$Fm_{i,t}$	-0.0014***	-0.0018***	-0.0004
	(-6.41)	(-6.29)	(-1.06)
$Size_{i,t}$	0.0003***	0.0007***	-0.0000
	(2.79)	(4.37)	(-0.05)
$Age_{i,t}$	-0.0002***	-0.0002***	-0.0002***
	(-11.32)	(-7.57)	(-8.12)
$Roa_{i,t}$	0.0188***	0.0219***	0.0138***
	(9.18)	(7.24)	(4.85)
$Lev_{i,t}$	-0.0018**	-0.0030***	0.0017
	(-2.51)	(-2.82)	(1.57)
$Cf_{i,t}$	0.0012	0.0046	0.0007
	(0.60)	(1.60)	(0.25)
$Market_{i,t}$	0.0013	-0.0015	0.0018
	(0.69)	(-0.47)	(0.79)
$Tecstaff_{i,t}$	0.0019*	0.0002	0.0026*
	(1.92)	(0.10)	(1.96)
Constant	0.0033	-0.0048	0.0085***
	(1.44)	(-1.39)	(2.76)
行业	Yes	Yes	Yes
年度	Yes	Yes	Yes
N	18957	10320	8598
$Adj-R^2$	0.082	0.087	0.082

注：*、**、***分别表示10%、5%、1%水平显著。括号内为稳健标准误调整的 t 统计量。

二 金融资源错配对创新偏好的影响

不同专利类型反映了企业技术创新过程的复杂程度以及创新成果的价值差异。目前，中国企业可申请的专利有发明专利、实用新型专利和外观设计专利。发明专利往往使原有的产品、工艺或服务性能主要指标发生跃迁，或本身就创造出一种新的产品，它在开拓新市场，激发潜在应用方面更具优势，从而引发市场竞争态势的变化，乃至产业变革。而实用新型专利和外观设计专利，通常是充分发挥已有技术的潜能对现有技术进行连续的、渐进的改进，这种改进对现有产品的改变相对较小。参照不同专利类型在研发投入、周期以及难度等方面特征，不难发现从发明专利到实用新型专利再到外观设计专利，其创新复杂程度和激进程度呈现出依次递减的特征。发明专利，具备更高程度的新颖性、创造性和实用性，反映了企业通过技术进步来获得商业竞争优势的强烈渴求，属于高质量的实质性创新；而实用新型专利和外观设计专利对创新的显著性和商业价值要求更低，更多表现为一种追求速度和数量的策略性创新选择。[1] 中国"十二五"规划纲要中明确提出每万人口发明专利的拥有量，这是中国首次将专利指标作为五年规划目标，说明专利数量尤其是发明专利的数量体现了自主创新能力和高质量创新绩效。[2] 对发明专利状况的关注有助于引导企业收缩一味在形式上追求数量与速度的策略性创新行为，而将更多财力物力积极投放于更能够推动技术进步和产业转型升级的实质性创新上。

为了全面反映金融资源错配对不同专利类型所代表的创新偏好的影响，本书参考黎文靖和郑曼妮、孔东民等的研究[3]，由于专利申请年份

---

[1] John P. Walsh, You-Na Lee and Taehyun Jung, "Win, Lose or Draw? The Fate of Patented Inventions", Research Policy, Vol. 45, No. 7, 2016, pp. 1362–1373；黎文靖、郑曼妮：《实质性创新还是策略性创新？——宏观产业政策对微观企业创新的影响》，《经济研究》2016年第4期。

[2] 武威、刘玉廷：《政府采购与企业创新：保护效应和溢出效应》，《财经研究》2020年第5期。

[3] 孔东民、徐茗丽、孔高文：《企业内部薪酬差距与创新》，《经济研究》2017年；黎文靖、郑曼妮：《实质性创新还是策略性创新？——宏观产业政策对微观企业创新的影响》，《经济研究》2016年第4期。

能更准确地刻画创新的产出时间，而创新授权数会受到政企关系等其他因素的干扰，因此本书从创新产出角度，分别以三种不同质量专利的申请数量加 1 取对数来度量企业不同激进程度的创新偏好。由于创新产出具有一定滞后性，因此使用下一期各项专利申请数的取值作为模型（4.1）中的被解释变量。其中，Iapply、Uapply 和 Dapply 分别表示发明专利申请数、实用新型专利申请数和外观设计专利申请数。

表 4 – 12 显示，整体而言金融资源错配对任意一种创新偏好均具有显著的抑制作用，然而这种抑制作用的大小会随创新质量的高低依次递减：金融资源错配（Fm）对创新质量最高、激进程度最强的发明专利（Iapply）的抑制作用最大，对实用新型专利（Uapply）的抑制作用居中，而对含金量最低的外观设计专利（Dapply）的抑制作用最小。金融资源错配对不同类型创新偏好的抑制作用主要体现在供给不足型错配企业中，而在供给过度型错配企业中，错配程度（Fm）对发明专利（Iapply）和实用新型专利（Uapply）均无显著作用，但随着创新质量和激进程度的下降，错配程度（Fm）对外观在设计专利（Dapply）具有一定促进作用。在经济发展过程中，政府出于某种意图，会通过干预信贷资源分配的方式扶持特定企业。这些企业一旦获得更多廉价的信贷资金，可以使企业面临的融资约束得到一定程度缓解，企业相对拥有更多资金投放于创新项目中，从而提升创新质量。然而，越是享受到更多信贷优惠政策的企业，为了迎合政府的监管和官员的政治需求，越可能考虑通过一定程度的创新行为响应政府提质增效的经济目标，这种创新行为很可能是一种策略性的创新选择。由于以发明专利为代表的实质性创新对资金和人力等创新投入的要求更高，企业在短期内难以取得成果，而非发明专利从投入产出的角度来看，短期内更具操作性和可行性，策略性创新往往是急于创新的企业快速实现创新成果转化的更佳选择。于是，企业通过增加技术含量低、申请周期短的专利申请与授权数，来粉饰创新成果，以展示企业为创新所做出的努力和政府的政绩，显然比真正追求实质性的技术创新和产业升级更符合成本收益原则。

表 4-12　金融资源错配与创新偏好的回归结果

样本组 Variables	全样本 (1) $Iapply_{i,t+1}$	供给不足型错配 (2) $Iapply_{i,t+1}$	供给过度型错配 (3) $Iapply_{i,t+1}$	全样本 (4) $Uapply_{i,t+1}$	供给不足型错配 (5) $Uapply_{i,t+1}$	供给过度型错配 (6) $Uapply_{i,t+1}$	全样本 (7) $Dapply_{i,t+1}$	供给不足型错配 (8) $Dapply_{i,t+1}$	供给过度型错配 (9) $Dapply_{i,t+1}$
$Fm_{i,t}$	-0.1338*** (-7.41)	-0.1660*** (-7.68)	0.0188 (0.48)	-0.1164*** (-6.77)	-0.1403*** (-6.95)	0.0306 (0.78)	-0.0851*** (-5.62)	-0.1146*** (-6.70)	0.1563*** (4.16)
$Size_{i,t}$	0.6818*** (62.61)	0.6767*** (41.65)	0.6812*** (46.67)	0.5713*** (54.12)	0.5838*** (36.95)	0.5581*** (39.54)	0.3420*** (32.40)	0.2863*** (19.62)	0.3730*** (25.65)
$Age_{i,t}$	-0.0093*** (-4.68)	-0.0056* (-1.84)	-0.0120*** (-4.57)	-0.0067*** (-3.46)	-0.0072** (-2.40)	-0.0066*** (-2.61)	0.0048*** (2.62)	0.0077*** (3.02)	0.0030 (1.17)
$Roa_{i,t}$	2.2844*** (13.05)	2.0566*** (8.15)	2.0163*** (8.11)	1.6310*** (9.74)	1.6058*** (6.65)	1.3161*** (5.54)	1.7815*** (12.38)	0.9334*** (5.03)	2.0881*** (9.57)
$Lev_{i,t}$	-0.1747*** (-2.71)	-0.3075*** (-3.31)	0.2326** (2.31)	0.0186 (0.31)	-0.0426 (-0.49)	0.3225*** (3.46)	-0.0155 (-0.30)	-0.0949 (-1.35)	0.4173*** (5.14)
$Cf_{i,t}$	0.6596*** (3.66)	0.5715** (2.21)	0.8659*** (3.38)	0.4055** (2.38)	0.5491** (2.27)	0.4476* (1.84)	0.4111*** (2.82)	0.1224 (0.63)	0.4199* (1.96)

续表

样本组	全样本	供给不足型错配	供给过度型错配	全样本	供给不足型错配	供给过度型错配	全样本	供给不足型错配	供给过度型错配
$Market_{i,t}$	1.4598***	0.7617***	1.7745***	0.4122***	-0.0963	0.6130***	3.1685***	1.9017***	3.6311***
	(9.32)	(3.10)	(8.70)	(2.91)	(-0.43)	(3.29)	(21.70)	(9.17)	(18.95)
$Tecstaff_{i,t}$	0.8617***	0.8451***	0.8377***	0.1627*	0.3538***	-0.0034	0.2518***	0.4356***	0.0423
	(9.72)	(5.97)	(7.38)	(1.87)	(2.60)	(-0.03)	(3.05)	(3.53)	(0.38)
Constant	-12.0469***	-11.9188***	-12.1720***	-10.3202***	-10.5564***	-10.1693***	-7.1609***	-5.9084***	-8.0449***
	(-52.60)	(-34.87)	(-39.71)	(-46.44)	(-31.68)	(-34.21)	(-31.37)	(-18.75)	(-25.59)
行业	Yes	Yes	Yes	Yes	Yes	Yes	Yes	Yes	Yes
年度	Yes	Yes	Yes	Yes	Yes	Yes	Yes	Yes	Yes
N	15037	8058	6956	15037	8058	6956	15037	8058	6956
$Adj-R^2$	0.417	0.403	0.440	0.442	0.433	0.462	0.236	0.196	0.281

注：*、**、*** 分别表示10%、5%、1%水平显著。括号内为稳健标准误调整的 t 统计量。

三 金融资源错配影响创新投入的经济后果

本部分将关注制造业企业创新如何影响未来盈利能力，以及金融资源错配是否影响创新投入与业绩的敏感性。考察这一问题有助于厘清金融资源错配影响制造业企业创新的传导路径。

企业是将创新成果转化为社会财富的最终实现者，然而企业在技术创新的过程中，从创新投入到产生高质量创新成果，再到通过商业化将其转化为现实生产力的过程不是一蹴而就的，这个过程可能艰辛而漫长。由于未来风险与收益的不确定性，创新之初大量的资金投入很可能会对创新主体的短期盈利水平造成负面压力。但从长期来看，高质量创新成果将有助于企业形成核心竞争优势，提升未来的经营业绩。然而，企业从资金投入到申请到高质量的发明专利，只是完成了研究开发历程的一部分。专利成果转化一直以来是中国制造业企业的痛点，现阶段中国专利成果申请量和授权量快速增长，但是成果转化率却不尽如人意，大量的专利成果并未实现其应有的价值，从而造成浪费。因此，只有创新投入之后，形成创新成果并成功实现商业化，才会为企业乃至整个社会创造经济效益。2008年，国务院颁布的《国家知识产权战略纲要》明确提出"到2020年将中国建设成为知识产权创造、运用、保护和管理水平较高的国家"。本文的实证研究样本期与这一战略实施期基本吻合，通过分析创新投入与企业未来业绩的敏感性以及金融资源错配在这一关系中的作用，为认识与评估知识产权战略的实施成效提供了一个视角。

本书参考袁建国等构建面板固定效应模型（4.4）[1]，其中 α_1 度量了金融资源错配（Fm）对企业下一期总资产净利率（Roa）的影响，α_2 度量了创新投入（Rd）对企业下一期总资产净利率（Roa）的影响，α_3 度量了金融资源错配与创新投入交乘项（$Fm \times Rd$）对下一期总资产净利率（Roa）的影响。同时，考虑到不同行业、不同年份企业创新投入对未来业绩的影响差异，模型还控制了年度效应和行业效应，其余控制变量与

---

[1] 袁建国、后青松、程晨：《企业政治资源的诅咒效应——基于政治关联与企业技术创新的考察》，《管理世界》2015年第1期。

基准回归模型相同。

$$Roa_{i,t+1} = \alpha_0 + \alpha_1 Fm_{i,t} + \alpha_2 Rd_{i,t} + \alpha_3 Fm_{i,t} \times Rd_{i,t}$$
$$+ \alpha_4 \sum Ctrls_{i,t} + Year_{i,t} + Industry_{i,t} + \varepsilon_{i,t} \quad (4.4)$$

表4–13第1列列示了全样本的回归结果。回归结果显示，总体而言金融资源错配（Fm）对企业未来盈利能力（ROa）在1%水平下具有显著的抑制作用，而创新投入（Rd）的增加可以在1%水平下改善企业未来的业绩（ROa），金融资源错配与创新投入的交乘项（$Fm \times Rd$）系数不显著。按错配类型分组后，发现无论是供给不足型错配组还是供给过度型错配组，创新投入（Rd）均对企业未来业绩（ROa）具有显著促进作用，而且这种作用对供给不足型错配企业中表现更强。错配程度越高在供给不足型错配企业未来业绩的抑制作用越强，而错配程度越高对供给过度型企业未来业绩的促进作用越强，说明企业信贷资金的可获得性越强和融资成本越低越有利于企业未来业绩增长。金融资源错配与创新投入的交乘项（$Fm \times Rd$）系数在供给不足型错配组中在5%水平下显著为正，但在供给过度型错配组中显著为负，说明当企业在面临金融资源供给不足时，往往更注重投资效率，将有限的资金用在"刀刃"上，融资约束增强了企业投资选择的价值，因此创新投入转化为企业未来业绩的能力更强；而当企业面临金融资源供给过度时，更容易造成企业的无效率投资[①]，反而降低了企业未来业绩提升对创新投入的敏感性，供给过度型错配程度越高，创新投入对未来业绩提升的幅度越小，可见供给过度型错配在后续创新成果在商业化阶段产生效益的负面影响也不容忽视。

[①] 袁建国、后青松、程晨：《企业政治资源的诅咒效应——基于政治关联与企业技术创新的考察》，《管理世界》2015年第1期；张庆君、李萌：《金融发展，信贷错配与企业资本配置效率》，《金融经济学研究》2018年第4期。

表4-13 金融资源错配与创新投入对未来业绩的影响

样本组	全样本	供给不足型错配	供给过度型错配
Variables	（1）	（2）	（3）
	$Roa_{i,t+1}$	$Roa_{i,t+1}$	$Roa_{i,t+1}$
$Fm_{i,t}$	-0.0018**	-0.0033***	0.0074***
	(-2.04)	(-2.95)	(4.46)
$Rd_{i,t}$	0.3661***	0.4608***	0.2502***
	(11.63)	(8.10)	(6.91)
$Fm_{i,t} \times Rd_{i,t}$	0.1019	0.1441**	-0.1157**
	(1.54)	(2.25)	(-2.51)
$Size_{i,t}$	-0.0031***	-0.0049***	-0.0019***
	(-6.63)	(-6.48)	(-3.20)
$Age_{i,t}$	-0.0001	-0.0003*	0.0001
	(-0.60)	(-1.77)	(0.85)
$Roa_{i,t}$	0.4805***	0.4079***	0.5291***
	(36.16)	(20.56)	(30.33)
$Lev_{i,t}$	-0.0095***	-0.0052	-0.0021
	(-2.63)	(-0.88)	(-0.48)
$Cf_{i,t}$	0.1514***	0.1732***	0.1239***
	(17.67)	(13.23)	(11.33)
$Market_{i,t}$	-0.0037	-0.0224*	-0.0030
	(-0.51)	(-1.68)	(-0.36)
$Tecstaff_{i,t}$	-0.0107**	-0.0123*	-0.0097*
	(-2.46)	(-1.72)	(-1.84)
Constant	0.0887***	0.1293***	0.0590***
	(9.61)	(8.80)	(4.98)
行业	Yes	Yes	Yes
年度	Yes	Yes	Yes
N	15709	8224	7451
$Adj-R^2$	0.399	0.322	0.452

注：*、**、***分别表示10%、5%、1%水平显著。括号内为稳健标准误调整的 t 统计量。

第五节　本章小结

实体经济部门金融资源错配的普遍存在引发了对制造业企业创新活动的关注，然而目前对金融资源不同错配类型对企业创新投入的影响尚存在疑问。本章基于2011—2020年制造业上市公司面板数据，实证检验了金融资源错配不同错配类型对制造业企业创新投入的影响。

基准回归结果表明：总体而言，金融资源错配对企业创新投入具有抑制作用，这种抑制作用主要是由供给不足型错配造成的。金融资源供给不足型错配程度越高对企业创新投入的抑制作用越强，而供给过度型错配对企业创新投入无显著影响，说明两种错配类型对企业创新的影响机制可能存在差异，本书将在后续章节对此进行剖析。

在进一步分析中本书试图观测金融资源错配对企业创新持续性以及创新偏好的影响，研究发现供给不足型错配程度越高，对创新持续性的抑制作用越强，而供给过度型错配对创新持续性无显著影响。以不同专利类型反映企业的创新偏好发现，供给不足型错配对任何一种创新偏好均具有显著的抑制作用，而且这种抑制作用随创新质量由高到低呈递减趋势；供给过度型错配对发明专利和实用新型专利均无显著抑制作用，但对外观设计专利反而具有促进作用，说明相比对低质量的策略性创新的影响，金融资源错配对高质量实质性创新的抑制是不可逆的，而低质量创新行为很可能是供给过度型错配企业为了迎合政策的一种策略性创新选择。最后基于企业从研发投入到商业化价值实现这一创新全链条视角，进一步关注金融资源不同错配类型是否影响创新投入与未来业绩的敏感性，回归结果显示供给不足型错配程度越高，越有利于创新投入对未来业绩的提升作用；而供给过度型错配程度越高，越发降低了未来业绩对创新投入的敏感性，可见供给过度型错配在后续创新成果商业化阶段产生的负面影响不容忽视。

第 五 章

金融资源错配对企业创新投入的影响机制

前文研究表明，总体而言金融资源错配对企业创新投入具有显著的抑制作用，将制造业企业样本按错配类型分组后发现，当企业面临金融资源供给不足型错配时错配程度越高对企业创新投入的抑制作用越强，而对于供给过度型错配企业而言，错配程度对企业创新投入无显著影响。以上结果说明不同类型的金融资源错配对创新投入的影响过程可能存在差异。因此有必要基于不同错配类型，深入剖析金融资源错配对企业创新投入影响机制的差异。

技术创新是一国经济增长的重要"引擎"，实现中国制造业向价值链中高端迈进，技术"瓶颈"的突破成为产业转型升级的关键。明晰不同类型金融资源错配对制造业企业创新投入的影响机制，对金融进一步服务于实体经济发展，推动中国制造业企业提升创新强度，持续不断地涌现出高质量创新成果具有重要意义。

第一节 理论分析与研究假设

本书认为供给不足型错配和供给过度型错配对企业创新投入的影响机制并不完全相同。供给不足型错配通过融资约束效应和寻租挤占效应对创新投入产生抑制作用；供给过度型错配对创新投入的影响，则存在两条作用力相反的机制：融资约束效应和投资替代效应，进而对企业创新投入产生影响。本章的理论框架如图 5-1 所示。

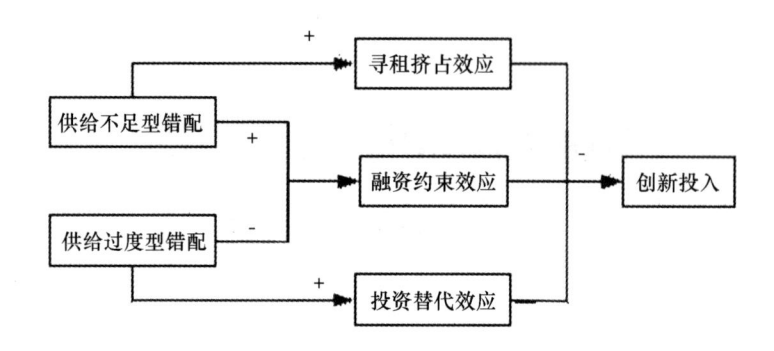

图 5-1　金融资源错配对创新投入的影响机制

为了阐释每种效应下，不同类型的金融资源错配企业影响机制的差异，本书将逐一对每种效应下的不同错配类型企业的情况进行分析。

一　融资约束效应

随着企业创新投资规模的增加，技术创新活动对外部融资渠道的依赖程度增加，外源融资逐渐成为企业技术创新活动的重要资金来源。根据 MM 理论，当企业处于一个完全竞争的信贷市场中，企业的融资决策与投资决策并不存在关联度，故而企业选择外部债务融资抑或是内部收益融资是无差别的。然而，如果企业处于不完全竞争是信贷市场中，市场机制欠佳，尤其是在直接金融市场不发达的情况下，银行授信成为企业获得稳定、持续资金的重要渠道，此时信贷配置将对企业投资行为产生显著影响。

在资本要素有限且稀缺的情况下，金融资源配置低效会降低不具备信贷优势的微观企业的资本可得性，增加获取难度和使用成本。存在金融资源供给不足型错配的企业，银行实际合同利率参照基准利率向上浮动，其债务融资成本高于市场利率均值，信贷资源对企业的支持力度有限，将通过加剧融资约束抑制企业创新。政府对金融资源配置的过度干预弱化了市场的择优配置机制，存在金融资源供给不足型错配的企业，因所有制和规模等原因面临的种种信贷歧视，使其被迫依赖于民间金融和"金融漏损效应"[①]，它们获取的体制外资金成本远远高于银行贷款利率水平。债务融资作为中国企业研发投资的重要资金来源，其成本高低会影响企业创新资金投入的规模和持续性，债务融资尤其是带息债务利率越低越好，以免企业因无力偿还债务而面临财务困境。如果融资成本偏高，企业所面临的融资约束加剧，创新成本和创新风险的积聚，将显著削弱企业的创新意愿和动力，创新乏力下创新投资和持续性势必会受到抑制，于是大量企业被冻结在劳动密集型工艺的低端环节，并因此进一步压制了企业的创新需求。即使企业主观上具有自主创新的动力，但无奈受资本要素价格的限制，一方面缺少足够的信贷资金支持，被迫更多地依赖内源融资；另一方面难以从市场中获得创新投资的补偿和收益，从而限制了供给不足型错配企业创新投入的数量和规模。

金融资源供给过度型错配企业，往往是具有所有制或规模优势的企业，这些企业可以相对容易地获得外部信贷资源的支持，享受着低于市场利率均值的贷款利率。信贷资金的使用成本相比股权融资成本更加低廉，企业容易获得相对稳定和持续的外部信贷资金的支持，可以有效缓解企业所面临的融资约束，由此带来的直观影响即企业可支配的自由现金流增多，企业通过对资金的合理配置，可以产生更多盈余，这将支持拥有创新意愿的企业积极参与创新，为研发过程中的各种支出耗费提供保障。此时银行作为债权人如果可以对贷款企业进行有效的监督，还可以对企业创新投资效率起到积极作用。对于自身的经营目标清晰，自主创新意愿强烈的企业，更廉价的信贷资源，极有可能通过有效缓解外部融资约束从而对技术创新投入产生激励，资金使用成本较低的企业会更愿意进一步扩大创新投入规模。

可见，不同类型的金融资源错配对企业融资约束的影响方向不同，由此，提出以下假设：

H5-1：供给不足型错配通过加剧融资约束效应进而抑制创新投入。

---

① 李四海、邹萍、宋献中：《货币政策、信贷资源配置与金融漏损——来自我国上市公司的经验证据》，《经济科学》2015年第3期。

H5-2：供给过度型错配通过缓解融资约束效应进而促进创新投入。

二 寻租挤占效应

"一元金融体制"下，资本要素的定价权和配置权由政府主导，政府受到财政压力和GDP竞争的影响会对金融供给进行干预，例如地方政府官员并不承担在任期间的负债偿还，因此在任官员对资本价格不以为意，而更专注于借助金融创新释放更大规模的资金以支持任期内的高增长；再如因目前流转税仍是中国最主要的税收来源，其征税环节为生产环节，为了增加地方财税，提振地方经济，地方政府会设法寻找融资渠道招募企业来投资建设，这些为没有天然优势的企业改善融资境遇提供了寻租机会。[1] 除此之外，政府还控制着其他政治经济资源，例如税收优惠[2]、政府补贴[3]、订单资源[4]等，使得越是流动性资金紧张，不确定性因素更多的企业其寻租动机越为强烈。[5]

金融资源供给不足型错配企业，正因为在所有制或规模上不一定具备天然的优势，相比供给过度型错配企业，这些企业对能够享受更多的信贷支持、更低的信贷利率以及利用各种替代性渠道寻求超额收益具有更加强烈的需求，从而诱发金融资源供给不足型企业选择参与更多的寻租活动。而寻租行为必然会增加企业的运营成本和交易成本，对供给不足型错配企业而言，本来资金就紧张，寻租费用支出势必对创新投入造成挤占，使自主创新面临更高成本。[6]

金融资源供给过度型错配企业，虽然也具有寻租动机，但是与供给

---

[1] 张璇、刘贝贝、汪婷等：《信贷寻租、融资约束与企业创新》，《经济研究》2017年第5期。
[2] 田彬彬、范子英：《征纳合谋、寻租与企业逃税》，《经济研究》2018年第5期。
[3] Lily Fang, Josh Lerner and Chaopeng Wu, etc, *Corruption, Government Subsidies, and Innovation: Evidence from China*, National Bureau of Economic Research, September, 2018.
[4] 黄玖立、李坤望：《吃喝、腐败与企业订单》，《经济研究》2013年第6期。
[5] 张志昌、任淮秀：《政府补贴、寻租与企业研发人力资本投入》，《云南财经大学学报》2020年第3期。
[6] 余明桂、回雅甫、潘红波：《政治联系、寻租与地方政府财政补贴有效性》，《经济研究》2010年第3期。

不足的企业相比，无须花费过多人力、物力、财力却更容易成为各种倾斜性政策和特殊待遇的受益人。这些企业凭借天然的所有制或规模优势便可以获得相对丰富的信贷资源。发生错配后，企业对寻租手段的依赖程度更低[1]，例如有研究表明非国有企业更倾向于通过政治寻租为自身发展争取更多的政策扶持，而国有企业的寻租目的则更多表现为满足政府官员和企业高管的政治诉求，而非获取经济利益。[2]

现有文献对寻租活动在金融资源错配对创新影响过程中的作用存在分歧，葛立宇认为寻租活动是金融资源错配影响创新的中介变量[3]，甄丽明和罗党论则认为金融资源错配是寻租活动对创新投入影响的中介变量。[4] 本书认为如果观测金融资源错配经济后果，将金融资源错配作为既成事实，主要会导致供给不足型错配企业通过寻租活动的挤占效应对创新投入形成抑制，而对供给过度型错配企业寻租挤占效应的影响有限。由此，提出以下假设：

H5-3：供给不足型错配通过加剧寻租挤占效应进而抑制创新投入。

三　投资替代效应

合理有序的资本化进程对于扩张经济规模、促进金融深化具有一定作用，一定程度上可以为创新投资分散风险，但同时也为资本摆脱实体经济部门利润率的约束追逐更高利润开辟了运作空间。尤其对与世界技术前沿仍有一定距离的新兴转轨经济体而言，很大限度上会助推经济活动重心的转移，对实体经济部门产业资本的挤出效应[5]，削弱技术创新的

---

[1] 胡志安、邱智敏：《不确定性会导致企业寻租吗？——基于世界银行投资环境调查的实证研究》，《经济学报》2021年第2期。

[2] 黎文靖：《所有权类型、政治寻租与公司社会责任报告：一个分析性框架》，《会计研究》2012年第1期。

[3] 葛立宇：《要素市场扭曲对企业家寻租及创新的影响》，《科技进步与对策》2018年第13期。

[4] 甄丽明、罗党论：《信贷寻租，金融错配及其对企业创新行为影响》，《产经评论》2019年第4期。

[5] Sebastiano Cupertino, Costanza Consolandi and Alessandro Vercelli, "Corporate Social Performance, Financialization, and Real Investment in US Manufacturing Firms", *Sustainability*, Vol. 11, No. 7, 2019, p. 1836.

基础，而全要素生产率的提高恰恰依赖实体经济部门对技术创新的支持。技术创新是一个需要资金大量投入且回报具有不确定性的持续过程，相比其他资产投资门槛和风险更高，而且创新成果具有很强的溢出效应，市场化后容易被模仿，创新收益将受到影响。

金融资源供给过度型错配企业，在生产能力快速扩张的情况下，很可能会因有效需求不足而导致产能过剩，此时资本的边际收益率下降，企业受逐利动机的驱使，更愿意将资本抽离转而投入到获利方式更容易的金融资产投资。当企业管理者进行创新决策时，将面临在金融资产投资和技术创新投资之间的抉择。创新投资，不符合资本化支出的部分，将直接计入当期损益，成为沉没成本；符合资本化条件的支出会形成无形资产，无形资产的价值往往波动较大，在确认与计量上具有很强的不确定性，此外无形资产往往需要依附于物质实体才能创造实现自身收益，而这种收益依然具有很强的不确定性。资本更加廉价会使企业在技术创新面前更青睐眼前利益，选择更有利可图、获利更容易、周期更短的投资对象，尤其当资产价格上涨，管理者将更倾向于投资短期增值能力更强的实物资产和金融资产以获得相对可观的租金收入[1]，同时放大了企业杠杆，使投资性资产进一步膨胀，当企业在一定时期内只能自由支配有限的资金时，这势必会弱化实体制造业企业创新投资的意愿和能力，产生投资替代效应[2]，从而阻碍技术创新的步伐。[3] 金融资源供给过度型错配越严重，其享受的廉价资本很可能越多，企业会考虑密集使用大量廉价资本，通过各种手段贴现未来现金流，以资本要素低成本优势弥补技术创新不足。即使有创新意愿，也更倾向于选择物化的技术进步形态，以技术引进替代自主创新，进一步抑制了技术创新的内生动力[4]，致使创

---

[1] Kenza Benhima, "Financial Integration, Capital Misallocation and Global Imbalances", *Journal of International Money and Finance*, Vol. 32, 2013, pp. 324–340.

[2] 王红建、曹瑜强、杨庆等：《实体企业金融化促进还是抑制了企业创新——基于中国制造业上市公司的经验研究》，《南开管理评论》2017 年第 1 期。

[3] 段军山、庄旭东：《金融投资行为与企业技术创新——动机分析与经验证据》，《中国工业经济》2021 年第 1 期。

[4] 于泽、陆怡舟、王闻达：《货币政策执行模式、金融错配与我国企业投资约束》，《管理世界》2015 年第 9 期。

新惰性滋生。

金融资源供给不足型错配企业，由于外部融资渠道受阻，企业会将有限的资金优先投入到关系自身发展命脉的经营领域。此外根据 MM 理论，由于企业资金使用成本偏高，意味着供给不足型错配企业作为投资者所要求的风险报酬率将更高，企业的资金成本会影响到投资决策。[①] 如果企业资本成本低于预期回报率，企业通常选择扩大投资规模；若资本成本高于预期回报率，则考虑缩减投资规模。[②] 成功的金融资产投资虽然能够带来可观的经济回报，但也不一定保证稳赚不赔。虽然供给不足型企业对高回报投资收益有着更强烈的渴求，但高回报也往往意味着高风险，考虑到本金的安全，在金融资产投资方面会显得更加谨慎。

可见，供给过度型错配企业会通过投资替代效应对创新投入形成抑制，而对供给不足型错配企业投资替代效应的影响有限。由此，提出以下假设：

H5-4：供给过度型错配通过加剧投资替代效应进而抑制创新投入。

第二节 研究设计

一 样本选择与数据来源

本书以 2011—2020 年中国制造业 A 股上市公司为研究样本。公司治理和融资约束的相关数据来源于国泰安 CSMAR 数据库，其余数据来源于 WIND 金融数据库。为降低极端值的不良影响，本书对所有连续变量进行了上下 1% 水平的缩尾处理。剔除 ST 类公司和主要变量缺失的样本后，共涵盖 19106 个样本观测值。

二 变量定义与度量

本章中所涉及的被解释变量、解释变量及控制变量与上章基本相同，

[①] 覃家琦、杨雪、陈艳等：《再融资监管促进企业理性投资了吗？——来自中国上市公司的证据》，《金融研究》2020 年第 5 期。

[②] 陈艳、谭越、杨文青：《金融发展如何影响实体企业投资——基于融资约束与投资理性视角的分析》，《财务研究》2021 年第 3 期。

此处将不再冗述，重点针对机制研究中所涉及的中介变量的度量方法进行阐释。

（一）被解释变量

创新投入（Rd）：与前文相同，本文选择研发支出占总资产的比重反映企业创新投入程度。

（二）解释变量

金融资源错配（Fm）：本文使用企业的债务资金成本对所在行业平均成本偏离百分比的绝对值来衡量金融资源错配的程度，取值越大，说明金融资源供给不足型错配或供给过度型错配的程度越高。同时，为了分别研究供给不足型错配和供给过度型错配对企业创新的不同影响机制，本书还以债务资金使用成本与所在行业平均资金使用成本的差值构建了金融资源错配类型（$Fmtype$）这一变量，若该变量取值大于 0，说明该企业债务资金的使用成本高于均衡状态下的利率水平，则认为该企业存在供给不足型错配；反之则存在供给过度型错配。

（三）中介变量

融资约束（WW）：现有文献对融资约束的度量主要有企业投资或现金持有行为对现金流敏感度度量法、指数度量法和公司特征替代变量度量法。投资（现金）—现金流敏感系数与融资约束程度不一定单调相关，指数度量法下 SA 指数仅考虑了企业规模和年龄两个因素，WW 指数相比 KZ 指数不但考虑企业自身的财务状况，还将外部行业特征也纳入考量范围，并剔除了 Tobin Q 提高了计算结果的准确性。本书沿用 Whited 和 Wu 的方法构建 WW 指数[①]，用以衡量制造业企业融资约束程度（WW）。该指标越大，融资约束程度越高。

寻租活动（$Rent$）：目前学术界对企业寻租活动程度的度量普遍存在两种方式，第一种使用管理费用中与寻租活动高度相关的腐败支出作为寻租活动的代理变量，如 Cai 等使用招待费和差旅费对腐败寻租活动进行

[①] Toni M. Whited and Guojun Wu, "Financial Constraints Risk", *The Review of Financial Studies*, Vol. 19, No. 2, 2006, pp. 531–559.

了度量[1]、黄玖立和李坤望使用人均招待费对寻租进行了度量[2]，这种方法需要先从财务报表中找到与寻租相关的管理费用明细科目，并对费用金额进行加总。另一种因受制于寻租费用数据收集的难度而使用超额管理费用作为测度企业寻租活动的代理变量[3]，但这种度量方式存在以下问题：其一，计算出的超额管理费用中不但包含了企业进行非生产经营活动的寻租费用，还可能包含企业高管过度的在职消费支出；其二，由于计算中使用了回归残差法难免存在量化误差；其三，由于本书以研发支出度量创新程度，而研发支出中的费用化部分本身就会计入管理费用，二者存在高度正相关关系。因此，为了相对准确地直接反映企业用于寻租活动的支出规模，最终本书使用第一种度量方式，并参考黄玖立和李坤望、陈骏和徐捍军的做法[4]。第一步，在国泰安数据库中下载制造业上市公司管理费用明细科目下的金额，按照陈冬华等提出的与寻租活动高度相关的明细科目名称[5]，将凡是明细科目中出现"办公费、差旅费、业务招待费、交通费、车费、董事会费、会议费和出国培训费"等关键词的条目进行筛选，按照公司对应年度进行加总，得到寻租支出。第二步，将寻租支出除以当年员工总人数，计算出当年人均寻租支出；最终以对数化后的人均寻租支出作为度量寻租费用的代理变量（Rent），该指标越大，寻租程度越高。

金融资产投资（Fi）：投资替代效应主要表现为企业更倾向于投资

---

[1] H. Cai, H. Fang and Alc Xu, "Eat, Drink, Firms and Government: An Investigation of Corruption from Entertainment and Travel Costs of Chinese Firms", *Food & Machinery*, Vol. 54, No. 1, 2011, pp. 55 – 78.

[2] 黄玖立、李坤望：《吃喝、腐败与企业订单》，《经济研究》2013年第6期。

[3] 杜兴强、陈韫慧、杜颖洁：《寻租，政治联系与"真实"业绩——基于民营上市公司的经验证据》，《金融研究》2010年第10期；申宇、傅立立、赵静梅：《市委书记更替对企业寻租影响的实证研究》，《中国工业经济》2015年第9期；王新红、薛泽蓉、张行：《基于两阶段DEA模型的混合所有制企业创新效率测度研究——基于制造业上市企业的经验数据》，《科技管理研究》2018年第14期。

[4] 黄玖立、李坤望：《吃喝、腐败与企业订单》，《经济研究》2013年第6期；陈骏、徐捍军：《企业寻租如何影响盈余管理》，《中国工业经济》2019年第12期。

[5] 陈冬华、陈信元、万华林：《国有企业中的薪酬管制与在职消费》，《经济研究》2005年第2期。

短期增值能力更强的资产，由于金融资产投资符合这一典型特征，因此将其作为中介变量反映投资替代效应①。参考彭俞超和黄志刚、肖崎和廖鸿燕对金融资产投资程度的度量方法②，将资产负债表中的交易性金融资产、买入返售金融资产、可供出售金融资产、持有至到期投资、发放贷款及垫款、金融衍生品、长期股权投资和投资性房地产等科目当期金额加总，以当期资产总额进行标准化，最终将这一比值度量企业金融资产投资程度（Fi），该指标越大，说明企业金融资产投资的比重越大。

（四）控制变量

根据微观企业创新研究，本书选取了以下控制变量：企业规模（$Size$，期末资产总额取自然对数）：年龄（Age，经营年限）、总资产净利率（Roa，净利润除以平均资产总额）、资产负债率（Lev，期末负债总额除以总资产）、现金流量（Cf，当年经营活动的现金流量净额除以总资产）、销售费用率（$Market$，销售费用除以营业总收入）、技术人员占比（$Tecstaff$，技术人员占员工总数比重）。

本节变量定义及说明如表 5-1 所示。

表 5-1　　　　　　　　　　　主要变量定义

变量类型	变量名称	变量符号	变量定义
被解释变量	创新投入	Rd	研发支出÷总资产
解释变量	金融资源错配	Fm	债务资金成本对所在行业平均成本偏离百分比的绝对值

---

① 企业引进物化形态的技术，表现为固定资产的增加，这在一定程度上也会对自主创新投资造成挤占，但由于固定资产属于经营性资产，与投资性资产相比，固定资产规模包含的因素更为复杂，因此本书仅选择金融资产投资作为检验投资替代效应的中介变量。

② 彭俞超、黄志刚：《经济"脱实向虚"的成因与治理：理解十九大金融体制改革》，《世界经济》2018 年第 9 期；肖崎、廖鸿燕：《企业金融化对宏观经济波动的影响——基于杠杆率的中介效应研究》，《国际金融研究》2020 年第 8 期。

续表

变量类型	变量名称	变量符号	变量定义
中介变量 MV	融资约束	WW	通过欧拉方程构建 WW 指数
	寻租活动	Rent	人均寻租支出对数化
	金融资产投资	Fi	(交易性金融资产+买入返售金融资产+可供出售金融资产+持有至到期投资+发放贷款及垫款+金融衍生品+长期股权投资+投资性房地产)÷总资产
控制变量	规模	Size	资产总额对数化
	年龄	Age	经营年限
	总资产净利率	Roa	净利润÷平均资产总额
	资产负债率	Lev	负债总额÷总资产
	现金流量	Cf	经营活动的现金流量净额÷总资产
	销售费用率	Market	销售费用÷营业收入
	技术人员占比	Tecstaff	技术人员数量÷员工总数
固定效应	年度	Year	年度固定效应
	行业	Industry	行业固定效应

三 模型设定

为了检验金融资源错配会通过融资约束效应、寻租挤占效应和投资替代效应进而影响企业创新投入，本书参考温忠麟等有关中介效应的检验程序①，构建以下面板固定效应模型，逐步检验回归系数的显著性。

$$Rd_{i,t} = \alpha_0 + \alpha_1 Fm_{i,t} + \alpha_2 \sum Ctrls_{i,t} + \eta Year_{i,t} + \lambda Industry_{i,t} + \varepsilon_{i,t} \quad (5.1)$$

$$MV_{i,t} = \beta_0 + \beta_1 Fm_{i,t} + \beta_2 \sum Ctrls_{i,t} + \eta Year_{i,t} + \lambda Industry_{i,t} + \varepsilon_{i,t} \quad (5.2)$$

$$Rd_{i,t} = \gamma_0 + \gamma_1 Fm_{i,t} + \gamma_2 MV_{i,t}$$

---

① 温忠麟、方杰、谢晋艳等：《国内中介效应的方法学研究》，《心理科学进展》2022年第8期。

$$+ \gamma_3 \sum Ctrls_{i,t} + \eta Year_{i,t} + \lambda Industry_{i,t} + \varepsilon_{i,t} \qquad (5.3)$$

其中，模型（5.1），用于检验金融资源供给不足型错配或供给过度型错配对企业创新投入的总效应，由 α_1 反映；构建模型（5.2），用于检验金融资源供给不足型错配或供给过度型错配分别对中介变量①（MV）的影响，影响效应由 β_1 反映；构建模型（5.3），用于检验中介变量（MV）对企业创新投入的间接效应，由 γ_2 反映。模型中的控制变量（$Ctrls$）与模型（4.1）相同，同时控制了年度效应和行业效应。

第三节　实证结果分析

一　描述性统计分析

为了能够清晰地反映不同金融资源错配类型的样本主要变量的描述性统计结果，本书按错配类型对全样本进行了分组，统计结果如表 5-2 所示。

表 5-2　　　　　　　　主要变量按错配类型分组检验

VarName	供给不足型错配			供给过度型错配			均值 T 检验	中位数 Z 检验
	Obs	Mean	Median	Obs	Mean	Median		
Rd	10241	0.022	0.019	8814	0.027	0.024	-18.060***	-18.776***
Fm	10241	0.730	0.572	8814	0.550	0.539	19.783***	15.705***
WW	7687	-1.010	-1.011	5295	-1.022	-1.018	9.641***	8.688***
$Rent$	8539	0.012	0.007	7355	-0.015	-0.009	4.422***	4.034***
Fi	10241	0.049	0.017	8814	0.056	0.019	-6.384***	-3.836***

注：*、**、*** 分别表示 10%、5%、1% 水平显著。

从样本量来看，存在供给不足型错配的企业数量明显多于供给过度

---

① 中介变量具体由融资约束（WW）、寻租活动（$Rent$）和金融资产投资（Fi）分别表示。

型错配的企业数量。供给不足型错配组中企业创新投入（Rd）的均值和中位数均显著低于供给过度型错配组。供给不足型错配组金融资源错配（Fm）的均值和中位数均显著高于供给过度型错配组取值，说明供给不足型错配组比供给过度型错配组的错配程度更加严重。供给不足型错配组融资约束（WW）的均值和中位数均显著大于供给过度型错配组，说明供给不足型错配组比供给过度型错配组面临的融资约束更强。供给不足型错配组寻租活动（$Rent$）的均值和中位数均显著高于供给过度型错配组，说明供给不足型错配组为寻租活动发生的支出比供给过度型错配组更多。供给不足型错配组金融资产投资（Fi）的均值和中位数均显著低于供给过度型错配组，说明存在供给过度型错配的企业金融资产投资更多。以上结果初步说明，在供给不足型错配组与供给过度型错配组中，错配程度影响企业创新投入所依赖的机制很可能存在差异。

二　相关性分析

为了初步检验金融资源错配对融资约束、寻租活动和金融资产投资的影响，以及融资约束、寻租活动和金融资产投资对企业创新投入的影响，本书对模型中的主要变量进行了 Pearson 相关性检验，检验结果如表5-3所示。可以看出模型（5.2）中除金融资产投资（Fi）与控制变量技术人员占比（$Tecstaff$）的相关系数不显著以外，其他中介变量与控制变量之间的 Pearson 相关系数都在10%水平内具有显著关系，这表明将这些变量加入模型（5.2）加以控制具有一定合理性。此外，解释变量与解释变量和其他控制变量、控制变量与其他控制变量之间的 Pearson 相关系数均低于0.4，低于学术界公认的共线性判断标准，表明回归模型中各变量间不存在严重的共线性问题。

三　基准回归分析

为了清晰反映不同类型金融资源错配对企业创新投入影响机制的差异，本小节将按照错配类型对其影响机制进行分别验证和呈现。

表 5-3　主要变量相关系数矩阵

Variables	Rd	Fm	WW	Rent	Fi	Size	Age	Roa	Lev	Cf	Market	Tecstaff
Rd	1.000											
Fm	−0.002*	1.000										
WW	−0.061***	0.221***	1.000									
Rent	−0.016	0.037***	0.057***	1.000								
Fi	−0.107***	−0.014*	−0.017*	0.003	1.000							
Size	−0.215***	−0.182***	−0.527***	−0.119***	0.103***	1.000						
Age	−0.136***	−0.072***	−0.101***	−0.048***	0.184***	0.254***	1.000					
Roa	0.106***	−0.040***	−0.346***	0.036***	−0.025***	0.000	−0.078***	1.000				
Lev	−0.128***	−0.060***	−0.178***	−0.055***	−0.087***	0.382***	0.111***	−0.297***	1.000			
Cf	0.160***	0.002	−0.285***	−0.107***	−0.029***	−0.013*	0.008	0.381***	−0.161***	1.000		
Market	0.110***	0.025***	0.095***	0.069***	0.067***	−0.092***	0.024***	0.058***	−0.185***	0.062***	1.000	
Tecstaff	0.372***	0.020***	−0.017***	0.159***	0.010	−0.053***	−0.057***	0.009	−0.107***	−0.063***	0.003	1.000

注：*、**、*** 分别表示 10%、5%、1% 水平显著。

表 5–4　供给不足型错配对创新投入的中介效应

机制	融资约束效应			寻租挤占效应			投资替代效应		
Variables	(1) $Rd_{i,t}$	(2) $WW_{i,t}$	(3) $Rd_{i,t}$	(4) $Rd_{i,t}$	(5) $Rent_{i,t}$	(6) $Rd_{i,t}$	(7) $Rd_{i,t}$	(8) $Fi_{i,t}$	(9) $Rd_{i,t}$
$Fm_{i,t}$	-0.0016***	0.0086***	-0.0012***	-0.0014***	0.0847***	-0.0013***	-0.0015***	0.0003	-0.0015***
	(-7.59)	(11.68)	(-6.49)	(-7.70)	(4.20)	(-7.48)	(-8.39)	(0.29)	(-8.42)
$WW_{i,t}$			-0.0432***						
			(-7.98)						
$Rent_{i,t}$						-0.0020***			
						(-5.43)			
$Fi_{i,t}$									-0.0218***
									(-12.84)
$Size_{i,t}$	-0.0014***	-0.0487***	-0.0035***	-0.0018***	-0.0620***	-0.0019***	-0.0032***	0.0074***	-0.0030***
	(-7.82)	(-124.73)	(-10.75)	(-9.72)	(-6.36)	(-10.13)	(-18.90)	(10.18)	(-17.99)
$Age_{i,t}$	-0.0002***	0.0007***	-0.0002***	-0.0003***	-0.0040**	-0.0003***	-0.0004***	0.0021***	-0.0004***
	(-7.35)	(9.60)	(-6.47)	(-7.94)	(-2.20)	(-8.03)	(-13.08)	(14.28)	(-11.63)
$Roa_{i,t}$	0.0170***	-0.2424***	0.0065**	0.0191***	0.3530**	0.0194***	0.0241***	-0.0315**	0.0234***
	(5.90)	(-33.14)	(2.06)	(6.98)	(2.32)	(7.15)	(8.98)	(-2.62)	(8.75)

续表

机制	融资约束效应			寻租挤占效应			投资替代效应	
$Lev_{i,t}$	−0.0011	0.0313***	0.0003	0.0005	−0.2108***	0.0003	0.0043***	−0.0531***	0.0031***
	(−1.08)	(12.96)	(0.27)	(0.50)	(−3.68)	(0.28)	(4.53)	(−10.35)	(3.32)
$Cf_{i,t}$	0.0257***	−0.0997***	0.0214***	0.0254***	−1.3154***	0.0240***	0.0312***	−0.0610***	0.0298***
	(9.10)	(−16.00)	(7.44)	(9.25)	(−8.25)	(8.71)	(11.29)	(−5.23)	(10.86)
$Market_{i,t}$	0.0261***	0.0074	0.0264***	0.0267***	0.5115***	0.0272***	0.0290***	0.0528***	0.0302***
	(7.97)	(1.27)	(8.13)	(8.72)	(3.78)	(8.91)	(9.70)	(4.11)	(10.13)
$Tecstaff_{i,t}$	0.0246***	−0.0103***	0.0241***	0.0267***	1.5438***	0.0283***	0.0298***	−0.0017	0.0298***
	(12.99)	(−2.89)	(12.85)	(14.13)	(16.85)	(14.77)	(15.87)	(−0.23)	(15.99)
$Constant$	0.0511***	0.0519***	0.0533***	0.0582***	9.7378***	0.0683***	0.0904***	−0.1372***	0.0874***
	(13.23)	(6.33)	(13.85)	(15.17)	(46.79)	(16.53)	(26.00)	(−9.21)	(25.19)
行业、年度	Yes	Yes	Yes	Yes	Yes	Yes	Yes	Yes	Yes
N	7687	7687	7687	8539	8539	8539	10241	10241	10241
$Adj\text{-}R^2$	0.291	0.795	0.297	0.293	0.165	0.296	0.332	0.084	0.340
Sobel 检验	间接效应 −0.0004***			间接效应 −0.0002**			间接效应 0.0000		
	直接效应 −0.0012***			直接效应 −0.0013***			直接效应 −0.0015***		

注：*、**、*** 分别表示 10%、5%、1% 水平显著。括号内为稳健标准误调整的 t 统计量。

表 5-5　供给过度型错配对创新投入的遮掩效应

机制	融资约束效应			投资替代效应			寻租挤占效应		
Variables	(1) $Rd_{i,t}$	(2) $WW_{i,t}$	(3) $Rd_{i,t}$	(4) $Rd_{i,t}$	(5) $Fi_{i,t}$	(6) $Rd_{i,t}$	(7) $Rd_{i,t}$	(8) $Rent_{i,t}$	(9) $Rd_{i,t}$
$Fm_{i,t}$	-0.0002	-0.0058**	-0.0003**	-0.0005	0.0085***	0.0002*	-0.0005	-0.0553	-0.0005
	(-0.25)	(-2.17)	(-2.09)	(-1.14)	(3.04)	(1.94)	(-1.35)	(-1.37)	(-1.53)
$WW_{i,t}$			-0.0257***						
			(-5.72)						
$Fi_{i,t}$						-0.0233***			
						(-3.03)			
$Rent_{i,t}$									-0.0027***
									(-7.25)
$Size_{i,t}$	-0.0006***	-0.0474***	-0.0004***	-0.0026***	0.0089***	-0.0023***	-0.0011***	-0.0696***	-0.0012***
	(-2.69)	(-86.43)	(-8.84)	(-13.28)	(11.92)	(-11.98)	(-5.38)	(-6.02)	(-5.97)
$Age_{i,t}$	-0.0002***	0.0004***	-0.0002***	-0.0003***	0.0019***	-0.0003***	-0.0002***	-0.0001	-0.0002***
	(-3.81)	(4.68)	(-6.49)	(-9.10)	(11.14)	(-8.05)	(-4.63)	(-0.00)	(-4.62)
$Roa_{i,t}$	0.0265***	-0.2012***	0.0171***	0.0229***	-0.0195	0.0222***	0.0276***	0.6394***	0.0287***
	(5.75)	(-19.55)	(5.64)	(5.97)	(-1.21)	(5.81)	(6.64)	(3.38)	(6.85)

续表

机制	融资约束效应			投资替代效应			寻租挤占效应	
$Lev_{i,t}$	-0.0021	0.0071*	-0.0017*	0.0103***	-0.0107***	0.0085***	0.0036***	0.0033**
	(-1.51)	(1.94)	(-1.93)	(8.01)	(-10.78)	(6.54)	(2.69)	(2.49)
$Cf_{i,t}$	0.0271***	-0.0742***	0.0253***	0.0430***	-0.0615***	0.0418***	0.0329***	0.0305***
	(7.01)	(-8.22)	(9.91)	(12.64)	(-4.54)	(12.34)	(9.05)	(8.32)
$Market_{i,t}$	0.0425***	0.0110*	0.0351***	0.0471***	0.0389***	0.0478***	0.0469***	0.0480***
	(11.09)	(1.86)	(13.27)	(14.16)	(2.92)	(14.41)	(13.74)	(14.08)
$Tecstaff_{i,t}$	0.0378***	-0.0167***	0.0310***	0.0501***	0.0096	0.0502***	0.0471***	0.0498***
	(15.22)	(-4.29)	(18.76)	(22.49)	(1.22)	(22.61)	(20.35)	(20.87)
Constant	0.0270***	0.0358***	0.0427***	0.0686***	-0.1757***	0.0646***	0.0362***	0.0527***
	(5.98)	(3.28)	(13.83)	(17.40)	(-11.16)	(16.27)	(8.19)	(10.83)
行业、年度	Yes	Yes	Yes	Yes	Yes	Yes	Yes	Yes
N	5295	5295	5295	8814	8814	8814	7355	7355
$Adj-R^2$	0.323	0.815	0.329	0.355	0.110	0.365	0.342	0.347
Sobel 检验	间接效应 0.0002**			间接效应 -0.0002**			间接效应 0.0002	
	直接效应 -0.0003**			直接效应 0.0002*			直接效应 -0.0005	

注:*、**、***分别表示10%、5%、1%水平显著。括号内为稳健标准误调整的 t 统计量。

(一) 供给不足型错配对企业创新投入的影响机制

根据理论分析部分提出的假设，本书认为供给不足型错配将通过加剧融资约束效应和寻租挤占效应进而抑制了企业创新投入。为了保证每种效应检验时的样本量相同，每一种效应均对模型 (5.1)、模型 (5.2) 和模型 (5.3) 的回归结果进行了列示。此外，虽然理论分析部分认为，供给不足型错配并未通过加剧投资替代效应抑制创新投入，但为了与供给过度型错配的影响机制进行对比，本文也在表 5-4 中最后 3 列对回归结果进行了呈现。

表 5-4 前 3 列反映了以融资约束 (WW) 为中介变量的回归结果，其中第 1 列显示，供给不足型错配对企业创新投入的总效应为 -0.0016，且在 1% 水平下显著为负。第 2 列显示，供给不足型错配企业其错配程度 (Fm) 对融资约束 (WW) 的影响系数在 1% 水平下显著为正，说明供给不足型错配会加剧企业所面临的融资约束。第 3 列显示，融资约束 (WW) 对创新投入 (Rd) 的影响系数在 1% 水平下显著为负，说明融资约束程度越高对企业创新投入的抑制作用越强。同时 Sobel 检验发现，融资约束的间接效应约为 -0.0004，且在 1% 水平下显著。可见，供给不足型错配会通过加剧企业的融资约束进而对企业创新投入产生抑制作用，假设 H5-1 得到验证。

表 5-4 第 4 列显示，供给不足型错配对企业创新投入的总效应在 1% 水平下显著为负。第 5 列显示，供给不足型错配 (Fm) 对寻租活动 ($Rent$) 的影响系数在 1% 水平下显著为正，说明供给不足型错配程度越高越会增加企业在寻租活动方面的开支。第 6 列显示，寻租活动 ($Rent$) 对企业创新 (Rd) 的影响系数在 1% 水平下显著为负，说明寻租程度越高，对企业创新投入的抑制作用越强。同时 Sobel 检验发现，寻租活动的间接效应约为 -0.0002，且在 5% 水平下显著。可见，供给不足型错配会通过增加企业的寻租费用进而对企业创新投入产生挤占效应，假设 H5-3 得到验证。

表 5-4 第 7 列显示，供给不足型错配对企业创新投入的总效应在 1% 水平下显著为负。但第 8 列显示，供给不足型错配 (Fm) 对金融资产投资 (Fi) 的影响系数不显著，说明当企业发生供给不足型错配时，

并不会增加企业的金融资产投资，二者之间无显著影响关系。即使第9列显示，金融资产投资（Fi）对企业创新投入（Rd）的影响系数在1%水平下显著为负，金融资产投资程度越高对企业创新投入的替代效应越强，但依然无法得到供给不足型错配可以通过加剧投资替代效应进而抑制创新投入的结论。同时 Sobel 检验发现，金融资产投资的间接效应不显著，可见投资替代效应不是供给不足型错配影响企业创新投入的机制。

（二）供给过度型错配对企业创新投入的影响机制

根据理论分析部分提出的假设，本书认为供给过度型错配将同时通过缓解融资约束效应和加剧投资替代效应进而对企业创新投入产生影响，供给过度型错配对创新投入的影响方向取决于两种反向作用力的博弈。为了保证每种效应检验时的样本量相同，每一种效应均对模型（5.1）、模型（5.2）和模型（5.3）的回归结果进行了列示。此外，虽然理论分析部分认为，供给过度型错配并未通过加剧寻租挤占效应而影响创新，但为了与供给不足型错配的影响机制进行对比，本文依然在表 5-5 中最后 3 列对回归结果进行了呈现。

表 5-5 前 3 列反映了以融资约束（WW）为中介变量的回归结果，其中第 1 列显示，供给过度型错配对企业创新投入的总效应不显著，这未必说明供给过度型错配对创新投入不会产生任何影响，而很有可能由于模型中直接效应 γ_1 与间接效应 $\gamma_2 \beta_1$ 符号相反，或存在两条影响机制，这两条机制的间接效应符号相反，故而导致模型（5.1）中的总效应 α_1 不显著。[①] 第 2 列显示，供给过度型错配（Fm）对融资约束（WW）的影响系数在 5% 水平下显著为负，说明供给不足型错配程度越高企业所面临的融资约束越能得到缓解。第 3 列显示，金融资源错

---

① David P. MacKinnon, Jennifer L. Krull and Chondra M. Lockwood, "Equivalence of the Mediation, Confounding and Suppression Effect", *Prevention Science*, Vol. 7, No. 4, 2000, pp. 173 – 181; Xinshu Zhao, John G. Lynch Jr and Qimei Chen, "Reconsidering Baron and Kenny: Myths and Truths About Mediation Analysis", *Journal of Consumer Research*, Vol. 37, No. 2, 2010, pp. 197 – 206.

配（Fm）对创新投入的直接效应在5%水平下显著为负[1]，融资约束（WW）对创新投入（Rd）的影响系数在1%水平下显著为负，说明融资约束程度越高对企业创新投入的抑制作用越强。结合模型（5.2）即第2列的回归结果可知融资约束的间接效应显著为正，此时直接效应与间接效应符号恰好相反，且作用力相当，因而导致第1列金融资源错配对企业创新投入的总效应不显著。采用Sobel检验发现，融资约束的间接效应为0.0002，且在5%水平下显著。可见，供给过度型错配会通过缓解企业面临的融资约束进而对企业创新投入产生促进作用，假设H5-2得到验证。由于检验过程中，直接效应γ_1与间接效应$\gamma_2\beta_1$符号恰好相反，融资约束的缓解在供给过度型错配对企业创新投入的影响机制中表现为遮掩效应。

表5-5第4列显示，供给过度型错配对企业创新投入的总效应依然不显著。第5列显示，供给过度型错配（Fm）对金融资产投资（Fi）的影响系数在1%水平下显著为正，说明当企业发生供给过度型错配时，错配程度越高越会增加企业对金融资产的配置。第6列显示，金融资源错配（Fm）对创新投入的直接效应在10%水平下显著为正[2]，金融资产投资（Fi）对企业创新投入（Rd）的影响系数在1%水平下显著为负，说明金融资产投资越多，对企业创新投入的替代效应越强。结合模型（5.2）即第5列的回归结果可知金融资产投资的间接效应显著为负，此时直接效应与间接效应符号恰好相反，因而导致第4列金融资源错配对企业创新投入的总效应并不显著。采用Sobel检验发现，金融资产投资的间接效应为-0.0002，且在5%水平下显著。可见，供给过度型错配会通过加剧投资替代效应进而对企业创新投入产生抑制，且金融资产投资加剧在供给过度型错配影响企业创新投入的机制中也表现为遮掩效应，假设H5-4得到验证。

表5-5第7列显示，供给过度型错配对企业创新的总效应不显著。

---

[1] 说明这部分直接效应中还可能包含着通过其他机制传导的间接效应，如理论分析中所提出的投资替代效应，且符号与预测的投资替代效应的负向影响符号相同。

[2] 说明这部分直接效应中还可能包含着融资约束效应，且符号与预测的融资约束效应的正向影响符号相同。

第8列显示，供给过度型错配（Fm）对寻租活动（$Rent$）的影响系数也不显著，说明存在供给过度型错配的企业，如具备天然政治优势的国有企业，无须为了维持目前的信贷优惠而进行过度的寻租活动。[①] 即使第9列显示，寻租活动（$Rent$）对企业创新投入（Rd）在1%水平下具有抑制作用，依然无法得到供给过度型错配可以通过加剧寻租挤占效应进而抑制创新投入的结论。同时 Sobel 检验发现，寻租活动的间接效应不显著，可见寻租挤占效应并不是供给过度型错配影响企业创新投入的机制。

综上所述，金融资源供给不足型错配与供给过度型错配对企业创新投入的影响机制存在差异：供给不足型错配主要通过加剧融资约束效应和寻租替代效应，进而对企业创新投入产生抑制作用，融资约束和寻租活动在供给不足型错配对企业创新投入的影响中表现为中介效应；而供给过度型错配主要通过缓解融资约束效应进而促进了创新投入，同时通过加剧投资替代效应抑制了创新投入。由于二者的作用力相反，相互抵消后在一定程度上造成总效应被遮掩，融资约束和金融资产投资在供给过度型错配对企业创新投入的影响中表现为遮掩效应。基于金融资源错配的不同类型，剖析并验证错配对企业创新投入影响机制的差异，进一步明确了融资约束效应、寻租挤占效应和投资替代效应的作用对象，研究结论为下一步寻找缓解金融资源错配抑制企业创新的路径与策略提供了应对思路。

四 稳健性检验

为保证基准回归结果的稳健性，本书将采用以下四种方式对所提出的理论假设进行稳健性检验。

（一）更换检验方法

本书采用 Bootstrap 抽样法对供给不足型错配对企业创新投入的影响机制进行检验，抽样次数为1000次，运行结果如表5-6所示。融资约束

[①] 黎文靖：《所有权类型、政治寻租与公司社会责任报告：一个分析性框架》，《会计研究》2012年第1期。

（WW）在供给不足型错配影响创新投入的间接效应在1%水平下显著为负，寻租活动（Rent）在供给不足型错配影响创新投入的间接效应在5%水平下显著为负。检验结果再次说明供给不足型错配通过加剧融资约束效应和寻租替代效应进而抑制了企业创新投入。

表 5-6　Bootstrap 法下供给不足型错配对创新投入的中介效应检验

MV	Type	Effect	Z	P	LLCI	ULCI
融资约束	Indirect	-0.0004	-6.88***	0.000	-0.00035	-0.00020
（WW）	Direct	-0.0012	-3.56***	0.000	-0.00121	-0.00035
寻租活动	Indirect	-0.0002	-2.40**	0.016	-0.00084	-0.00001
（Rent）	Direct	-0.0013	-3.44***	0.001	-0.00126	-0.00002

注：MV 表示中介变量。SE 表示标准误。LLCI、ULCI 分别表示 95% 置信区间的最低值和最高值。

本书采用 Bootstrap 抽样法对供给过度型错配对企业创新投入的影响机制进行检验，抽样次数为 1000 次，运行结果如表 5-7 所示。融资约束（WW）在供给过度型错配影响创新投入的间接效应在 1% 水平下显著为正，而金融资产投资（Fi）在供给过度型错配影响创新投入的间接效应在 5% 水平下显著为负，二者作用方向相反。检验结果再次印证了基准回归结果。

表 5-7　Bootstrap 法下供给过度型错配对创新投入的遮掩效应检验

MV	Type	Effect	Z	P	LLCI	ULCI
融资约束	Indirect	0.0002	2.64***	0.008	0.00002	0.00013
（WW）	Direct	-0.0003	-2.31**	0.021	-0.00140	-0.00011
金融资产	Indirect	-0.0002	-2.53**	0.011	-0.00014	-0.00002
投资（Fi）	Direct	0.0002	1.95*	0.051	-0.00000	0.00212

注：MV 表示中介变量。SE 表示标准误。LLCI、ULCI 分别表示 95% 置信区间的最低值和最高值。

(二) 替换中介变量

为了增强结论的可靠性,本书试图替换中介变量的度量方式重新进行检验。本书使用融资约束指数（KZ）、新增人均寻租费用的自然对数（$Nrent$）和金融资产投资总额的自然对数（$Lnfi$）分别对模型（5.1）、模型（5.2）和模型（5.3）中的中介变量 MV（融资约束、寻租活动、金融资产投资）进行替代。回归结果如表 5-8 所示,检验结果与前文结论无实质性差异。

(三) 改变估计样本

本书主要考察的是银行信贷为主的债务融资方式,为排除债券融资对回归结果可能造成的影响,仅对未发行企业债券的样本进行重新检验,检验结果如表 5-9 所示,与前文结论并无差异。

(四) 加入滞后期变量

前文探讨了金融资源错配对融资约束、寻租活动及金融资产投资的影响。然而,融资约束程度较高、寻租程度较高的企业也可能是由于自身要素禀赋等原因,从而造成金融资源供给不足、融资成本偏高。融资约束程度较低、金融资产投资越多的企业可能本身就是自身要素禀赋较好的企业,因此金融资源供给充裕,融资成本偏低。为了避免金融资源错配和中介变量之间存在反向作用的内生性问题,借鉴 Dai 等对中介效应模型中可能存在的反向因果关系的稳健性检验方法将滞后一期的金融资源错配（Lfm）引入模型（5.1）、模型（5.2）和模型（5.3）中[1],如表5-10 所示,检验结果依然稳健。

---

[1] Narisa Tianjing Dai, Fei Du and S. Mark Young, etc, "Seeking Legitimacy through CSR Reporting: Evidence from China", *Journal of Management Accounting Research*, Vol. 30, No. 1, 2018, pp. 1-29.

表 5-8 替换中介变量的稳健性检验

样本组	供给不足型错配						供给过度型错配					
机制	融资约束效应		寻租挤占效应				融资约束效应		投资替代效应			
Variables	(1) $Rd_{i,t}$	(2) $KZ_{i,t}$	(3) $Rd_{i,t}$	(4) $Rd_{i,t}$	(5) $Nrent_{i,t}$	(6) $Rd_{i,t}$	(7) $Rd_{i,t}$	(8) $KZ_{i,t}$	(9) $Rd_{i,t}$	(10) $Rd_{i,t}$	(11) $Lnfi_{i,t}$	(12) $Rd_{i,t}$
$Fm_{i,t}$	-0.0017***	0.1583***	-0.0017***	-0.0017***	0.0897**	-0.0017***	0.0004	-0.3028***	-0.0009**	-0.0007	0.1423***	0.0005*
	(-5.83)	(4.95)	(-6.12)	(-5.59)	(2.21)	(-5.54)	(0.79)	(-7.55)	(-2.17)	(-1.56)	(3.11)	(1.65)
$KZ_{i,t}$			-0.0010***						-0.0010***			
			(-4.90)						(-7.05)			
$Lnrent_{i,t}$						-0.0019***						
						(-2.63)						
$Lnfi_{i,t}$										-0.0010***		
									(-3.57)		
$Size_{i,t}$	-0.0025***	-0.2497***	-0.0023***	-0.0018***	-0.1068***	-0.0018***	-0.0014***	-0.2349***	-0.0016***	-0.0018***	1.1417***	-0.0017***
	(-10.74)	(-15.17)	(-9.56)	(-6.72)	(-4.45)	(-6.90)	(-5.43)	(-12.14)	(-8.84)	(-8.34)	(59.40)	(-3.94)
$Age_{i,t}$	-0.0001***	-0.0012	-0.0001***	-0.0002***	-0.0067	-0.0002***	-0.0002***	0.0012	-0.0001***	-0.0003***	0.0420***	-0.0007***
	(-3.09)	(-0.38)	(-3.07)	(-5.19)	(-1.60)	(-5.24)	(-3.83)	(0.37)	(-5.12)	(-7.54)	(10.20)	(-9.78)
$Roa_{i,t}$	0.0330***	-6.0634***	0.0389***	0.0224***	1.9341***	0.0232***	0.0364***	-5.3841***	0.0434***	0.0240***	-0.6884*	-0.0378***
	(6.71)	(-13.88)	(7.65)	(5.63)	(5.02)	(5.79)	(6.90)	(-12.36)	(10.74)	(5.58)	(-1.81)	(-4.97)

续表

样本组	供给不足型错配							供给过度型错配			
机制	融资约束效应		寻租挤占效应		融资约束效应		供给过度型错配		投资替代效应	
$Lev_{i,t}$	0.0074***	0.0014	0.0010	0.0941	0.0011	0.0087***	5.7195***	-0.0005	0.0068***	-0.1480***	-0.0034***
	(5.49)	(0.80)	(0.73)	(0.67)	(0.75)	(4.93)	(39.30)	(-0.34)	(4.92)	(-6.87)	(-11.09)
$Cf_{i,t}$	0.0286***	0.0427***	0.0305***	-2.4996***	0.0296***	0.0267***	-18.7488***	0.0439***	0.0429***	-0.7731**	0.0056
	(7.71)	(8.80)	(7.65)	(-6.54)	(7.39)	(6.40)	(-54.31)	(11.87)	(11.24)	(-2.19)	(0.89)
$Market_{i,t}$	0.0263***	0.0257***	0.0217***	0.9140***	0.0220***	0.0404***	-0.3859	0.0367***	0.0492***	1.0393***	0.0821***
	(6.87)	(6.81)	(5.50)	(2.74)	(5.58)	(11.42)	(-1.43)	(14.15)	(13.58)	(3.47)	(12.06)
$Tecstaff_{i,t}$	0.0255***	0.0257***	0.0255***	1.2194***	0.0260***	0.0428***	0.5643***	0.0366***	0.0474***	0.5696***	0.1132***
	(11.31)	(11.45)	(9.62)	(6.17)	(9.81)	(16.65)	(3.58)	(20.06)	(20.11)	(3.40)	(25.08)
Constant	0.0673***	0.0629***	0.0583***	8.8314***	0.0617***	0.0389***	4.2887***	0.0465***	0.0503***	-7.6216***	0.0824***
	(13.95)	(12.91)	(10.41)	(17.20)	(10.92)	(7.61)	(10.76)	(12.74)	(11.53)	(-18.24)	(10.84)
行业	Yes	Yes	Yes	Yes	Yes	Yes	Yes	Yes	Yes	Yes	Yes
年度	Yes	Yes	Yes	Yes	Yes	Yes	Yes	Yes	Yes	Yes	Yes
N	5604	5604	8539	8539	8539	5271	5271	5271	8814	8814	8814
$Adj-R^2$	0.280	0.284	0.294	0.164	0.297	0.330	0.683	0.321	0.358	0.402	0.437

注：*、**、***分别表示10%、5%、1%水平显著。括号内为稳健标准误调整的 t 统计量。

表 5–9　改变估计样本的稳健性检验

样本组	供给不足型错配							供给过度型错配				
机制	融资约束效应		寻租挤占效应			融资约束效应		投资替代效应	
Variables	(1) $Rd_{i,t}$	(2) $WW_{i,t}$	(3) $Rd_{i,t}$	(4) $Rd_{i,t}$	(5) $Rent_{i,t}$	(6) $Rd_{i,t}$	(7) $Rd_{i,t}$	(8) $WW_{i,t}$	(9) $Rd_{i,t}$	(10) $Rd_{i,t}$	(11) $Fi_{i,t}$	(12) $Rd_{i,t}$
$Fm_{i,t}$	-0.0015***	0.0075***	-0.0013***	-0.0013***	0.0858***	-0.0013***	0.0001	-0.0055**	-0.0003*	-0.0006	0.0072***	0.0003**
	(-6.57)	(10.58)	(-5.52)	(-6.67)	(3.23)	(-6.53)	(0.22)	(-2.20)	(-1.65)	(-1.25)	(2.83)	(1.96)
$WW_{i,t}$			-0.0455***						-0.0272***			
			(-7.76)						(-5.35)			
$Rent_{i,t}$						-0.0019***						
						(-4.06)						
$Fi_{i,t}$												-0.0159***
												(-2.82)
$Size_{i,t}$	-0.0015***	-0.0488***	-0.0037***	-0.0019***	-0.0900***	-0.0020***	-0.0004	-0.0466***	-0.0023***	-0.0026***	0.0086***	-0.0029***
	(-6.54)	(-92.82)	(-10.39)	(-8.68)	(-7.58)	(-9.08)	(-1.59)	(-71.67)	(-7.56)	(-12.23)	(10.39)	(-8.67)
$Age_{i,t}$	0.0002***	-0.0007***	0.0002***	0.0002***	0.0055***	0.0003***	0.0001***	-0.0003***	0.0002***	0.0003***	-0.0019***	0.0006***
	(6.32)	(-8.21)	(5.53)	(7.14)	(2.91)	(7.24)	(3.06)	(-3.95)	(5.22)	(8.33)	(-10.50)	(10.04)
$Roa_{i,t}$	0.0162***	-0.2398***	0.0053	0.0186***	0.3233**	0.0189***	0.0270***	-0.2028***	0.0176***	0.0236***	-0.0211	-0.0373***
	(5.01)	(-29.09)	(1.52)	(6.22)	(2.00)	(6.34)	(5.51)	(-18.21)	(5.33)	(6.02)	(-1.27)	(-5.62)

续表

样本组	供给不足型错配					供给过度型错配		
机制	融资约束效应		寻租挤占效应		融资约束效应		投资替代效应	
$Lev_{i,t}$	-0.0024**	0.0301***	-0.0010	0.0001	-0.2351***	-0.0001	0.0060	-0.0020**	0.0118***	-0.0105***	-0.0037***
	(-2.23)	(11.35)	(-0.95)	(0.07)	(-3.88)	(-0.14)	(1.51)	(-2.16)	(8.73)	(-9.83)	(-11.33)
$Cf_{i,t}$	0.0260***	-0.1019***	0.0214***	0.0265***	-1.2429***	0.0254***	-0.0772***	0.0262***	0.0447***	-0.0633***	0.0010
	(8.06)	(-14.42)	(6.54)	(8.67)	(-7.12)	(8.26)	(-7.86)	(9.19)	(12.58)	(-4.51)	(0.17)
$Market_{i,t}$	0.0239***	0.0078	0.0242***	0.0256***	0.4757***	0.0260***	0.0132**	0.0355***	0.0471***	0.0350**	0.0806***
	(6.44)	(1.19)	(6.56)	(7.65)	(3.13)	(7.79)	(2.18)	(12.47)	(13.75)	(2.55)	(12.63)
$Tecstaff_{i,t}$	0.0262***	-0.0133***	0.0256***	0.0289***	1.4929***	0.0302***	-0.0191***	0.0325***	0.0516***	0.0122	0.1213***
	(12.33)	(-3.26)	(12.08)	(13.69)	(14.59)	(14.14)	(-4.61)	(17.76)	(22.10)	(1.49)	(27.92)
Constant	-0.4311***	1.4041***	-0.3672***	-0.4422***	-0.6914	-0.4429***	0.6939***	-0.2762***	-0.5342***	3.6075***	-1.1902***
	(-5.59)	(8.55)	(-4.77)	(-6.27)	(-0.18)	(-6.26)	(4.02)	(-4.58)	(-7.37)	(10.00)	(-9.24)
行业	Yes	Yes	Yes	Yes	Yes	Yes	Yes	Yes	Yes	Yes	Yes
年度	Yes	Yes	Yes	Yes	Yes	Yes	Yes	Yes	Yes	Yes	Yes
N	5890	5890	5890	6899	6899	6899	4638	4638	8130	8130	8130
$Adj-R^2$	0.282	0.749	0.290	0.283	0.157	0.285	0.319	0.786	0.306	0.354	0.110	0.434

注：*、**、*** 分别表示10%、5%、1%水平显著。括号内为稳健标准误调整的 t 统计量。

第五章　金融资源错配对企业创新投入的影响机制　125

表 5-10　加入金融资源错配滞后期的稳健性检验

样本组	供给不足型错配						供给过度型错配					
机制	融资约束效应		寻租挤占效应				融资约束效应		投资替代效应			
Variables	(1) $Rd_{i,t}$	(2) $WW_{i,t}$	(3) $Rd_{i,t}$	(4) $Rd_{i,t}$	(5) $Rent_{i,t}$	(6) $Rd_{i,t}$	(7) $Rd_{i,t}$	(8) $WW_{i,t}$	(9) $Rd_{i,t}$	(10) $Rd_{i,t}$	(11) $Fi_{i,t}$	(12) $Rd_{i,t}$
$Lfm_{i,t}$	-0.0014***	0.0078***	-0.0012***	-0.0014***	0.0813*	-0.0014***					0.0076*	-0.0001
	(-6.14)	(7.32)	(-5.39)	(-6.69)	(1.66)	(-6.69)					(1.66)	(0.68)
$WW_{i,t}$			-0.0474***				-0.0006	-0.0501**	-0.0002*	-0.0006		
			(-8.13)				(-1.50)	(-2.08)	(-1.66)	(-1.03)		
$Rent_{i,t}$						-0.0011***			-0.0286***			
						(-5.43)			(-5.67)			
$Fi_{i,t}$												-0.0115**
												(-2.54)
$Size_{i,t}$	-0.0014***	-0.0490***	-0.0037***	-0.0017***	-0.0672***	-0.0018***	-0.0007***	-0.0479***	-0.0026***	-0.0021***	0.0079***	-0.0027***
	(-7.29)	(-116.38)	(-10.47)	(-8.63)	(-6.41)	(-9.07)	(-2.90)	(-100.53)	(-8.72)	(-10.19)	(9.00)	(-7.98)
$Age_{i,t}$	0.0002***	-0.0006***	0.0002***	0.0002***	0.0047**	0.0002***	0.0002***	-0.0003***	0.0002***	0.0003***	-0.0019***	0.0006***
	(6.39)	(-8.82)	(5.52)	(6.95)	(2.56)	(7.07)	(3.59)	(-3.99)	(5.90)	(7.33)	(-10.01)	(9.08)
$Roa_{i,t}$	0.0174***	-0.2466***	0.0057*	0.0175***	0.1320	0.0177***	0.0267***	-0.2005***	0.0167***	0.0224***	-0.0151	-0.0406***
	(5.72)	(-31.30)	(1.70)	(6.17)	(0.81)	(6.25)	(5.39)	(-19.07)	(5.22)	(5.20)	(-0.79)	(-5.38)

续表

样本组	供给不足型错配			供给过度型错配		
机制	融资约束效应	融资约束效应	寻租挤占效应	融资约束效应	融资约束效应	投资替代效应
$Lev_{i,t}$	-0.0004	0.0317***	0.0012	-0.2637***	0.0009	0.0085**	-0.0010	0.0091***	-0.0116***	-0.0035***
	(-0.36)	(12.32)	(1.11)	(-4.29)	(0.83)	(2.31)	(-1.10)	(6.49)	(-10.51)	(-10.78)
$Cf_{i,t}$	0.0274***	-0.0989***	0.0227***	0.0286***	-1.3021***	0.0271***	-0.0762***	0.0267***	0.0409***	-0.0532***	0.0036
	(8.85)	(-14.56)	(7.25)	(9.61)	(-7.57)	(9.10)	(-7.98)	(9.54)	(10.63)	(-3.36)	(0.58)
$Market_{i,t}$	0.0261***	0.0089	0.0265***	0.0261***	0.4915***	0.0267***	0.0093	0.0371***	0.0493***	0.0395**	0.0830***
	(7.91)	(1.45)	(8.12)	(8.51)	(3.39)	(8.71)	(1.55)	(13.02)	(13.74)	(2.53)	(12.33)
$Tecstaff_{i,t}$	0.0257***	-0.0081**	0.0253***	0.0268***	1.5167***	0.0285***	-0.0176***	0.0316***	0.0480***	0.0029	0.1125***
	(12.65)	(-2.24)	(12.59)	(13.55)	(15.40)	(14.28)	(-4.21)	(18.01)	(20.09)	(0.33)	(24.66)
Constant	-0.3997***	1.3315***	-0.3366***	-0.4058***	0.3843	-0.4054***	0.6995***	-0.2913***	-0.4832***	3.7073***	-1.1126***
	(-5.67)	(9.23)	(-4.76)	(-6.12)	(0.10)	(-6.10)	(4.25)	(-5.12)	(-6.53)	(9.61)	(-8.33)
行业	Yes	Yes	Yes	Yes	Yes	Yes	Yes	Yes	Yes	Yes	Yes
年度	Yes	Yes	Yes	Yes	Yes	Yes	Yes	Yes	Yes	Yes	Yes
N	6900	6900	6900	7514	7514	7514	4616	4616	7205	7205	7205
$Adj-R^2$	0.285	0.787	0.291	0.284	0.165	0.285	0.824	0.327	0.310	0.354	0.106	0.425

注：*、**、***分别表示10%、5%、1%水平显著。括号内为稳健标准误调整的 t 统计量。

第四节 本章小结

当前，中国经济发展正处于新旧动能转换的关键时期，以制造业为核心的实体经济高质量发展依赖创新助力，而创新又迫切需要金融的鼎力支持。虽然近年来金融领域供给侧结构性改革在服务实体经济方面持续推进，然而金融资源供给不足与供给过度的结构性错配问题依旧存在。金融资源错配，尤其是不同类型的金融资源错配对企业创新投入的影响机制和路径仍存在分歧，因此有必要对该问题进行深入剖析，以形成明确的理论框架。

本章基于金融资源错配不同类型，分别对供给不足型错配和供给过度型错配影响企业创新投入的机制进行了理论分析，并利用2011—2020年制造业上市公司面板数据，实证检验了不同类型金融资源错配对企业创新投入影响机制的差异。

研究发现，不同类型金融资源错配影响企业创新投入的机制也有所不同：供给不足型错配主要通过加剧融资约束效应和寻租挤占效应进而抑制了企业创新投入，融资约束和寻租活动在供给不足型错配对企业创新投入的影响中表现为中介效应；然而供给过度型错配通过缓解融资约束效应促进企业创新投入的同时，还会通过加剧投资替代效应抑制创新投入，融资约束与金融资产投资在供给过度型错配对企业创新投入的影响中表现为遮掩效应，也恰恰由于同时存在这两种作用力相反的间接效应，使得供给过度型错配对企业创新投入的总效应被遮掩。以上研究，丰富和拓展了金融资源错配影响创新投入的机制研究，同时为下一步就企业微观主体层面，寻找缓解金融资源错配抑制企业创新的策略与方案提供了应对思路。

第 六 章

股权结构特征对金融资源错配与企业创新投入关系的影响

前文确认了金融资源错配对企业创新投入的影响，并明确了不同类型的金融资源错配抑制创新投入的机制。基于以上分析，本章将试图寻找缓解金融资源错配抑制创新投入的路径与方案。

中国实体经济一直面临着在货币供给总量充裕的情况下金融资源配置结构失衡的问题，而解决金融资源错配对企业创新投入的抑制，首先应当分析导致金融资源错配的原因，从根本上对金融资源错配进行纠正。现有文献对中国金融资源错配的成因问题进行了充分的分析与论证，不健全的社会信用体系、不完善的市场机制以及过度的政府干预，成为影响中国金融体系未能发挥市场功能优化资源配置的重要原因，而这些原因归根结底与经济转轨时期中国金融体制的固有缺陷干系重大，因此全方位持续推进金融体制改革是纠正金融资源错配的根本举措。然而，金融体制改革不可能是一蹴而就的，越向后推进难度越大，缓解金融资源错配对企业创新投入的抑制，企业主体不应仅仅寄希望于外部宏观制度层面，而应当集中精力致力于自身制度的完善。

近年来，随着混合所有制改革的持续推进，不同性质股东在国有企业和民营企业中交叉持股、相互融合，使多元化混合式股权结构逐渐成为中国企业重要的股权结构特征。股权结构是企业产权制度的实现形式，股权结构特征反映了现代企业产权制度的健全程度，而产权制度作为企业一切制度的基础决定了企业的组织架构和经营机制。当前在混合所有制改革已进入以"转机制"为重点的全面深化阶段，就企业自身而言，在面临金融资源错配的现实状况下，检验股权结构安排在破除创新障碍方面的作用和效果，对于引导企业通过完善自身制度主动应对创新过程中的金融资源错配问题具有重要意义。

金融资源供给不足型错配会通过加剧融资约束效应和寻租挤占效应进而抑制企业创新投入，而供给过度型错配则会通过加剧投资替代效应抑制企业创新投入。企业股权结构的优化与完善在一定程度上可以削弱融资约束效应、寻租挤占效应以及投资替代效应对企业创新投入的抑制。本章将基于微观企业视角，剖析股权结构对金融资源错配与企业创新投入关系的影响，试图明确以下问题：什么样的股权结构能够缓解金融资源错配对企业创新投入的抑制作用？其缓解作用是否具有异质性？异质性股东制衡是否存在边界？财务类股东是否具有与产业类股东相同的缓解作用？

第一节 理论分析与研究假设

"十二五"规划以来，随着混合所有制改革的深入推进，多元化混合式股权结构已成为中国企业重要且独特的股权结构特征。[①] 多元化混合式股权结构，一方面通过提升内部治理水平，在减少企业对外部融资的过度依赖的同时提升了战略决策的科学性；另一方面则通过提高外部资源的获取能力，增加了企业的外部融资来源，进而缓解金融资源错配对企业创新投入的抑制作用。其中第一条路径，是基于企业内部需求视角发生的效应，本书将其称之为内部治理效应。而第二条路径，是基于企业外部资金供给视角发生的效应，本书将其称之为外部资源效应。[②] 本章的理论框架如图 6-1 所示。

[①] 张志平、凌士显、吕风光：《混合所有制改革背景下异质性大股东治理效应研究——基于并购价值视角的实证分析与检验》，《现代财经·天津财经大学学报》2021 年第 9 期。

[②] 此处的外部资源效应属于广义上的资源效应，特指混合所有制改革实施后为企业带来的外部金融资源的改变。而在资源配置理论中，不同性质股东所拥有的政治背景、管理经验等资源，属于狭义的资源效应。两者存在一定差异。

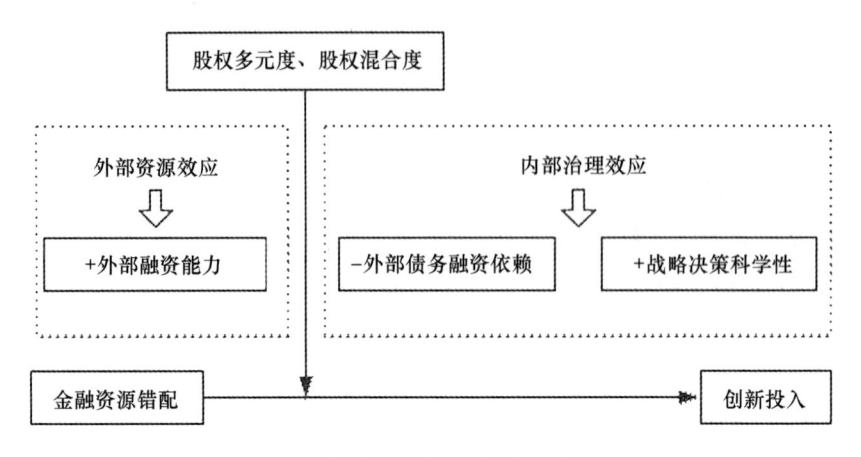

图 6-1 股权结构特征对金融资源错配与创新投入关系的影响

一 内部治理效应

阐释多元化混合式股权结构对公司内部治理的影响，本书将主要基于委托代理理论，先逐一考察多元化混合式股权结构分别对第一类代理问题和第二类代理问题的影响。

委托代理理论认为所有权和经营权分离使得现代企业普遍存在股东与管理层、大股东与小股东之间的两类代理问题。公司治理就是通过一系列规章制度的安排对管理层和大股东进行监督从而降低代理成本，多元化的异质性股权制衡可以被视为一种有效的治理手段。尽管有研究表明，股权集中有助于降低管理层的机会主义倾向，但与此同时也可能伴随着监督过度[1]，以至于挫伤管理层的工作积极性。多元化混合式的股权结构，异质资本融合形成相互制衡的股东结构，由于持股较多的大股东在管理层的寻租行为中损失更多，为了保护自身利益，大股东有动机积

---

[1] Raquel Ortega-Argiles, Rosina Moreno and Jordi Surinach Caralt, "Ownership Structure and Innovation: is There a Real Link?", *The Annals of Regional Science*, Vol. 39, No. 4, 2005, pp. 637–662.

极参与治理。① 随着异质性股东话语权的增加，持股动机和治理需求不同的股东在股东大会上行使自身的投票权，相互制衡的权利使控股股东和异质性大股东对经理人的经营活动形成共同监督，既避免了"一股独大"可能造成的过度监督，又避免了监督人缺位，一定程度上可以相对有效地约束出于利己动机而有损股东利益的管理层行为（如自利掏空、消息管理等行为），减少"内部人"控制问题，降低了第一类代理成本。

此外，具有股权比例优势的股东可以通过竞争形成控制联盟，共享控制权收益。② 然而控制联盟内部也潜藏着暗流，为了实现自身利益最大化，大股东与终极控制人之间的利益关系微妙：既可能发生合谋也可能相互监督，多个大股东间的股权分布可以被视为在多个大股东合谋和对控制股东监督之间的一种权衡。与单一大股东相比，若控制联盟中存在多个大股东，那么当其他条件相同时，股权比例增加可以将控制联盟的成本进行内部化。控制联盟中如果控股股东与其他多个大股东结成合谋集体，将使得终极控制人哪怕拥有较少股权仍可以与其他大股东共同控制整个企业，那么以损害小股东利益为代价的利益攫取行为发生的概率将会很高。尤其当其他大股东与终极控制人性质相同时更易形成利益一致的联盟。除了合谋之外，其他大股东还可以利用自身股权比例的制衡优势对控制股东实施监督，监督过程和监督时效可以对控股股东掠夺资源的动机进行一定程度的抑制。尤其当控股股东与制衡股东股权性质不同时，异质性股东因持股动机和利益需求不同会自发形成相互监督，例如若控制股东和制衡股东分属于国有或非国有性质，会在很大程度上增加他们合谋串通的难度和成本，他们很可能在保证控股股东利益的基础上寻求一定制衡。早前对大股东制衡机制的研究已经基于不同视角论证

---

① 王化成、曹丰、叶康涛：《监督还是掏空：大股东持股比列与股价崩盘风险》，《管理世界》2015 年第 2 期。

② Morten Bennedsen and Daniel Wolfenzon, "The Balance of Power in Closely Held Corporations", *Journal of Financial Economics*, Vol. 58, No. 1 – 2, 2000, pp. 113 – 139.

了股权制衡结构在保护中小股东权益方面的有效性。① 多元化异质性股权混合度越高,制衡力越强,合谋的概率越低,制衡监督有助于限制终极控制人攫取控制权私人收益和损害公司长远利益的决策行为,第二类代理问题也因此得到了缓解。

国外研究普遍认为股权制衡有利于企业完善治理机制,然而国内研究对股权制衡的效果莫衷一是,有研究发现中国企业制衡度高的股权结构并不能制约大股东的掏空行为②(朱红军和汪辉,2004;徐莉萍等,2006),甚至各个大股东在争夺控制权的斗争中还会放松对管理层的监督,增加对中小股东的利益侵害③,以至于代理成本上升。这种研究结论与中国保护中小投资者的法律环境的健全程度不无关系。④ 然而过去10年,中国政府在改善营商环境方面进行了持续改革。《2020年营商环境报告》显示,中国营商环境在世界190个经济体中排第31位,同年世界银行发布的《中国优化营商环境的成功经验》报告指出,随着营商环境的持续改善,中国成为2005年以来进步最为迅猛的大型经济体,尤其近几年各项营商环境指标成绩取得了更为全面的提升,保护中小投资者指标全球排名前进至第28位。因此,随着中国对中小投资者保护的法律环境不断健全,多元化混合式股权结构所带来的不同所有制性质股东协同监督的积极治理作用将会在更大程度上得以发挥。

---

① Marco Pagano and Ailsa Röell, "The Choice of Stock Ownership Structure: Agency Costs, Monitoring, and the Decision to go Public", *The Quarterly Journal of Economics*, Vol. 113, No. 1, 1998, pp. 187-225; Morten Bennedsen and Daniel Wolfenzon, "The Balance of Power in Closely Held Corporations", *Journal of Financial Economics*, Vol. 58, No. 1-2, 2000, pp. 113-139; Armando R. Gomes and Walter Novaes, "Sharing of Control as a Corporate Governance Mechanism", *Available at SSRN 277111*, 2005.

② 朱红军、汪辉:《"股权制衡"可以改善公司治理吗?——宏智科技股份有限公司控制权之争的案例研究》,《管理世界》2004年第10期;徐莉萍、辛宇、陈工孟:《股权集中度和股权制衡及其对公司经营绩效的影响》,《经济研究》2006年第1期。

③ 宋力、韩亮亮:《大股东持股比例对代理成本影响的实证分析》,《南开管理评论》2005年第1期;李明辉:《股权结构、公司治理对股权代理成本的影响——基于中国上市公司2001—2006年数据的研究》,《金融研究》2009年第2期。

④ 冯根福:《双重委托代理理论:上市公司治理的另一种分析框架——兼论进一步完善中国上市公司治理的新思路》,《经济研究》2004年第12期;孙兆斌:《股权集中,股权制衡与上市公司的技术效率》,《管理世界》2006年第7期。

明确了多元化混合式股权结构可以降低代理成本，为企业治理带来的积极作用，接下来将进一步阐释这种治理作用是如何影响金融资源错配与创新投入二者关系的。

第一，减少外部债务融资依赖。股权结构是实现公司有效治理的重要途径，股权结构的调整，可以促进企业加快形成有效的治理机制和灵活的市场化经营机制，带动企业经济效益的整体提升。企业效益提升了，说明企业内部的可分配的利润规模增加了，当企业有投资需求时，便有能力更多使用融资成本最低的内部经营活动产生的资金，从而企业降低对外部债务融资的依赖，一定程度上可以降低外部金融资源错配对创新投入的影响。

此外，有研究表明，债权融资具有杠杆作用，而控股股东却承担着负债所带来的有限财务风险，故而在新兴经济体中，法律约束较为薄弱，上市公司控股股东往往倾向于过度负债。[1] 有时上市公司选择银行贷款的目的并非单纯为了发挥债权的治理作用，而是为了获取信贷资金后再进行转移以增加其可控资源，为其侵占中小股东和债权人利益的掏空行为提供便利。[2] 而这种"隧道行为"又因为上市公司复杂的金字塔结构和交叉持股加剧了债务关系的错综复杂，致使控股股东很难因违约受到惩罚，这恰好成为对控股股东谋取私利的一种变相激励。提高股权多元度和混合度，可以增加对控股股东的制衡作用，进而遏制控股股东借由过度负债谋取私利，负债的减少在一定程度上降低了企业创新投入对外部金融资源错配程度变化的敏感度。

第二，提升战略决策科学性。多元化混合式股权结构所带来的内部治理效应，除了可以降低企业对外部债务融资的过度依赖之外，还会对企业宏观战略和微观策略产生直接的影响。当企业在面临创新决策时，多元化混合式股权结构所带来的治理效应可以完善企业的创新战略决策与创新资源分配机制，使技术创新更符合企业未来可持续发展的要求，

---

[1] Chun Chang, Xin Chen and Guanmin Liao, "What are the Reliably Important Determinants of Capital Structure in China?", *Pacific–Basin Finance Journal*, Vol. 30, 2014, pp. 87–113.

[2] 万良勇：《银行道德风险、利益侵占与信贷资金配置效率——基于中国上市公司的经验证据》，《金融研究》2010年第4期。

优化企业战略目标①，在一定程度上可以降低创新决策对外部金融资源配置的依赖性，从而弱化金融资源错配对创新投入的抑制作用。假如存在两家公司，一家治理机制完善，另一家治理机制欠佳，当两家公司面临同样程度的金融资源错配时，治理机制更加完善的公司，如果遇到符合企业长远发展趋势的优质创新项目，金融资源错配程度将会对该企业创新决策产生更为有限的影响，而另一家治理机制欠佳的公司，对创新项目的识别和决策较为低效，一旦面临金融资源错配将对企业创新决策将会产生更大的负面影响。

二 外部资源效应

资源基础理论认为，难以复制、无可替代的特殊资源为企业在竞争中获得持久优势提供了源源动力。作为获取资源的有效途径，引入异质性股东可以随之为企业带来相匹配的财务与非财务资源，而这些资源可以进一步转化为企业的外部融资能力。创新资金作为重要的要素资源为可持续创新提供了不可或缺的经费支持，创新资金主要来源于股权融资和债权融资两大渠道。

多元化混合式股权结构通过增资扩股等形式引发最直观的财务影响就是为企业注入了新的股本②，使企业筹资活动的现金流入有所增多。根据信号传递理论，企业引入了异质性战略投资者这一消息，将向资本市场传递出关于公司治理方面的积极信号，缓解了企业与投资者的信息不对称，有助于提升投资者对公司未来价值的预期，进一步提升股权融资能力。③ 这些股权融资渠道获得的资金相比债权融资不必过分受制于风险规避的制约，对创新投入的约束作用偏低，股权融资规模的增加，在一定程度上可以替代信贷资源配置对企业创新的影响，从而降低创新投入对金融资源错配的敏感度。

---

① 庄莹、买生：《国企混改对企业社会责任的影响研究》，《科研管理》2021 年第 11 期。

② 杨丹、陈希阳、胡舒涵：《新一轮国企混改降低了国企股权融资成本吗》，《经济社会体制比较》2020 年第 3 期。

③ 庞廷云、罗福凯、李启佳：《混合股权影响企业融资约束吗——来自中国上市公司的经验证据》，《山西财经大学学报》2019 年第 5 期。

国有企业引入非国有股东，民营企业中引入国有股东，多元化混合式股权结构，使得优质资源将在国有企业和民营企业间实现一定程度的共享。尤其在信贷交易中，资源联结着银行可获得的隐性合约收益。如果银行获得隐性合约收益的机会，那么将会在不同所有制企业中得到均衡化。此外，多元化混合式股权结构在一定程度上还可以通过降低债权代理冲突，增强外部债务融资能力。债权人可能面临由管理层和股东两方面矛盾冲突所引发的代理成本。[1] 有关公司财务的研究表明，债权人为了维护自身权益通过保护机制降低债权代理成本会增加债务人的融资成本，而公司治理作为调节各方利益关系的有效媒介，可以通过优化治理结构缓解债权人所面临的代理冲突，降低债权代理成本。多元化异质股东的利益函数和风险偏好往往不同[2]，决策过程中更难达成一致意见，充分的论证反而使决策结果更科学更严谨，这显然更加符合债权人的利益。而且根据信号传递理论，多元化混合式股权结构对提升企业会计信息质量所带来的正面影响会向资本市场传递积极信号，有助于缓和企业与债权人之间的信息不对称，缓解债权代理冲突，进而提升企业债务融资能力。而企业外部融资能力的提升可以有效降低融资约束，进而缓解金融资源错配对企业创新投入的抑制作用。

综上所述，混合所有制改革通过内部治理效应和外部资源效应可以缓解金融资源错配对企业创新投入的抑制。由此，提出以下假设：

H6-1：股权多元度越高越利于缓解金融资源错配对企业创新投入的抑制作用。

H6-2：股权混合度越高越利于缓解金融资源错配对企业创新投入的抑制作用。

---

[1] C. Jensen Michael and H. Meckling William, "Theory of the Firm: Managerial Behavior, Agency Costs and Ownership Structure", *Journal of Financial Economics*, Vol. 3, No. 4, 1976, pp. 305 – 360.

[2] James A. Brickley, Ronald C. Lease and Clifford W. Smith Jr, "Ownership Structure and Voting on Antitakeover Amendments", *Journal of Financial Economics*, Vol. 20, 1988, pp. 267 – 291.

第二节 研究设计

一 样本选择与数据来源

本书以2011—2020年中国制造业A股上市公司作为样本。公司基础财务数据来源于WIND金融数据库,非财务数据来源于国泰安CSMAR数据库。其中,公司股权结构数据因现有的公开数据库中缺少对股东性质的准确反映,故本书对2011—2020年上市公司年报中"股东数量和持股情况"所披露的前十大股东持股性质进行了抓取,同时结合网络信息如"天眼查"平台数据对股东性质按照"国有股东""民营股东""外资股东""机构股东"共四类进行整理,整理具体规则如表6-1所示。

表6-1 股东分类规则

类别	分类规则
国有股东	财政部、国资委等政府机构、国有企业法人、四大国有资产管理公司及其全资子公司等。剔除"机构股东"
民营股东	境内非国有法人和境内自然人。剔除"机构股东"
外资股东	境外法人和境外自然人
机构股东	社保基金、证券投资基金、保险投资账户、信托账户、银行基金账户等[1]。

之后,根据年报中有关"股东关联关系或一致行动的说明"和"公司实际控制人及其一致行动人"两部分说明进行比对,参考郝阳和龚六堂的做法[2],将存在一致行动人关系、夫妻关系、控股关系等股东关系的股东持股数量进行合并,最终手工整理出四种不同类别的"股东集团"对应的持股数量和比例。为降低极端值的不良影响,本书对所有连续变量进行了上下1%水平的缩尾处理。剔除ST类公司和主要变量缺失的样

---

[1] 机构股东,主要指以资产增值为目的的财务投资者,与产业投资者具有一定区别,不同产权性质机构股东的投资目的基本一致,因此将这类投资者单独归类为机构股东,并未区分国有性质、民营性质或外资性质。

[2] 郝阳、龚六堂:《国有、民营混合参股与公司绩效改进》,《经济研究》2017年第3期。

本后，共涵盖 15584 个样本观测值。

二 变量定义与度量

（一）被解释变量

创新投入（Rd）：与前文相同，本书选择研发支出占总资产的比重反映企业创新投入程度。

（二）解释变量

引入异质性大股东所形成的多元化混合式股权结构，在广度上表现为更加多元化，在深度上则表现为异质性股东参股比例的增加，即制衡力的增强[1]，因此本文将使用股权多元度和股权混合度来表征多元化混合式股权结构特征。

股权多元度（$Mixn$）：因名义十大股东持股情况按照一致行动人关系重新整理为"股东集团"的持股比例，导致合并后，上市公司"股东集团"的数量参差不齐，出于尽可能统一口径和简化计算的考虑，本书将计算解释变量的范围界定在前五大"股东集团"内。因本书重点考察的是混合所有制改革背景下对上市公司决策有重大影响的"股东集团"异质混合的效果，故而对股东数量范围进行调整对度量结果的准确性影响甚微。虽然机构股东不是本书主要研究对象，但由于机构股东作为财务投资者，与国有、民营和外资股东这些产业投资者相比更注重资本增值，参与治理的程度弱于产业投资者[2]，因此为了体现机构股东的差异，本书参考马连福等、杨兴全和尹兴强对股权多样性的度量方法[3]，构建一个等级变量，用于反映股权结构中股东类别的多元化程度。当变量取值为 0 时，表示五大"股东集团"中仅有机构类股东；当变量取值为 1 时，表示五大"股东集团"

---

[1] 杨兴全、尹兴强：《国企混改如何影响公司现金持有？》，《管理世界》2018 年第 11 期；曹越、孙丽、郭天枭等：《"国企混改"与内部控制质量：来自上市国企的经验证据》，《会计研究》2020 年第 8 期。

[2] 郝阳、龚六堂：《国有、民营混合参股与公司绩效改进》，《经济研究》2017 年第 3 期。

[3] 马连福、王丽丽、张琦：《混合所有制的优序选择：市场的逻辑》，《中国工业经济》2015 年第 7 期；杨兴全、尹兴强：《国企混改如何影响公司现金持有？》，《管理世界》2018 年第 11 期。

中仅有国有类股东、民营类股东或外资类股东中的任意一种；当变量取值为 2 时，表示五大"股东集团"中除机构类股东之外，仅有国有类股东、民营类股东或外资类股东中的任意一种；当变量取值为 3 时，表示五大"股东集团"中仅有国有类股东、民营类股东或外资类股东中的任意两种；当变量取值为 4 时，表示五大"股东集团"中除机构类股东之外，仅有国有类股东、民营类股东或外资类股东中的任意两种；当变量取值为 5 时，表示五大"股东集团"中均有国有类股东、民营类股东和外资类股东；当变量取值为 6 时，表示五大"股东集团"中均有国有类股东、民营类股东、外资类股东和机构类股东。取值越大，表示股东类别越多样。

股权混合度（$Mixr$）：现有文献对股权混合度的度量普遍采用国有股与非国有股持股数之比来度量[①]，以国有股和非国有股中持股数较大者作为分母，较小者为分子（杨志强等，2016；杨兴全和尹兴强，2018）。这种度量方法，忽略了实际控制人性质及其持股数量，而且得到的两类股东持股数量会受到所选择的"股东集团"数量多少的影响，故而计算出的结果无法真实地反映不同性质股权的混合度或制衡性。本书对现有常用的度量方法进行了改进，使用最大异质股东参股的绝对比例（$Mixmax$）来反映股权混合度，取值越大，国企的国有资本与非国有资本融合程度越高。为了增加度量的层次性，还构建了最大异质股东参股数与实际控制人控股数的相对比例（$Mixmaxr$）来进一步反映股权混合度。由于公司年报中通常仅对前十大名义股东的持股比例进行披露，如果追溯了实际控制权后，会导致不同企业的"股东集团"出现数量范围不等的情况。相比使用异质股东比例之和，最大异质股东比例的选取仅会受到股权比例调整的影响，而不会受到股东数量选取范围的影响。

此外，本书依旧沿用股权混合度的常用度量方法，使用前五大实际股东中异质股东参股比例之和（$Mixsum$）和异质股东参股数与实际控制

[①] 杨志强、石水平、石本仁等：《混合所有制、股权激励与融资决策中的防御行为——基于动态权衡理论的证据》，《财经研究》2016 年第 8 期；杨兴全、尹兴强：《国企混改如何影响公司现金持有？》，《管理世界》2018 年第 11 期。

人控股数之比（Mixsumr）作为股权混合度的替代变量进行稳健性分析。

金融资源错配（Fm），本书使用企业的债务资金成本对所在行业平均成本的偏离百分比取绝对值来衡量金融资源错配的程度。

（三）控制变量

本书依然选取以下变量作为控制变量：企业规模（Size，期末资产总额取自然对数）：年龄（Age，经营年份取自然对数）、总资产净利率（Roa，净利润除以平均资产总额）、资产负债率（Lev，期末负债总额除以总资产）、现金流量（Cf，当年经营活动的现金流量净额除以总资产）、销售费用率（Market，销售费用除以营业总收入）、技术人员占比（Tecstaff，技术人员占员工总数比重）。

本节变量定义及说明如表6-2所示。

表6-2　　　　　　　　　　主要变量定义

变量类型	变量名称		变量符号	变量定义
被解释变量	企业创新投入		Rd	研发支出÷总资产
解释变量	股权结构	股权多元度	Mixn	前五大"股东集团"中所涉及的不同股东种类
		股权混合度	Mixmax	最大异质股东参股比例
			Mixmaxr	最大异质股东参股数与实际控制人控股数之比
	金融资源错配		Fm	企业的债务资金成本对所在行业平均成本偏离百分比的绝对值
控制变量	规模		Size	资产总额对数化
	年龄		Age	经营年限
	总资产净利率		Roa	净利润÷平均资产总额
	资产负债率		Lev	负债总额÷总资产
	现金流量		Cf	经营活动的现金流量净额÷总资产
	销售费用率		Market	销售费用÷营业收入
	技术人员占比		Tecstaff	技术人员数量÷员工总数
固定效应	年度		Year	年度固定效应
	行业		Industry	行业固定效应

三 模型设定

为了检验股权多元度、股权混合度对制造业企业金融资源错配抑制创新投入的缓解作用,遵照相关文献的经验,本书构建了以下面板固定效应模型。

$$Rd_{i,t} = \alpha_0 + \alpha_1 Fm_{i,t} + \alpha_2 Mix_{i,t} + \alpha_3 Fm_{i,t} \times Mix_{i,t}$$
$$+ \alpha_4 \sum Ctrls_{i,t} + Year_{i,t} + Industry_{i,t} + \varepsilon_{i,t} \qquad (6.1)$$

模型(6.1)主要考察金融资源错配和股权结构的交乘项($Fm_{i,t} \times Mix_{i,t}$)对创新投入($Rd_{i,t}$)的影响,用于检验H6-1和H6-2,以观测股权多元度、股权混合度分别对金融资源错配与创新投入关系是否具有调节作用。其中,$Rd_{i,t}$表示当期企业创新投入,$Fm_{i,t}$表示当期金融资源错配程度。由于本文对股权结构同时使用了多种度量方式,为了简化模型,本文统一使用$Mix_{i,t}$表示企业当期的股权多元度($Mixn$)和股权混合度($Mixmax$、$Mixmaxr$)。$Ctrls_{i,t}$表示模型中的控制变量。此外,在面板数据固定效应模型中还控制了年度效应和行业效应来反映经济周期、行业环境对回归结果的影响。

第三节 实证结果分析

一 描述性统计分析

表6-3报告了基准回归模型中全样本主要变量的描述性统计结果。股权多元度和股权混合度是本书度量股权结构的关键性指标,其中股权混合度使用了绝对比例和相对比例两种方式度量。表6-3显示,股权多元度的最大值为6.000,最小值为0.000,说明样本企业股东种类具有一定差异,从均值和中位数的取值来看,大部分样本企业前五大股东集团中普遍含有两种不同类别股东。股权混合度($Mixmax$、$Mixmaxr$)中位数的取值均为0,说明全样本中不存在异质股东的样本企业较多。$Mixmax$的最大值为0.254,相比最小值0.000,可见样本企业股权混合的情况存在一定差异,样本具有良好的研究条件。$Mixmaxr$的最大值为0.870,说

明在引入了异质股东的企业中，前五大股东集团中异质股东持股数最多的企业其持股数占实际控制人持股比例约为87%。

其他被解释变量、解释变量和控制变量的情况与前两章描述性统计结果基本类似，本节将不再冗述。

表6-3　　　　　　　　主要变量描述性统计分析

VarName	Obs	Mean	SD	Min	Median	Max
Rd	15584	0.023	0.018	0.000	0.020	0.131
Mixn	15584	2.301	1.327	0.000	2.000	6.000
Mixmax	15584	0.023	0.048	0.000	0.000	0.254
Mixmaxr	15584	0.077	0.168	0.000	0.000	0.870
Fm	15584	0.627	0.589	0.000	0.501	3.843
Size	15584	22.034	1.156	18.416	21.895	25.217
Age	15584	21.949	5.392	6.000	22.000	54.000
Roa	15584	0.058	0.069	-0.180	0.055	0.351
Lev	15584	0.455	0.194	0.007	0.432	0.999
Cf	15584	0.047	0.067	-0.162	0.046	0.315
Market	15584	0.080	0.092	0.003	0.048	0.496
Tecstaff	15584	0.180	0.123	0.022	0.146	0.675

二　相关性分析

表6-4显示，根据对主要变量的Pearson相关性分析，考量变量两两之间的关系发现，金融资源错配（Fm）与股权多元度（$Mixn$）、股权混合度（$Mixmax$、$Mixmaxr$）在1%水平下具有较为相关性，方向为负。企业创新投入与股权多元度（$Mixn$）不具有相关性，与股权混合度（$Mixmax$、$Mixmaxr$）在1%水平下具有负相关性。由于相关性分析在没有控制其他相关变量的情况下，仅能初步反映出单变量之间的线性关系，因此有必要结合回归结果对两者之间的变化关系进行深入分析。

此外，自变量与自变量和其他控制变量、控制变量与其他控制变量之间的Pearson相关系数均低于0.4，这表明各变量之间不存在严重的多重共线性问题，说明控制变量的选取具有一定合理性。

表 6-4　主要变量相关系数矩阵

Variables	Rd	Mixn	Mixmax	Mixmaxr	Fm	Size	Age	Roa	Lev	Cf	Market	Tecstaff
Rd	1.000											
Mixn	0.009	1.000										
Mixmax	−0.031***	0.312***	1.000									
Mixmaxr	−0.044***	0.287***	0.924***	1.000								
Fm	−0.012	−0.036***	−0.032***	−0.018**	1.000							
Size	−0.092***	0.184***	0.199***	0.154***	−0.162***	1.000						
Age	−0.125***	0.088***	0.123***	0.143***	−0.020**	0.123***	1.000					
Roa	0.147***	−0.012	−0.017**	−0.050***	−0.054***	0.006	−0.055***	1.000				
Lev	−0.128***	0.102***	0.105***	0.107***	−0.127***	0.359***	0.130***	−0.306***	1.000			
Cf	0.117***	0.038***	0.011	−0.006	0.011	0.109***	0.001	0.397***	−0.150***	1.000		
Market	0.091***	0.007	−0.016*	−0.012	0.083***	−0.115***	−0.009	0.068***	−0.191***	0.068***	1.000	
Tecstaff	0.386***	−0.021***	−0.008	−0.015*	0.054***	−0.047***	−0.075***	0.041***	−0.105***	−0.048***	−0.004	1.000

注：*、**、*** 分别表示 10%、5%、1% 水平显著。

三 基准回归分析

表6-5反映了模型（6.1）金融资源错配与股权多元度对企业创新投入的影响。第1列显示，金融资源错配与股权多元度的交乘项（$Fm \times Mixn$）的系数不显著，说明仅仅增加股权结构中异质性股东的种类，无法有效缓解金融资源错配对创新投入的抑制作用，假设6-1未得到验证。将全样本按照错配类型分组后，依然发现股权多元度对金融资源错配抑制创新投入无显著缓解作用。以上结果在一定程度上说明多元化混合式股权结构中的"混"仅仅是建立健全现代企业制度的第一步，作为一种手段和形式，将异质性股东引入企业，不一定对企业决策和公司治理产生有益的实质性影响。[①] 因此，单纯从异质性股东种类数量的角度对多元化混合式股权结构进行反映还不够充分，股权结构的优化不应仅从形式上追求股东种类的多样化，还应从"质"的角度关注异质性股东的参股水平，异质性股东深度参与公司治理才是股权结构发挥作用的关键。

表6-5　　金融资源错配与股权多元度对创新投入的影响

样本组	全样本	供给不足型错配	供给过度型错配
Variables	(1)	(2)	(3)
	$Rd_{i,t}$	$Rd_{i,t}$	$Rd_{i,t}$
$Fm_{i,t}$	-0.0010***	-0.0013***	-0.0002
	(-4.55)	(-5.54)	(-0.44)
$Mixn_{i,t}$	0.0005***	0.0005***	0.0004***
	(4.82)	(3.65)	(2.70)
$Fm_{i,t} \times Mixn_{i,t}$	0.0000	-0.0001	0.0002
	(0.02)	(-0.60)	(0.53)
$Size_{i,t}$	-0.0015***	-0.0019***	-0.0011***
	(-10.33)	(-9.11)	(-5.61)

---

① 陈林、万攀兵、许莹盈：《混合所有制企业的股权结构与创新行为——基于自然实验与断点回归的实证检验》，《管理世界》2019年第10期。

续表

样本组	全样本	供给不足型错配	供给过度型错配
$Age_{i,t}$	-0.0002***	-0.0002***	-0.0002***
	(-9.23)	(-7.32)	(-5.66)
$Roa_{i,t}$	3.0800***	2.2299***	3.4198***
	(11.56)	(6.96)	(7.49)
$Lev_{i,t}$	0.0014*	0.0027**	0.0028**
	(1.68)	(2.38)	(2.11)
$Cf_{i,t}$	0.0258***	0.0241***	0.0275***
	(11.60)	(8.15)	(8.03)
$Market_{i,t}$	0.0325***	0.0256***	0.0382***
	(15.02)	(8.54)	(12.43)
$Tecstaff_{i,t}$	0.0348***	0.0253***	0.0421***
	(23.26)	(13.26)	(19.28)
Constant	0.0471***	0.0568***	0.0369***
	(16.05)	(13.56)	(9.08)
行业	Yes	Yes	Yes
年度	Yes	Yes	Yes
N	15584	7886	7677
$Adj-R^2$	0.314	0.281	0.335

注：*、**、*** 分别表示 10%、5%、1% 水平显著。括号内为稳健标准误调整的 t 统计量。

表6-6反映了模型（6.1）金融资源错配与股权混合度对企业创新投入的影响。第1列、第2列显示，无论采用最大异质股东占比还是采用最大异质股东与实际控制人持股之比作为股权混合度的度量方式，金融资源错配与股权混合度的交乘项（$Fm \times Mixmax$、$Fm \times Mixmaxr$）的系数均在1%水平下显著为正，说明混合所有制改革可以显著缓解金融资源错配对创新投入的抑制作用，假设6-2得到了验证。

表6-6　　金融资源错配与股权混合度对创新投入的影响

样本组	全样本		供给不足型错配		供给过度型错配	
Variables	(1) $Rd_{i,t}$	(2) $Rd_{i,t}$	(3) $Rd_{i,t}$	(4) $Rd_{i,t}$	(5) $Rd_{i,t}$	(6) $Rd_{i,t}$
$Fm_{i,t}$	-0.0010***	-0.0010***	-0.0010***	-0.0010***	-0.0005	-0.0004
	(-4.32)	(-4.55)	(-4.24)	(-4.46)	(-0.48)	(-0.40)
$Mixmax_{i,t}$	0.0070***		0.0067**		0.0121**	
	(2.72)		(2.42)		(2.03)	
$Fm_{i,t} \times Mixmax_{i,t}$	0.0132***		0.0123***		0.0310***	
	(3.22)		(2.88)		(2.61)	
$Mixmaxr_{i,t}$		0.0010		0.0009		0.0025
		(1.48)		(1.22)		(1.59)
$Fm_{i,t} \times Mixmaxr_{i,t}$		0.0023***		0.0022***		0.0071**
		(2.93)		(2.72)		(2.27)
$Size_{i,t}$	-0.0014***	-0.0014***	-0.0014***	-0.0014***	-0.0013***	-0.0012***
	(-9.93)	(-9.80)	(-9.22)	(-9.10)	(-3.79)	(-3.72)
$Age_{i,t}$	-0.0002***	-0.0002***	-0.0002***	-0.0002***	-0.0002**	-0.0002**
	(-8.89)	(-8.80)	(-8.52)	(-8.42)	(-2.49)	(-2.47)
$Roa_{i,t}$	3.2460***	3.2501***	3.2026***	3.2085***	4.4440***	4.3995***
	(12.30)	(12.29)	(11.57)	(11.56)	(4.96)	(4.91)
$Lev_{i,t}$	0.0016*	0.0016*	0.0022**	0.0022**	-0.0053**	-0.0053**
	(1.83)	(1.83)	(2.47)	(2.47)	(-2.27)	(-2.26)
$Cf_{i,t}$	0.0267***	0.0266***	0.0262***	0.0261***	0.0252***	0.0252***
	(12.08)	(12.07)	(11.08)	(11.06)	(4.13)	(4.12)
$Market_{i,t}$	0.0338***	0.0338***	0.0347***	0.0347***	0.0274***	0.0272***
	(15.67)	(15.64)	(15.24)	(15.22)	(4.02)	(4.01)
$Tecstaff_{i,t}$	0.0359***	0.0359***	0.0369***	0.0369***	0.0258***	0.0258***
	(23.78)	(23.78)	(22.89)	(22.89)	(6.60)	(6.61)
Constant	0.0449***	0.0442***	0.0447***	0.0440***	0.0457***	0.0450***
	(15.43)	(15.30)	(14.18)	(14.06)	(6.62)	(6.57)
行业	Yes	Yes	Yes	Yes	Yes	Yes
年度	Yes	Yes	Yes	Yes	Yes	Yes

续表

样本组	全样本		供给不足型错配		供给过度型错配	
N	15584	15584	7886	7886	7677	7677
$Adj-R^2$	0.318	0.318	0.319	0.319	0.313	0.312
Empirical p – value	-0.000^{***} ($Fm_{i,t} \times Mixmax_{i,t}$) -0.000^{***} ($Fm_{i,t} \times Mixmaxr_{i,t}$)					

注：*、**、*** 分别表示 10%、5%、1% 水平显著。括号内为稳健标准误调整的 t 统计量。经验 p 值用于检验组间交乘项系数差异的显著性。

进一步观测存在供给不足型错配的企业，如第 3 列、第 4 列所示，金融资源错配与股权混合度的交乘项（$Fm \times Mixmax$、$Fm \times Mixmaxr$）的系数依然在 1% 水平下显著为正，说明股权混合度可以显著缓解供给不足型错配对创新投入的抑制作用。而存在供给过度型错配的企业，如表 6-6 第 5 列和第 6 列所示，金融资源错配与股权混合度的交乘项（$Fm \times Mixmax$、$Fm \times Mixmaxr$）的系数在 1% 和 5% 水平下显著为正，说明虽然供给过度型错配对创新投入的影响存在两种方向相反的作用力，但股权混合度越高，越有利于将金融资源错配所带来的投资替代效应减至最小，从而激励企业参与创新。比较两组中金融资源错配与股权混合度的交乘项（$Fm \times Mixmax$、$Fm \times Mixmaxr$）的系数发现，供给不足型错配组的交乘项系数小于供给过度型错配组的交乘项系数。对两组金融资源错配与股权混合度的交乘项（$Fm \times Mixmax$）的系数进行 Fisher 组合检验发现，在 1% 水平下二者具有显著差异，说明股权混合度对供给过度型错配抑制创新投入的缓解效果，比对供给不足型错配抑制创新投入的缓解效果更强。根据第五章金融资源不同错配类型影响创新投入机制的分析结论可知，由于不同错配类型抑制创新投入的机制也有所不同①，与供给过度型错配相比，供给不足型错配对创新投入的抑制作用更强。因此，当企业面临供给不足型错配时，缓解错配对创新投入抑制的难度将更大。股权混合度对供给过度型错配抑制创新投入的缓解效果更强，也可能反映出

---

① 供给不足型错配通过加剧融资约束效应和寻租挤占效应抑制企业创新，而供给过度型错配仅通过加剧投资替代效应抑制企业创新。

股权混合度为供给过度型错配企业所带来的内部治理效应或外部资源效应更强。

为了更加直观反映调节作用的影响，以全样本下金融资源错配与股权混合度为交乘项（$Fm \times Mixmax$）的回归结果为例，绘制图6-2。当股权混合度较低时，金融资源错配对创新投入的影响如图6-2中实线所示；当股权混合度较高时，金融资源错配对创新投入的影响如虚线所示。相比实线，虚线明显更加平缓，这说明相比股权混合度较低，股权混合程度较高时，金融资源错配与创新投入的函数关系曲线将变得更加平缓。在股权混合度高的企业中，金融资源错配对创新投入的抑制作用弱于股权混合度低的企业。

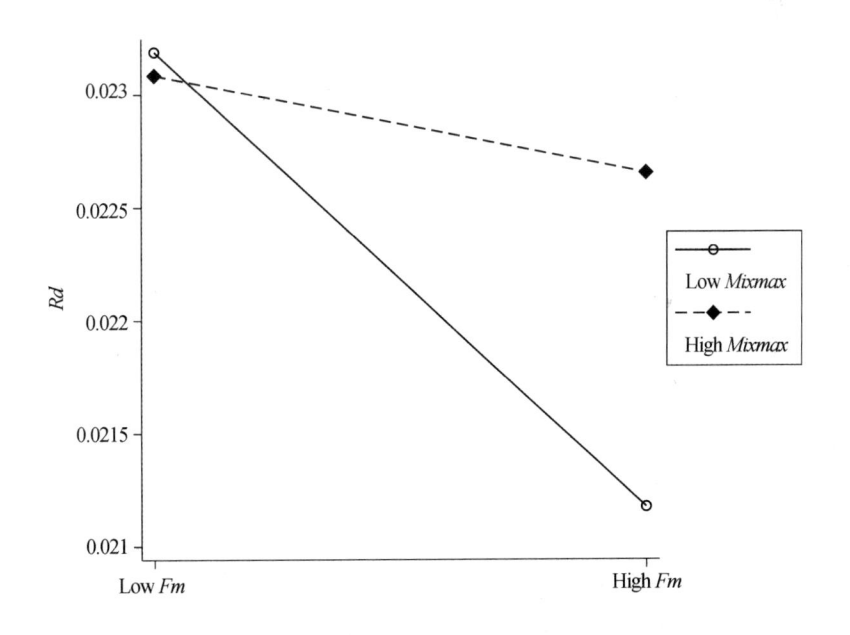

图6-2　股权混合度对金融资源错配抑制创新投入的缓解作用

四　异质性分析

（一）不同产权性质下金融资源错配与股权混合度对企业创新投入的影响

分析股权结构，有必要结合股权性质进行分析，其结论才更有意义和价值,因此,本部分将重点分析不同产权性质下股权结构对金融资源错配抑制创新投入的缓解作用是否具有异质性。下文将按照国有企业和民营企业的顺序,逐一分析金融资源错配与股权结构的交乘项对企业创新投入的异质性影响。

对国有企业而言,实际控制人虽为国家,但由于国有资产代理人并不直接参与企业利润分享,因而缺乏足够动力对管理者实施有效的监督,"责任股东"缺位,导致管理者在受雇后可能会存在道德风险问题。如果具有控股地位的国有股东可以实现不利用隧道行为侵吞非国有股东利益的承诺,那么非国有股东就会从混合式股权结构中受益,从而变得激励相容。否则非国有股东与国有股东持股比例相差悬殊,以至于话语权和影响力有限的非国有股东无法发挥应有的制衡作用,自身利益也无法保障。在企业股权结构中形成多个异质大股东相互制衡的局面,有利于生成有效的内部治理机制。国有企业在保持控股地位的前提下,非国有资本参股比重越大越有助于发挥非国有股东更具竞争意识和创新动力的优势。私有资本的逐利性驱使非国有股东具有强烈动机监督管理层,防范经营风险,充分发挥非国有资本灵活的市场化运作优势,有效地改善国有企业经营动力和效率不足的问题,形成异质资本相互制衡与激励相容的监督约束机制,实现治理协同效应,进而增强了企业自身的造血功能,内部融资能力由此得到提升,在一定程度上减少了国有企业对外部债务融资的依赖。

与国有股东相比,非国有股东更加明晰的产权关系使其与国有股东相比治理意愿更加强烈,因此非国有股东的引入会约束管理层的机会主义行为,进而推动企业主动优化资本结构,减少过度负债。同时,非国有股东通过对国有股东实施监督,可以抑制政府借助国有股东对国有企业经营决策进行过度干预。由于国有企业被赋予了特殊的政治和经济目标,这种政企相融的特征使其肩负着政策性负担与 GDP 增长任务,作为政府政策的传导载体,国有企业的政治关联性导致企业非经济性负担繁重,政府的政策保护和隐性担保带来的预算软约束也在无形中推高了国有企业的负债率。① 国有企业混合式股权结构，通过产权多元化建立更符合现代企业特征的法人治理结构，这种以"管资本"为主的国有资本监管模式的变革可以在一定程度上破除国有企业行政化管理的弊端，减少政府的不当干预，企业市场主体地位将得到提升②，预算软约束也得到改善③，从而进一步降低国有企业的过度负债，减少对外部债务融资的依赖。

此外，多元化混合式股权结构对国有企业的战略决策也会产生影响。非国有股东相比国有股东对经济效益的渴望更加强烈，股权结构的优化改善了国有企业产权模糊监管缺位和层级烦冗所导致的决策链过长的问题，遏制了地方政府对企业战略决策的不当干预。混合式股权结构下，非国有股东可以通过委派高管的方式参与管理并监督公司的经营活动，这有助于督促经理人不断学习，有效增强企业开展实质性技术进步创新活动的意愿和能力，使企业的创新行为更加符合企业的长远利益，创新决策更具科学性，有效降低金融资源错配对国有企业创新投入造成的负面影响。

对民营企业而言，国有资本加盟民营企业后，为了实现国有资产保值增值的目标，国有股东有着足够的动机对民营企业的经营管理决策进行监督，通过制衡作用降低民营企业因一股独大而造成管理者和大股东自利行为发生的概率。治理机制的完善，有助于增加民营企业的内部融资，以减少民营企业对外部债务融资的依赖。股权多元度和混合度的提高，除了具有内部治理效应外，更主要的是通过外部资源效应缓解金融资源错配对民营企业创新投入的抑制。民营企业融资渠道有限，银行贷款门槛较高，早期扩张除了依靠内源融资外只能求助于影子银行或股权质押等高成本融资渠道，在去杠杆和经济走势偏弱的背景下，过高的财务杠杆使资金链风险凸显，甚至不得不选择股票质押平仓。因此，民营企业通过引入国有资本作为战略投资者形成多元化混合式的股权结构，

---

① 纪洋、王旭、谭语嫣等：《经济政策不确定性、政府隐性担保与企业杠杆率分化》，《经济学》（季刊）2018 年第 1 期。

② 陈林、唐杨柳：《混合所有制改革与国有企业政策性负担——基于早期国企产权改革大数据的实证研究》，《经济学家》2014 年第 11 期。

③ 吴秋生、独正元：《混合所有制改革程度、政府隐性担保与国企过度负债》，《经济管理》2019 年第 8 期。

一方面，可以充分利用国有资本的资源优势，获得更多更公平的市场机会和待遇，政府信用会增加企业获得外部融资的概率和额度①；另一方面，发展潜力大、成长性强的民营企业引入国有资本，资金上的支持对企业而言可谓锦上添花，同时国有持股人也能够实现可观的收益，可谓一举两得。从投资人、债权人的角度来看，民营企业混合国有股份的比重越大，注资越多，资金越充裕，说明国有资本越看好该民营企业未来的发展，该企业未来发展潜力越大、成长性越强。因国有资本受到国资委、纪检、审计等部门的监管力度更大②，注资后大股东的治理机制会驱动民营企业更加规范制度建设，与外部信息使用者信息不对称状况将有所改善，尤其以家族式经营为特征的民营企业，信息透明度提高可以规范家族股东决策行为。③ 因此，多元化混合式股权结构，使民营企业融资更加便利，缓解了金融资源错配对创新投入的抑制，为企业持续发展提供动能。

综上所述，本书认为无论是国有企业还是民营企业通过混合所有制改革引入异质性股东，均可以发挥内部治理效应和外部资源效应。然而对于民营企业而言，由于外部资源效应比内部治理效应的传导路径和发酵时间更短，效果更加明显，因此缓解金融资源错配对创新投入的抑制，民营企业更依赖外部资源效应。而对于国有企业而言，股权多元度和混合度的提升有助于建立健全国有企业法人治理结构，提高国有资本利用效率和运行效率，加之异质股东为国有企业带来的外部资源相对有限，因此缓解金融资源错配对企业创新投入的抑制，国有企业更依赖引入异质性股东后所产生的内部治理效应。

为了清晰呈现不同产权性质企业的股权结构特征，本书将全样本按产权性质分组后对主要变量差异进行了检验。表 6-7 显示与国有企业相比，民营企业创新投入（Rd）的均值与中位数显著更大。股权混合度（$Mixmax$、$Mixmaxr$）的均值与中位数，国有组取值均显著高于民营组，

---

① 宋增基、冯莉茗、谭兴民：《国有股权，民营企业家参政与企业融资便利性——来自中国民营控股上市公司的经验证据》，《金融研究》2014 年第 12 期。

② 林毅夫、孙希芳：《信息，非正规金融与中小企业融资》，《经济研究》2005 年第 7 期。

③ 郭嘉琦、李常洪、焦文婷等：《家族控制权、信息透明度与企业股权融资成本》，《管理评论》2019 年第 9 期。

说明在国有企业中非国有股东作为异质股东的制衡作用更大。国有企业金融资源错配（Fm）的均值和中位数均显著低于民营组的取值，说明金融资源配置过程中存在一定程度的所有制歧视现象，民营企业的错配程度更高。

表6-7　　　　　　　　按产权性质分组主要变量差异检验

VarName	国有组			民营组			均值 t 检验	中位数 Z 检验
	Obs	Mean	Median	Obs	Mean	Median		
Rd	4336	0.020	0.017	10213	0.024	0.021	-11.678***	-15.997***
$Mixmax$	4336	0.044	0.015	10213	0.014	0.000	28.230***	50.090***
$Mixmaxr$	4336	0.142	0.038	10213	0.048	0.000	25.993***	49.988***
Fm	4336	0.540	0.450	10213	0.681	0.566	-13.971***	-13.553***

因前文中已明确股权多元度与金融资源错配的交乘项对创新投入均无显著影响，因此在进一步分析中本书仅就金融资源错配与股权混合度对创新投入影响的异质性进行分析。表6-8反映了按产权性质分组后，金融资源错配与股权混合度对创新投入的影响。第1列、第2列显示，无论采用绝对值还是相对值度量股权混合度，金融资源错配与股权混合度的交乘项（$Fm \times Mixmax$、$Fm \times Mixmaxr$）系数均在1%和5%水平下显著为正，说明股权混合度能够显著缓解金融资源错配对国有企业创新投入的抑制作用。第3列、第4列显示，金融资源错配与股权混合度的交乘项（$Fm \times Mixmax$、$Fm \times Mixmaxr$）系数均在10%和5%水平下显著为正，说明股权混合度能够在一定程度上缓解金融资源错配对民营企业创新投入的抑制作用。比较二者交乘项系数的大小发现，这种缓解作用在国有企业中表现更为突出，对以 $Fm \times Mixmaxr$ 为交乘项的回归结果进行 Fisher 组合检验，经验 p 值为0.000，国有组与民营组的交乘项系数具有显著差异，说明股权混合度在国有企业中发挥出更强的缓解作用。

表6-8 不同产权性质下金融资源错配与股权混合度对创新投入的影响

样本组	全样本 国有 (1) $Rd_{i,t}$	(2) $Rd_{i,t}$	民营 (3) $Rd_{i,t}$	(4) $Rd_{i,t}$	供给不足型错配 国有 (5) $Rd_{i,t}$	(6) $Rd_{i,t}$	民营 (7) $Rd_{i,t}$	(8) $Rd_{i,t}$	供给过度型错配 国有 (9) $Rd_{i,t}$	(10) $Rd_{i,t}$	民营 (11) $Rd_{i,t}$	(12) $Rd_{i,t}$
$Fm_{i,t}$	−0.0005 (−0.99)	−0.0004 (−0.87)	−0.0014*** (−5.33)	−0.0015*** (−5.47)	−0.0010 (−1.56)	−0.0009 (−1.44)	−0.0018*** (−6.16)	−0.0018*** (−6.26)	0.0009 (1.18)	0.0011 (1.44)	−0.0007 (−1.03)	−0.0008 (−1.23)
$Mixmax_{i,t}$	0.0180*** (3.42)		0.0035 (0.73)	0.0001 (0.06)	0.0052 (1.02)	0.0009 (0.73)	0.0009 (0.16)	−0.0009 (−0.60)	0.0258*** (2.90)		−0.0009 (−0.09)	
$Fm_{i,t} \times Mixmax_{i,t}$	0.0246*** (2.81)		0.0088* (1.65)		0.0062 (0.73)		0.0094* (1.70)		0.0434*** (2.79)		0.0019 (0.10)	
$Mixmaxr_{i,t}$		0.0034** (2.53)								0.0068** (2.20)		−0.0013 (−0.44)
$Fm_{i,t} \times Mixmaxr_{i,t}$		0.0042** (1.98)		0.0020** (2.07)		−0.0005 (−0.23)		0.0021** (2.30)		0.0119** (2.21)		−0.0019 (−0.34)
$Size_{i,t}$	−0.0021*** (−9.36)	−0.0021*** (−9.40)	−0.0011*** (−5.00)	−0.0011*** (−4.97)	−0.0026*** (−8.55)	−0.0027*** (−8.83)	−0.0014*** (−4.39)	−0.0014*** (−4.39)	−0.0018*** (−5.48)	−0.0018*** (−5.48)	−0.0007** (−2.30)	−0.0008** (−2.31)
$Age_{i,t}$	−0.0005*** (−8.97)	−0.0005*** (−9.00)	−0.0001*** (−3.68)	−0.0001*** (−3.58)	−0.0004*** (−6.31)	−0.0004*** (−6.33)	−0.0002*** (−3.37)	−0.0001*** (−3.29)	−0.0006*** (−6.94)	−0.0006*** (−6.97)	−0.0001 (−1.16)	−0.0001 (−1.14)
$Roa_{i,t}$	4.1483*** (8.47)	4.1919*** (8.48)	2.9053*** (8.63)	2.8977*** (8.60)	2.5865*** (4.18)	2.5782*** (4.13)	1.7791*** (4.44)	1.7719*** (4.42)	4.3168*** (5.95)	4.3119*** (5.94)	3.6468*** (6.08)	3.6357*** (6.04)

第六章 股权结构特征对金融资源错配与企业创新投入关系的影响

续表

样本组	全样本 国有	全样本 国有	全样本 民营	全样本 民营	供给不足型错配 国有	供给不足型错配 国有	供给不足型错配 民营	供给不足型错配 民营	供给过度型错配 国有	供给过度型错配 国有	供给过度型错配 民营	供给过度型错配 民营
$Lev_{i,t}$	0.0013	0.0012	0.0024**	0.0024*	−0.0000	0.0001	0.0049***	0.0048***	0.0049**	0.0050**	0.0024	0.0023
	(0.89)	(0.83)	(1.98)	(1.94)	(−0.00)	(0.05)	(3.05)	(3.01)	(2.02)	(2.06)	(1.26)	(1.23)
$Cf_{i,t}$	0.0187***	0.0189***	0.0344***	0.0343***	0.0100*	0.0105*	0.0373***	0.0371***	0.0297***	0.0300***	0.0298***	0.0298***
	(4.27)	(4.32)	(11.87)	(11.83)	(1.81)	(1.89)	(9.37)	(9.29)	(4.40)	(4.41)	(6.93)	(6.94)
$Market_{i,t}$	0.0352***	0.0353***	0.0355***	0.0355***	0.0046	0.0043	0.0287***	0.0287***	0.0590***	0.0589***	0.0401***	0.0401***
	(6.64)	(6.62)	(13.74)	(13.72)	(0.85)	(0.80)	(8.23)	(8.22)	(7.33)	(7.37)	(10.89)	(10.87)
$Tecstaff_{i,t}$	0.0265***	0.0269***	0.0378***	0.0377***	0.0241***	0.0246***	0.0260***	0.0260***	0.0261***	0.0266***	0.0473***	0.0472***
	(9.91)	(10.02)	(18.40)	(18.34)	(6.98)	(7.11)	(9.96)	(9.93)	(6.70)	(6.78)	(15.88)	(15.82)
$Constant$	0.0669***	0.0668***	0.0368***	0.0366***	0.0792***	0.0806***	0.0435***	0.0435***	0.0607***	0.0603***	0.0256***	0.0256***
	(13.96)	(14.00)	(7.79)	(7.76)	(11.81)	(12.12)	(6.63)	(6.62)	(8.66)	(8.68)	(3.81)	(3.82)
行业	Yes	Yes	Yes	Yes	Yes	Yes	Yes	Yes	Yes	Yes	Yes	Yes
年度	Yes	Yes	Yes	Yes	Yes	Yes	Yes	Yes	Yes	Yes	Yes	Yes
N	4336	4336	10213	10213	2155	2155	5247	5247	2181	2181	4966	4966
$Adj-R^2$	0.392	0.392	0.293	0.293	0.360	0.362	0.259	0.260	0.423	0.424	0.315	0.315
Empirical	0.000*** ($Fm_{i,t} \times Mixmax_{i,t}$)	0.000*** ($Fm_{i,t} \times Mixmax_{i,t}$)			−0.000*** ($Fm_{i,t} \times Mixmax_{i,t}$)	−0.000*** ($Fm_{i,t} \times Mixmax_{i,t}$)			0.000*** ($Fm_{i,t} \times Mixmax_{i,t}$)	0.000*** ($Fm_{i,t} \times Mixmax_{i,t}$)		
p - value	0.000*** ($Fm_{i,t} \times Mixmaxr_{i,t}$)	0.000*** ($Fm_{i,t} \times Mixmaxr_{i,t}$)			−0.000*** ($Fm_{i,t} \times Mixmaxr_{i,t}$)	−0.000*** ($Fm_{i,t} \times Mixmaxr_{i,t}$)			0.000*** ($Fm_{i,t} \times Mixmaxr_{i,t}$)	0.000*** ($Fm_{i,t} \times Mixmaxr_{i,t}$)		

注：*、**、*** 分别表示 10%、5%、1% 水平显著。括号内为稳健标准误调整的 t 统计量。经验 p 值用于检验组间交乘项系数差异的显著性。

将国有组和民营组按照错配方向进一步分组。第 5 列至第 8 列显示，金融资源错配与股权混合度的交乘项（$Fm \times Mixmax$、$Fm \times Mixmaxr$）系数仅在供给不足型错配的民营企业中在 10%、5% 水平下显著为正，说明面临供给不足型错配的民营企业股权混合度高，为其带来了外部资源，丰富了融资渠道，降低了融资成本，有效缓解了供给不足型错配对创新投入的抑制作用。而对于供给不足型错配的国有企业，一方面非国有股东为其带来的资源效应更为有限，另一方面也可能由于股权混合度并未发挥出显著的治理效应，因此未能使供给不足型错配对创新投入的抑制得到有效缓解。第 9 列、第 10 列显示，金融资源错配与股权混合度的交乘项（$Fm \times Mixmax$、$Fm \times Mixmaxr$）系数在 1%、5% 水平下显著为正，说明股权混合度可以使国有企业在面临供给过度型错配时，增加对创新投入的促进作用，减少投资替代效应对创新投入的抑制作用，充分利用低成本优势参与创新。可见对国有企业而言，在非国有股东带来的外部资源效应相对有限的情况下，股权混合度提升将更多通过内部治理效应发挥作用，对降低国有企业对外部债务融资的过度依赖，提升战略决策的科学性具有一定成效。第 11 列、第 12 列显示，金融资源错配与股权混合度的交乘项（$Fm \times Mixmax$、$Fm \times Mixmaxr$）系数不显著，说明对于供给过度型错配的民营企业来说，股权混合度并不具有显著的缓解作用。供给过度型错配的民营企业引入国有资本后，为企业带来的资源效应不如对供给不足型错配的民营企业效果明显，而治理效应的显现需要一定时间，短期内民营企业还可能因为委托代理链条变长变相增加了股东与管理层之间的代理成本[①]，同时企业管理费用、员工工资甚至政策性负担的增加[②]，在一定程度上占用了民营企业创新资源，进而使企业在创新决策前犹豫不决，供给过度型错配对创新投入所产生的两种反向效应的博弈未产生明显变化。

可见，股权混合度的提升为供给不足型错配的民营企业带来了较为丰厚的外部资源效应，缓解了供给不足型错配对民营企业创新投入的抑

---

① 白俊、刘园园、邱善运：《国有资本参股促进了民营企业技术创新吗？》，《金融与经济》2018 年第 9 期。

② 李文贵、邵毅平：《产业政策与民营企业国有化》，《金融研究》2016 年第 9 期。

制作用，这种外部资源效应相比内部治理效应往往在短期之内效果明显，然而这种外部资源效应是否能够长期激励民营企业提升创新效率，其效果仍有待观察。对于存在供给过度型错配的国有企业而言，提升股权混合度的内部治理效应发挥着更为重要的作用，治理机制的完善，使得国有企业在面临信贷政策倾斜时充分利用低成本优势，积极参与自主创新。这也在一定程度上验证了前文的推论，股权混合度对金融资源错配与创新投入负向关系的正向调节作用，主要在供给不足型错配的民营企业和供给过度型错配的国有企业中表现突出，在调节作用发挥的过程中，民营企业更多依赖于外部资源效应，而国有企业则更多依赖内部治理效应。

（二）不同金融发展水平下金融资源错配与股权混合度对企业创新投入的影响

企业自身制度的完善，有利于缓解金融资源错配对企业创新投入的抑制，但这种缓解作用是否会受到企业外部宏观金融环境改善的影响？为了明确这一问题的答案，本部分将对不同金融发展水平下金融资源错配与股权结构交乘项对创新投入影响的异质性进行分析与验证。

早在中国共产党十四届三中全会上就明确提出现代企业制度与金融体制改革，是建立社会主义市场经济体制的两项重要基础，关乎整个经济体制改革的大局，二者相辅相成、互为条件。金融体制改革为企业建立现代企业制度提供了宏观制度保障。建立现代企业制度的实质是微观基础的再造，其目的是健全市场化经营机制，完善治理结构，增强企业的实力，提升企业效益。金融是连接宏观与微观之间的桥梁，金融体制改革的微观目标主要就是通过金融杠杆来实现资金的优化配置，进而带动社会资源优化高效配置，推动经济健康发展，为企业发展与改革创造良好的外部条件。因此，现代企业治理体系的建立健全需要金融体制予以紧密配合，对现有银行主导型金融体制进行相应的变革，尤其通过利率市场化健全金融资源的配置机制，为企业按照市场规律开展生产经营活动提供了保障。与此同时，现代企业制度的建立为金融体制改革提供了微观基础。股权结构的优化是建立现代企业制度的关键。作为市场中的基本经济单元，企业拥有完善的治理结构，强化了企业的法人财产权，使企业公平地参与市场竞争，并独立承担相应的民事责任和义务。不但有利于提升中央银行宏观货币政策的调控效果，还有利于银行降低信贷风险，减少不良贷款。只有企业经营效率得到实质性提升，才能有能力在市场机制下参与资金的融通，活跃金融市场；反之如果企业未能转换经营机制，企业依然依靠预算软约束，金融体制改革将成为无米之炊。由此可见，解决金融资源错配对企业创新的抑制问题，金融体制改革和现代企业制度的完善，分别从宏观制度和微观主体两方面同时发挥作用，二者之间表现出互补关系而非替代关系。因此，当金融发展水平较低时，即使优化股权结构也并不一定对金融资源错配抑制企业创新发挥缓解作用，股权结构的优化与完善必须配合金融体制改革的持续推进，才能够更好发挥功用。

为了验证上述观点，本书按照金融发展水平的高低，将样本进行分组，分别考察不同金融发展水平下股权混合度对金融资源错配抑制创新投入的缓解作用是否存在差异。本书参考孙少勤和邱斌度量金融发展水平的方法[1]，分别使用金融市场效率和金融市场规模反映企业所在地区的金融发展程度。金融市场效率一方面反映了金融市场以最低成本提供金融资源的能力，另一方面反映了金融资源贡献于社会经济效益的能力。中国以银行为主导的金融体制下，用于社会投资的信贷资金获取难度在很大程度上反映了金融效率，因此本书按年度计算各地区金融机构年末中长期贷款余额与贷款总额之比，以此测度地区金融市场效率。为增加区分度，分别选取25%分位数和75%分位数为界限对样本进行分组，若取值大于75%分位数，将其划分为金融效率较高组；取值小于25%分位数的样本，将其划分为金融效率较低组。为了增强结论的稳健性，本书还使用金融市场规模反映金融发展水平，以地区金融机构本外币贷款余额占当地GDP比重测度地区金融市场规模[2]，分别选取25%分位数和75%分位数为界限对样本进行分组，取值大于75%分位数的样本，将其划分为金融规模较大组；取值小于25%分位数的样本，将其划分为金融规模较小组。

考察不同金融发展程度下金融资源错配与股权混合度对创新投入的影

---

[1] 孙少勤、邱斌：《金融发展与我国出口结构优化研究——基于区域差异视角的分析》，《南开经济研究》2014年第4期。

[2] 刘贯春、张军、丰超：《金融体制改革与经济效率提升——来自省级面板数据的经验分析》，《管理世界》2017年第6期。

响，表6-9第1列、第2列显示，当金融效率处于较高水平时，金融资源错配与股权混合度的交乘项（$Fm \times Mixmax$、$Fm \times Mixmaxr$）的系数在1%水平下显著为正，而当金融效率处于较低水平时，如第3列、第4列所示，金融资源错配与股权混合度的交乘项（$Fm \times Mixmax$、$Fm \times Mixmaxr$）的系数并不显著。按金融规模分组后的结果与之相同，如表6-9第5列、第6列所示，当金融规模较大时，金融资源错配与股权混合度的交乘项（$Fm \times Mixmax$、$Fm \times Mixmaxr$）的系数在1%水平下显著为正，而当金融规模较小水平时，如第7列、第8列所示，金融资源错配与股权混合度的交乘项（$Fm \times Mixmax$、$Fm \times Mixmaxr$）的系数也不显著。以上结果说明，只有当金融市场发展水平提升、金融体制逐步完善的情况下，股权混合度才能在金融资源错配抑制创新投入的过程中有效发挥作用。

可见，对于解决金融资源错配抑制企业创新投入而言，宏观金融环境改善与微观企业股权结构完善之间具有互补作用。股权混合度提升可以通过内部治理效应和外部资源效应发挥作用，股权结构为企业能够合理使用金融资源奠定了内部基础。同时，金融发展水平的提升使得信息交换机制更加成熟，市场机制在金融资源配置过程中发挥着越来越重要的作用。资本要素市场中的金融资源总量总是有限的，资本要素市场的发展会促进金融市场化，更有利于资本流通，信贷资金不再仅仅集中在国有金融机构内，非国有金融机构吸收存款比例也在逐步提高。资本要素市场发育程度越高，金融发展水平越高，金融资源的配置越会遵循市场规律匹配更优质的企业，以实现要素高效利用与增值。金融机构对信贷资金的使用具有更强烈的监管动机，并在技术上支持高效监管得以实现，这样金融资源尤其是信贷资源才会物尽其用，否则融资的便利反而造成金融资源的滥用和浪费，对企业创新行为形成挤压。金融生态环境和金融政策环境的改善，不但有利于降低债务人的违约风险，还有利于降低债权人的维权成本，更健全的金融体制使得股权结构合理、治理水平高的企业能够在资本要素供给市场上获得更公平的待遇，完善的金融体制，为混合式股权结构缓解金融资源错配抑制创新提供了更完备的外部保障，因此，解决金融资源错配抑制企业创新的问题，需要金融体制改革与企业制度完善相互配合、共同推进，缺一不可。

表6-9 不同金融发展程度下金融资源错配与股权混合度对创新投入的影响

样本组	金融效率较高		金融效率较低		金融规模较大		金融规模较小	
Variables	(1) $Rd_{i,t}$	(2) $Rd_{i,t}$	(3) $Rd_{i,t}$	(4) $Rd_{i,t}$	(5) $Rd_{i,t}$	(6) $Rd_{i,t}$	(7) $Rd_{i,t}$	(8) $Rd_{i,t}$
$Fm_{i,t}$	-0.0015***	-0.0016***	-0.0001	-0.0001	-0.0013***	-0.0014***	-0.0003	-0.0003
	(-3.98)	(-4.09)	(-0.17)	(-0.32)	(-3.46)	(-3.64)	(-0.57)	(-0.58)
$Mixmax_{i,t}$	0.0060		0.0151***		0.0065		0.0041	
	(1.40)		(2.80)		(1.38)		(0.77)	
$Fm_{i,t} \times Mixmax_{i,t}$	0.0224***		0.0109		0.0162**		0.0068	
	(3.25)		(1.42)		(2.15)		(0.70)	
$Mixmaxr_{i,t}$		-0.0001		0.0039***		0.0011		0.0012
		(-0.07)		(2.64)		(0.95)		(0.73)
$Fm_{i,t} \times Mixmaxr_{i,t}$		0.0037***		0.0020		0.0026***		0.0021
		(3.32)		(1.09)		(2.68)		(0.80)
$Size_{i,t}$	-0.0016***	-0.0016***	-0.0006***	-0.0006***	-0.0009***	-0.0009***	-0.0019***	-0.0019***
	(-6.21)	(-6.06)	(-2.69)	(-2.61)	(-3.80)	(-3.73)	(-5.48)	(-5.50)
$Age_{i,t}$	-0.0002***	-0.0002***	-0.0003***	-0.0003***	-0.0003***	-0.0003***	-0.0002***	-0.0002***
	(-3.81)	(-3.70)	(-7.12)	(-6.97)	(-4.98)	(-4.92)	(-3.99)	(-4.01)
$Roa_{i,t}$	2.6727***	2.6583***	3.8296***	3.8778***	2.4473***	2.4531***	5.2608***	5.2813***
	(5.63)	(5.60)	(8.02)	(8.07)	(5.50)	(5.52)	(9.35)	(9.36)

续表

样本组	金融效率较高		金融效率较低		金融规模较大		金融规模较小	
$Lev_{i,t}$	0.0026*	0.0026*	0.0006	0.0006	-0.0026*	-0.0026*	0.0060***	0.0061***
	(1.69)	(1.69)	(0.42)	(0.42)	(-1.72)	(-1.72)	(3.41)	(3.42)
$Cf_{i,t}$	0.0277***	0.0274***	0.0215***	0.0216***	0.0219***	0.0218***	0.0208***	0.0208***
	(6.81)	(6.75)	(5.58)	(5.60)	(6.31)	(6.28)	(4.85)	(4.85)
$Market_{i,t}$	0.0344***	0.0344***	0.0226***	0.0225***	0.0276***	0.0277***	0.0519***	0.0520***
	(9.04)	(9.02)	(5.47)	(5.45)	(7.96)	(7.96)	(9.37)	(9.37)
$Tecstaff_{i,t}$	0.0411***	0.0411***	0.0283***	0.0284***	0.0303***	0.0303***	0.0326***	0.0326***
	(13.57)	(13.55)	(11.45)	(11.46)	(10.76)	(10.74)	(10.61)	(10.60)
$Constant$	0.0484***	0.0473***	0.0307***	0.0301***	0.0359***	0.0354***	0.0517***	0.0515***
	(9.14)	(8.97)	(5.62)	(5.57)	(8.89)	(8.78)	(6.88)	(6.87)
行业	Yes	Yes	Yes	Yes	Yes	Yes	Yes	Yes
年度	Yes	Yes	Yes	Yes	Yes	Yes	Yes	Yes
N	8496	8496	7088	7088	8024	8024	7560	7560
$Adj-R^2$	0.334	0.334	0.279	0.278	0.346	0.345	0.290	0.290
Empirical p-value	0.000*** $(Fm_{i,t} \times Mixmax_{i,t})$				0.000*** $(Fm_{i,t} \times Mixmax_{i,t})$			
	0.000*** $(Fm_{i,t} \times Mixmaxr_{i,t})$				0.000*** $(Fm_{i,t} \times Mixmaxr_{i,t})$			

注：*、***分别表示10%、1%水平显著。括号内为稳健标准误调整的 t 统计量。经验 p 值用于检验组间交乘项系数差异的显著性。

五　稳健性检验

为了保证上述结论的稳健性，本书采用以下方法对金融资源错配与股权结构对企业创新投入的基准回归结果进行检验。

（一）变量替换

1. 替换解释变量

本书首先对解释变量中股权多元度和股权混合度的度量方式分别进行替换。为再次检验金融资源错配与股权多元度对企业创新投入的影响，本书将机构投资者与其他产业投资者视为等同地位，重新构造了反映股权多元度的指标（*Mtype*），若股东只涉及国有、民营、外资和机构中的一种股权性质，则 *Mtype* 取值为 1，涉及两种取值为 2，涉及三种取值为 3，若 4 种不同性质的股权均存在则 *Mtype* 取值为 4。回归结果如表 6 - 10 前 3 列所示，无论全样本还是分组回归，金融资源错配与股权多元度的交乘项（*Fm* × *Mixsum*、*Fm* × *Mixsumr*）系数的符号和显著性依然不理想，与前文结论相差甚微。

为再次检验金融资源错配与股权混合度对创新投入的影响，本书将最大异质股东参股比例（*Mixmax*）替换为五大股东集团中异质股东的参股比例总和（*Mixsum*），将最大异质股东参股数与实际控制人控股数之比（*Mixmaxr*）替换为五大股东中异质股东参股总数与实际控制人控股数之比（*Mixsumr*），将替换后的股权混合度放入模型（6.1）中重新进行回归。回归结果如表 6 - 10 第 4 列和第 5 列所示，无论全样本还是分组回归，金融资源错配与股权混合度的交乘项（*Fm* × *Mixsum*、*Fm* × *Mixsumr*）系数的符号和显著性均与前文结论无实质性差异。

为了进一步突出异质股东的制衡作用，本书还参考了王美英等、曹越等对具有制衡作用的混合式股权结构的界定[①]，认为异质股东持股比例

[①] 王美英、陈宋生、曾昌礼等：《混合所有制背景下多个大股东与风险承担研究》，《会计研究》2020 年第 2 期；曹越、孙丽、郭天枭等：《"国企混改"与内部控制质量：来自上市国企的经验证据》，《会计研究》2020 年第 8 期。

之和应超过10%[①]，掌握一定话语权的异质股东才更有可能委派董事和监事，更好发挥制衡与监督职能。因此，本书构建变量 Dmix，用于表示前五大股东集团中是否具有异质股东持股比例之和大于10%的情况，如果有，则说明具有混合式股权结构，该变量取值为1，否则取值为0。将是否具有混合股权结构（Dmix）对原有反映股权结构特征的变量进行替换，重新检验。回归结果如表6-10最后3列所示，与前文结论无实质性差异。

2. 替换被解释变量

本书使用研发支出占营业收入之比（Rdr）对被解释变量企业创新的度量方式进行替换，将替换后的被解释变量放入模型（6.1）中重新进行回归。回归结果如表6-11所示，无论全样本还是分组回归结果均与前文结论无实质性差异。

（二）改变估计样本

1. 剔除无异质股东的样本

基准回归模型中，依据企业前五大股东实际控制人性质构建了股权混合度变量，但前五大股东中不存在异质股东的样本企业占总样本的50%以上，为剔除上述情况对回归结果的影响，本书选取异质股东参股比例大于0的样本，对股权多元度、股权混合度对金融资源错配抑制创新的缓解作用重新进行了检验。回归结果如表6-12所示，与前文无实质性差异。

2. 剔除异质股东持股比例之和小于10%的样本

参考王美英等、曹越等对具有制衡作用的混合式股权结构的界定，本书选取五大股东集团中异质股东持股比例之和大于10%的样本再次进行检验。回归结果如表6-13所示，与理论假设相符，说明研究结论具有较强的可靠性。

[①] 根据中国《公司法》第102条对股东大会的召集人持股数额做出了限制，要求必须单独或者合计持有公司10%以上股份股东才有权利向董事会请求召开临时股东大会。

表6-10　替换解释变量的稳健性检验

样本组	全样本	供给不足型错配	供给过度型错配	全样本		供给不足型错配		供给过度型错配		全样本	供给不足型错配	供给过度型错配
Variables	(1) $Rd_{i,t}$	(2) $Rd_{i,t}$	(3) $Rd_{i,t}$	(4) $Rd_{i,t}$	(5) $Rd_{i,t}$	(6) $Rd_{i,t}$	(7) $Rd_{i,t}$	(8) $Rd_{i,t}$	(9) $Rd_{i,t}$	(10) $Rd_{i,t}$	(11) $Rd_{i,t}$	(12) $Rd_{i,t}$
$Fm_{i,t}$	-0.0008*** (-3.27)	-0.0011*** (-4.12)	-0.0001 (-0.14)	-0.0010*** (-4.41)	-0.0011*** (-4.57)	-0.0010*** (-4.32)	-0.0011*** (-4.48)	-0.0006 (-0.58)	-0.0005 (-0.49)	-0.0012*** (-4.98)	-0.0015*** (-5.76)	-0.0010 (-0.92)
$Mtype_{i,t}$	0.0008*** (4.77)	0.0006*** (2.94)	0.0010*** (3.66)									
$Fm_{i,t}$ × $Mtype_{i,t}$	0.0001 (0.44)	-0.0002 (-0.54)	0.0010* (1.85)									
$Mixsum_{i,t}$				0.0065*** (2.93)		0.0062** (2.56)		0.0108** (2.30)				
$Fm_{i,t}$ × $Mixsum_{i,t}$				0.0088*** (2.67)		0.0082** (2.43)		0.0238** (2.45)				
$Mixsumr_{i,t}$					0.0010* (1.69)		0.0009 (1.37)		0.0025* (1.71)			

第六章 股权结构特征对金融资源错配与企业创新投入关系的影响　　163

续表

样本组	全样本	供给不足型错配	供给过度型错配	全样本	供给不足型错配	供给过度型错配	全样本	供给不足型错配	供给过度型错配
$Fm_{i,t} \times Mixsumr_{i,t}$				0.0017** (2.38)	0.0016** (2.23)	0.0058* (1.96)			
$Dmix_{i,t}$							0.0002 (0.58)	-0.0002 (-0.34)	0.0016* (1.80)
$Fm_{i,t} \times Dmix_{i,t}$							0.0015*** (2.67)	0.0012** (1.99)	0.0045*** (2.72)
$Size_{i,t}$	-0.0015*** (-9.75)	-0.0018*** (-8.31)	-0.0012*** (-5.47)	-0.0013*** (-9.46)	-0.0014*** (-9.00)	-0.0011*** (-3.34)	-0.0014*** (-9.70)	-0.0018*** (-8.98)	-0.0012*** (-3.77)
$Age_{i,t}$	-0.0002*** (-9.10)	-0.0002*** (-6.36)	-0.0002*** (-6.01)	-0.0002*** (-8.57)	-0.0002*** (-8.21)	-0.0002** (-2.43)	-0.0002*** (-8.67)	-0.0002*** (-6.98)	-0.0002** (-2.54)
$Roa_{i,t}$	3.2424*** (10.66)	2.3165*** (6.45)	3.5183*** (6.72)	3.3521*** (12.60)	3.3133*** (11.88)	4.4856*** (4.92)	3.2418*** (12.31)	2.2481*** (7.22)	4.4109*** (4.92)
$Lev_{i,t}$	0.0029*** (2.97)	0.0034*** (2.68)	0.0047*** (3.16)	0.0016* (1.89)	0.0023** (2.48)	-0.0047** (-2.01)	0.0016* (1.86)	0.0026** (2.39)	-0.0053** (-2.25)
$Cf_{i,t}$	0.0288*** (11.49)	0.0219*** (6.64)	0.0356*** (9.18)	0.0263*** (11.86)	0.0257*** (10.83)	0.0259*** (4.18)	0.0266*** (12.06)	0.0242*** (8.35)	0.0251*** (4.10)

续表

样本组	全样本	供给不足型错配	供给过度型错配	全样本	供给不足型错配	供给过度型错配	全样本	供给不足型错配	供给过度型错配
$Market_{i,t}$	0.0357***	0.0267***	0.0423***	0.0343***	0.0351***	0.0284***	0.0343***	0.0351***	0.0282***
	(14.90)	(8.06)	(12.21)	(15.73)	(15.27)	(4.16)	(15.69)	(15.23)	(4.14)
$Tecstaff_{i,t}$	0.0385***	0.0268***	0.0472***	0.0360***	0.0369***	0.0269***	0.0360***	0.0370***	0.0270***
	(22.33)	(12.40)	(18.85)	(23.78)	(22.85)	(6.76)	(23.78)	(22.85)	(6.77)
Constant	0.0462***	0.0548***	0.0374***	0.0441***	0.0442***	0.0427***	0.0433***	0.0434***	0.0419***
	(14.68)	(12.37)	(8.22)	(14.96)	(13.84)	(6.05)	(14.80)	(13.69)	(6.01)
行业	Yes	Yes	Yes	Yes	Yes	Yes	Yes	Yes	Yes
年度	Yes	Yes	Yes	Yes	Yes	Yes	Yes	Yes	Yes
N	15584	7886	7677	15584	7886	7677	15584	7886	7677
$Adj-R^2$	0.331	0.286	0.362	0.320	0.320	0.312	0.319	0.320	0.311

样本组	全样本	供给不足型错配	供给过度型错配
$Market_{i,t}$	0.0337***	0.0254***	0.0273***
	(15.65)	(8.55)	(4.04)
$Tecstaff_{i,t}$	0.0359***	0.0251***	0.0255***
	(23.80)	(13.35)	(6.53)
Constant	0.0439***	0.0547***	0.0451***
	(15.16)	(13.51)	(6.62)
行业	Yes	Yes	Yes
年度	Yes	Yes	Yes
N	15584	7886	7677
$Adj-R^2$	0.320	0.285	0.331

注：*、**、*** 分别表示10%、5%、1%水平显著。括号内为稳健标准误调整的 t 统计量。

第六章 股权结构特征对金融资源错配与企业创新投入关系的影响 ▸▸ 165

表6-11 替换被解释变量的稳健性检验

样本组	全样本	供给不足型错配	供给过度型错配	全样本		供给不足型错配		供给过度型错配	
Variables	(1)	(2)	(3)	(1)	(2)	(3)	(4)	(5)	(6)
	$Rdr_{i,t}$	$Rdr_{i,t}$	$Rdr_{i,t}$	$Rdr_{i,t}$	$Rdr_{i,t}$	$Rdr_{i,t}$	$Rdr_{i,t}$	$Rdr_{i,t}$	$Rdr_{i,t}$
$Fm_{i,t}$	-0.0004*	-0.0013***	0.0016	-0.0002	-0.0003	-0.0000	-0.0001	-0.0013	-0.0013
	(-1.79)	(-2.72)	(1.23)	(-0.48)	(-0.65)	(-0.06)	(-0.22)	(-0.62)	(-0.62)
$Mixn_{i,t}$	0.0006***	0.0007***	0.0005**						
	(3.61)	(2.83)	(2.02)						
$Fm_{i,t} \times Mixn_{i,t}$	-0.0004	-0.0005	-0.0005						
	(-1.14)	(-1.53)	(-0.68)						
$Mixmax_{i,t}$				0.0126***	0.0038***	0.0145***		0.0078	
				(2.62)	(2.71)	(2.76)		(0.74)	
$Fm_{i,t} \times Mixmax_{i,t}$				0.0193**	0.0031*	0.0176*		0.0377*	
				(2.02)	(1.72)	(1.75)		(1.74)	
$Mixmaxr_{i,t}$							0.0043***		0.0027
							(2.85)		(0.89)
$Fm_{i,t} \times Mixmaxr_{i,t}$							0.0026*		0.0108*
							(1.69)		(1.66)
$Size_{i,t}$	-0.0012***	-0.0009**	-0.0014***	-0.0012***	-0.0012***	-0.0010***	-0.0009***	-0.0031***	-0.0031***
	(-4.77)	(-2.48)	(-4.05)	(-4.77)	(-4.75)	(-3.64)	(-3.59)	(-4.73)	(-4.77)

续表

样本组	全样本	供给不足型 错配	供给过度型 错配	全样本	全样本	供给不足型 错配	供给不足型 错配	供给过度型 错配	供给过度型 错配
$Age_{i,t}$	-0.0006***	-0.0006***	-0.0007***	-0.0006***	-0.0006***	-0.0006***	-0.0006***	-0.0003**	-0.0003**
	(-13.82)	(-9.17)	(-10.24)	(-13.71)	(-13.76)	(-13.49)	(-13.53)	(-2.18)	(-2.18)
$Roa_{i,t}$	-5.5553***	-6.9370***	-4.2762***	-5.4231***	-5.3975***	-5.4691***	-5.4386***	-6.0640**	-6.0657**
	(-9.72)	(-9.04)	(-4.81)	(-9.73)	(-9.67)	(-9.54)	(-9.47)	(-2.48)	(-2.48)
$Lev_{i,t}$	-0.0295***	-0.0257***	-0.0315***	-0.0299***	-0.0299***	-0.0302***	-0.0303***	-0.0342***	-0.0342***
	(-17.54)	(-10.54)	(-13.19)	(-18.15)	(-18.15)	(-17.28)	(-17.28)	(-6.86)	(-6.88)
$Cf_{i,t}$	-0.0015	-0.0098*	0.0054	0.0004	0.0004	-0.0005	-0.0005	0.0154	0.0154
	(-0.39)	(-1.93)	(0.92)	(0.11)	(0.10)	(-0.13)	(-0.14)	(1.34)	(1.34)
$Market_{i,t}$	0.0743***	0.0781***	0.0708***	0.0750***	0.0751***	0.0789***	0.0790***	0.0392***	0.0392***
	(16.47)	(11.23)	(12.15)	(16.82)	(16.82)	(16.81)	(16.81)	(2.88)	(2.88)
$Tecstaff_{i,t}$	0.0987***	0.0821***	0.1109***	0.0987***	0.0988***	0.0995***	0.0996***	0.0888***	0.0888***
	(31.51)	(19.15)	(25.22)	(32.03)	(32.05)	(30.48)	(30.49)	(10.14)	(10.14)
$Constant$	0.0700***	0.0632***	0.0731***	0.0693***	0.0690***	0.0645***	0.0642***	0.1144***	0.1144***
	(13.63)	(8.55)	(10.34)	(13.75)	(13.80)	(11.91)	(11.94)	(8.55)	(8.61)
行业	Yes	Yes	Yes	Yes	Yes	Yes	Yes	Yes	Yes
年度	Yes	Yes	Yes	Yes	Yes	Yes	Yes	Yes	Yes
N	15584	7886	7677	15584	15584	7886	7886	7677	7677
$Adj-R^2$	0.419	0.390	0.450	0.420	0.420	0.423	0.423	0.401	0.401

注：*、**、*** 分别表示 10%、5%、1% 水平显著。括号内为稳健标准误调整的 t 统计量。

第六章 股权结构特征对金融资源错配与企业创新投入关系的影响 ◀◀ 167

表6-12 剔除无异质股东样本后的稳健性检验

样本组	全样本	供给不足型错配	供给过度型错配	全样本	全样本	供给不足型错配	供给不足型错配	供给过度型错配	供给过度型错配
Variables	(1) $Rd_{i,t}$	(2) $Rd_{i,t}$	(3) $Rd_{i,t}$	(1) $Rd_{i,t}$	(2) $Rd_{i,t}$	(3) $Rd_{i,t}$	(4) $Rd_{i,t}$	(5) $Rd_{i,t}$	(6) $Rd_{i,t}$
$Fm_{i,t}$	-0.0017*** (-4.95)	-0.0016*** (-4.36)	-0.0011 (-1.08)	-0.0020*** (-5.32)	-0.0019*** (-5.06)	-0.0020*** (-4.83)	-0.0019*** (-4.65)	-0.0010 (-1.21)	-0.0006 (-0.85)
$Mixn_{i,t}$	0.0008*** (4.24)	0.0008*** (3.35)	0.0007** (2.19)						
$Fm_{i,t} \times Mixn_{i,t}$	0.0003 (0.95)	0.0001 (0.31)	0.0005 (0.59)						
$Mixmax_{i,t}$				0.0037 (1.24)		-0.0012 (-0.33)		0.0046 (0.94)	
$Fm_{i,t} \times Mixmax_{i,t}$				0.0201*** (4.01)		0.0162*** (3.07)		0.0211* (1.70)	
$Mixmaxr_{i,t}$					0.0001 (0.11)		-0.0008 (-0.79)		0.0004 (0.30)
$Fm_{i,t} \times Mixmaxr_{i,t}$					0.0035*** (3.83)		0.0027*** (2.92)		0.0030* (1.86)
$Size_{i,t}$	-0.0013*** (-6.91)	-0.0017*** (-6.67)	-0.0009*** (-3.29)	-0.0012*** (-6.61)	-0.0012*** (-6.59)	-0.0017*** (-6.80)	-0.0017*** (-6.85)	-0.0008*** (-2.95)	-0.0008*** (-2.93)

续表

	全样本		供给不足型 错配		供给过度型 错配		全样本		供给不足型 错配		供给过度型 错配	
样本组												
$Age_{i,t}$	−0.0003***	(−7.22)	−0.0002***	(−2.98)	−0.0004***	(−6.34)	−0.0003***	(−7.29)	−0.0002***	(−3.10)	−0.0003***	(−6.10)
							−0.0003***	(−7.26)	−0.0002***	(−3.08)	−0.0003***	(−6.12)
$Roa_{i,t}$	2.1421***	(5.11)	1.6403***	(3.40)	1.9623***	(2.62)	2.5673***	(6.14)	1.7590***	(3.78)	2.5294***	(3.39)
							2.5822***	(6.15)	1.7513***	(3.74)	2.5482***	(3.41)
$Lev_{i,t}$	−0.0017	(−1.45)	−0.0001	(−0.06)	−0.0011	(−0.59)	−0.0016	(−1.37)	−0.0005	(−0.32)	−0.0003	(−0.16)
							−0.0016	(−1.39)	−0.0005	(−0.30)	−0.0003	(−0.14)
$Cf_{i,t}$	0.0299***	(8.62)	0.0208***	(4.67)	0.0411***	(7.34)	0.0307***	(8.95)	0.0207***	(4.76)	0.0417***	(7.58)
							0.0307***	(8.94)	0.0206***	(4.73)	0.0418***	(7.59)
$Market_{i,t}$	0.0315***	(9.29)	0.0222***	(4.43)	0.0402***	(8.54)	0.0344***	(10.16)	0.0212***	(4.37)	0.0453***	(9.47)
							0.0345***	(10.15)	0.0213***	(4.38)	0.0454***	(9.48)
$Tecstaff_{i,t}$	0.0366***	(16.29)	0.0275***	(9.64)	0.0431***	(12.99)	0.0384***	(16.86)	0.0267***	(9.69)	0.0468***	(13.90)
							0.0385***	(16.87)	0.0268***	(9.71)	0.0469***	(13.89)
$Constant$	0.0446***	(11.53)	0.0536***	(9.69)	0.0356***	(6.56)	0.0428***	(11.12)	0.0532***	(10.15)	0.0323***	(5.79)
							0.0425***	(11.12)	0.0534***	(10.19)	0.0321***	(5.79)
行业	Yes		Yes		Yes		Yes		Yes		Yes	
年度	Yes		Yes		Yes		Yes		Yes		Yes	
N	6995		3598		3383		6995		3598		3383	
$Adj-R^2$	0.346		0.291		0.382		0.355		0.292		0.397	
							0.354		0.291		0.396	

注：*、**、*** 分别表示10%、5%、1%水平显著。括号内为稳健标准误调整的 t 统计量。

第六章 股权结构特征对金融资源错配与企业创新投入关系的影响 169

表6-13 剔除异质股东持股和小于10%样本后的稳健性检验

样本组	全样本	供给不足型错配	供给过度型错配	全样本			供给不足型错配		供给过度型错配	
Variables	(1) $Rd_{i,t}$	(2) $Rd_{i,t}$	(3) $Rd_{i,t}$	(1) $Rd_{i,t}$	(2) $Rd_{i,t}$	(3) $Rd_{i,t}$	(4) $Rd_{i,t}$	(5) $Rd_{i,t}$	(6) $Rd_{i,t}$
$Fm_{i,t}$	-0.0013**	-0.0006	-0.0031*	-0.0019***	-0.0016***	-0.0022***	-0.0019***	-0.0012	-0.0008
	(-2.29)	(-1.08)	(-1.77)	(-3.65)	(-3.22)	(-3.87)	(-3.41)	(-1.46)	(-1.08)
$Mixn_{i,t}$	0.0015***	0.0011**	0.0017***						
	(3.85)	(2.45)	(2.71)						
$Fm_{i,t} \times Mixn_{i,t}$	0.0015**	0.0010	0.0034**						
	(2.27)	(1.49)	(2.03)						
$DG12.577mm$				-0.0037		-0.0133***		0.0042	
				(-1.03)		(-2.95)		(0.85)	
$Mixmax_{i,t}$				0.0197***		0.0212***		0.0227*	
				(3.18)		(3.24)		(1.82)	
$Fm_{i,t} \times Mixmax_{i,t}$					-0.0018*		-0.0032***		0.0003
					(-1.90)		(-2.77)		(0.19)
$Mixmaxr_{i,t}$					0.0032***		0.0031***		0.0033*
					(3.13)		(2.95)		(1.74)
$Fm_{i,t} \times Mixmaxr_{i,t}$					-0.0014***		-0.0021***		-0.0007
					(-6.54)		(-7.21)		(-2.82)
$Size_{i,t}$	-0.0023***	-0.0019***	-0.0028***	-0.0014***		-0.0021***		-0.0008***	
	(-6.61)	(-3.64)	(-5.35)	(-6.39)		(-7.07)		(-2.83)	

续表

样本组	全样本	供给不足型错配	供给过度型错配	全样本	供给不足型错配	供给过度型错配
$Age_{i,t}$	-0.0004***	-0.0003**	-0.0004***	-0.0003***	-0.0002**	-0.0003***
	(-5.80)	(-2.37)	(-4.36)	(-6.86)	(-2.22)	(-6.15)
$Roa_{i,t}$	2.1696***	1.8080**	2.0928	2.4116***	1.7077***	2.6452***
	(2.96)	(2.11)	(1.53)	(4.82)	(2.87)	(3.45)
$Lev_{i,t}$	0.0014	-0.0012	0.0086**	-0.0023	-0.0004	-0.0002
	(0.55)	(-0.35)	(2.09)	(-1.51)	(-0.18)	(-0.10)
$Cf_{i,t}$	0.0433***	0.0269***	0.0585***	0.0392***	0.0320***	0.0405***
	(6.14)	(2.91)	(5.67)	(9.75)	(5.92)	(7.26)
$Market_{i,t}$	0.0266***	0.0102	0.0597***	0.0364***	0.0223***	0.0455***
	(3.36)	(1.29)	(3.69)	(8.36)	(3.53)	(9.45)
$Tecstaff_{i,t}$	0.0443***	0.0272***	0.0600***	0.0430***	0.0331***	0.0463***
	(9.18)	(5.55)	(7.85)	(14.57)	(8.84)	(13.79)
Constant	0.0652***	0.0587***	0.0695***	0.0471***	0.0612***	0.0318***
	(9.20)	(5.32)	(6.57)	(10.37)	(9.93)	(5.63)
行业	Yes	Yes	Yes	Yes	Yes	Yes
年度	Yes	Yes	Yes	Yes	Yes	Yes
N	1806	894	910	1806	894	910
$Adj-R^2$	0.418	0.366	0.495	0.421	0.365	0.503

样本组	全样本	供给不足型错配	供给过度型错配
$Age_{i,t}$	-0.0003***	-0.0001**	-0.0003***
	(-6.62)	(-2.16)	(-6.16)
$Roa_{i,t}$	2.3711***	1.6556***	2.6619***
	(4.70)	(2.76)	(3.48)
$Lev_{i,t}$	-0.0022	-0.0003	-0.0002
	(-1.49)	(-0.15)	(-0.09)
$Cf_{i,t}$	0.0392***	0.0316***	0.0406***
	(9.74)	(5.83)	(7.28)
$Market_{i,t}$	0.0366***	0.0225***	0.0455***
	(8.38)	(3.57)	(9.46)
$Tecstaff_{i,t}$	0.0431***	0.0334***	0.0463***
	(14.60)	(8.90)	(13.79)
Constant	0.0474***	0.0620***	0.0316***
	(10.51)	(10.04)	(5.65)
行业	Yes	Yes	Yes
年度	Yes	Yes	Yes
N	1806	894	910
$Adj-R^2$	0.419	0.363	0.502

注：*、**、*** 分别表示 10%、5%、1% 水平显著。括号内为稳健标准误调整的 t 统计量。

第四节 进一步分析

一 异质股东制衡的边界

前文的分析可知，股权混合度，即异质股东参股比例越大越有利于缓解金融资源错配对创新投入的抑制作用，那么异质股东参股比例是否越高越好？如果异质性股东参与比例持续升高，将会导致企业没有实际控制人，甚至控制权发生转移，如图6-3所示。本节将按照异质性股东参股比例变化所引起股权性质变化的顺序，就无实际控制人和控制权发生转移分别对金融资源错配与创新投入关系的调节作用逐一进行分析。

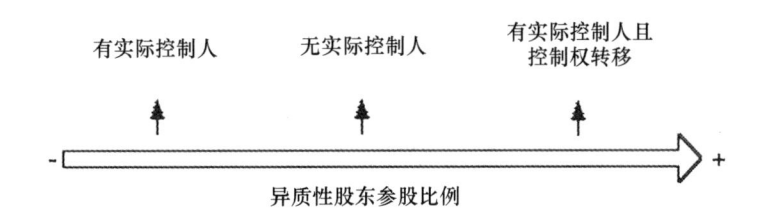

图6-3 异质性股东持股比例与股权性质的变动关系

（一）有无实际控制人的分析

《上市公司收购管理办法》第84条规定上市公司有持股50%以上，或可实际支配表决权30%以上，或能够决定董事会半数以上成员选任，或对股东大会决议产生重大影响的股东为实际控制人。如果企业没有实际控制人，一定程度上说明股权结构较为分散，第一大股东的持股比例不具有显著优势。因此，本书首先就异质股东持股比例大于0的样本，观测有无实际控制人对金融资源错配抑制创新是否具有缓解作用。之所以选择异质股东持股比例大于0的样本是因为无实际控制人的企业，持股比例居前的大股东可能是性质相同，也可能性质不同，本书需要探讨异质股东持股过高而导致无实际控制人的情况，因此将不存在异质股东的样本进行剔除，观测当异质股东参股比例高到企业无实际控制人时，无实际控制人是否有利于缓解金融资源错配对创新投入的抑制，如果得到的检验结果是肯定的,说明异质股东持股比例高到使股权分散以至于无实际控制人的程度,仍然可以缓解金融错配对创新投入的抑制。反之,如果检验结果是否定的,那么则说明在缓解金融资源错配对创新投入抑制的问题上,异质股东参股比例并非越高越好。本书参考章琳一和张洪辉、刘佳伟和周中胜的做法①,构建用于反映企业是否拥有实际控制人的虚拟变量($Controller$),若企业无实际控制人,该变量取值为 1;若拥有实际控制人,则取值为 0。

表 6-14 第 1 列显示,存在异质股东的企业样本中,金融资源错配与有无实际控制人的交乘项($Fm \times Controller$)不显著,说明无实际控制人,即异质股东参股比例高到很可能影响到实际控制人地位时,并不会缓解金融资源错配对创新投入的抑制。无论企业是否有实际控制人,金融资源错配对创新投入的抑制作用的大小是相同的。

表 6-14　　　　　　　　　有无实际控制人的分析

样本组	存在异质股东	存在异质股东且无实际控制人		存在异质股东且有实际控制人	
Variables	(1)	(2)	(3)	(4)	(5)
	$Rd_{i,t}$	$Rd_{i,t}$	$Rd_{i,t}$	$Rd_{i,t}$	$Rd_{i,t}$
$Fm_{i,t}$	-0.0016***	-0.0008	-0.0011	-0.0022***	-0.0021***
	(-4.46)	(-0.38)	(-0.47)	(-5.26)	(-4.95)
$Controller_{i,t}$	-0.0021**				
	(-1.98)				
$Fm_{i,t} \times Controller_{i,t}$	0.0027				
	(1.16)				
$Mixmax_{i,t}$		0.0101		0.0022	
		(0.42)		(0.67)	
$Fm_{i,t} \times Mixmax_{i,t}$		0.0355		0.0231***	
		(1.13)		(3.79)	

① 章琳一、张洪辉:《无控股股东,内部人控制与内部控制质量》,《审计研究》2020 年第 1 期;刘佳伟、周中胜:《企业无实际控制人与审计收费》,《审计研究》2021 年第 3 期。

续表

样本组	存在异质股东	存在异质股东且无实际控制人		存在异质股东且有实际控制人	
$Mixmaxr_{i,t}$		0.0015		-0.0002	
		(0.33)		(-0.19)	
$Fm_{i,t} \times Mixmaxr_{i,t}$		0.0042		0.0038***	
		(0.70)		(3.59)	
$Size_{i,t}$	-0.0013***	-0.0028*	-0.0028*	-0.0013***	-0.0012***
	(-6.90)	(-1.74)	(-1.77)	(-6.19)	(-6.23)
$Age_{i,t}$	-0.0002***	-0.0003	-0.0003	-0.0002***	-0.0002***
	(-6.61)	(-1.20)	(-1.24)	(-6.26)	(-6.23)
$Roa_{i,t}$	2.6351***	-2.2677	-2.2197	2.8773***	2.8733***
	(6.22)	(-1.01)	(-0.98)	(6.70)	(6.67)
$Lev_{i,t}$	-0.0009	0.0002	0.0001	-0.0010	-0.0010
	(-0.73)	(0.01)	(0.01)	(-0.80)	(-0.80)
$Cf_{i,t}$	0.0298***	0.0393*	0.0393*	0.0294***	0.0294***
	(8.07)	(1.75)	(1.74)	(7.86)	(7.86)
$Market_{i,t}$	0.0352***	0.0064	0.0066	0.0365***	0.0365***
	(10.09)	(0.35)	(0.36)	(10.18)	(10.15)
$Tecstaff_{i,t}$	0.0386***	0.0263**	0.0262**	0.0395***	0.0395***
	(15.84)	(2.23)	(2.21)	(15.82)	(15.83)
$Constant$	0.0465***	0.0857***	0.0860***	0.0438***	0.0437***
	(11.22)	(2.69)	(2.72)	(10.21)	(10.27)
行业	Yes	Yes	Yes	Yes	Yes
年度	Yes	Yes	Yes	Yes	Yes
N	6050	262	262	5788	5788
$Adj-R^2$	0.344	0.313	0.311	0.351	0.351

注：*、**、***分别表示10%、5%、1%水平显著。括号内为稳健标准误调整的 t 统计量。

本书继续将样本划分为无实际控制人和有实际控制人两组样本，分别观测金融资源错配与股权混合度的交乘项（$Fm \times Mixmax$、$Fm \times Mixmaxr$）系数是否具有差异。回归结果如表6-14第2至第5列所示，无论采用绝对值还是相对值量股权混合度①，金融资源错配与股权混合度的交乘项（$Fm \times Mixmax$、$Fm \times Mixmaxr$）系数在无实际控制人的企业中均不显著，在有实际控制人的企业中1%水平下显著为正，说明就股权混合度的调节作用而言，只有在保证企业控股股东地位的前提下，异质股东参股比例越高才能有利于缓解金融资源错配对创新投入的抑制。

为了进一步探究在无实际控制人的样本企业中，金融资源错配与股权混合度的交乘项（$Fm \times Mixmax$、$Fm \times Mixmaxr$）系数不显著，会不会是因为无实际控制人的企业金融资源错配程度本来就低，所以股权混合度提升所带来的缓解作用不明显。于是，本书通过构建是否有实际控制人与企业金融资源错配的回归模型，验证二者之间的关系。回归结果显示是否具有实际控制人（$Controller$）与金融资源错配程度无显著关系（回归结果见附表A1），说明无实际控制人的企业金融资源错配程度并非显著低于有实际控制人的企业。结合表6-14的回归结果，可以基本排除股权混合度缓解作用在无实际控制人企业样本中不显著是由于无实际控制人的企业金融资源错配程度本来就低这一解释。那么则进一步说明，在所有企业所面临的金融资源错配程度无显著差异的情况下，股权混合度高仅能够在有实际控制人的企业中对金融资源错配与创新投入的关系发挥出调节作用，股权混合度并非越高越好。股权混合度过高，异质性大股东持股比例接近，更容易激化控制权争夺，这种过强的牵制力，很可能导致协调成本升高，决策效率下降，此外股权混合度过高还可能走向另一个极端，致使大股东之间的合谋风险增加，这些问题的出现都不利于调节作用的发挥。

（二）是否发生控制权转移的分析

以上讨论了异质股东参股比例高到可能威胁原有控股股东地位的情况，接下来有必要进一步追问：如果异质股东参股比例不仅仅是与原控股股东持股比例相当，而是远远超过了原控股股东持股比例，彻底改变

---

① 无实际控制人企业中的股权混合度的绝对值$Mixmax$，使用除第一大股东之外的最大异质股东持股比例计算；相对值$Mixmaxr$，使用最大异质股东参股数与第一大股东持股数的相对比例计算。

了企业性质,例如民营股东参股国有企业,最终使国有企业彻底民营化,由国有性质转变为民营性质,这种情况下是否依然可以发挥对金融资源错配抑制创新投入的缓解作用?

为了回答上述问题,本书参考杨兴全等、曹越和孙丽的做法[①],构建了反映企业是否发生终极控制权转移的虚拟变量($Transfer$),若企业在t期发生了控制权转移致使产权性质发生了变化,则该变量在t期及以后均取值为1,在t期之前均取值为0。

表6-15第1列显示,在有异质股东且发生过控制权转移的样本中,金融资源错配与是否发生控制权转移的交乘项($Fm \times Transfer$)不显著,说明企业发生控制权转移后,即异质股东参股比例高到成为新的控制人,并未缓解金融资源错配对企业创新投入的抑制。

表6-15　　　　　　　是否发生控制权转移的分析

样本组	存在异质股东且控制权发生过转移	存在异质股东且控制权转移		存在异质股东且控制权未转移	
Variables	(1)	(2)	(3)	(4)	(5)
	$Rd_{i,t}$	$Rd_{i,t}$	$Rd_{i,t}$	$Rd_{i,t}$	$Rd_{i,t}$
$Fm_{i,t}$	-0.0027**	-0.0006	-0.0006	0.0412***	0.0018
	(-2.04)	(-0.46)	(-0.55)	(3.67)	(1.40)
$Transfer_{i,t}$	0.0033***				
	(3.10)				
$Fm_{i,t} \times Transfer_{i,t}$	0.0011				
	(0.71)				
$Mixmax_{i,t}$		0.0001**		0.0031	
		(2.48)		(0.86)	

---

① 杨兴全、任小毅、杨征:《国企混改优化了多元化经营行为吗?》,《会计研究》2020年第4期;曹越、孙丽:《国有控制权转让对内部控制质量的影响:监督还是掏空?》,《会计研究》2021年第10期。

续表

样本组	存在异质股东且控制权发生过转移		存在异质股东且控制权转移		存在异质股东且控制权未转移
$Fm_{i,t} \times Mixmax_{i,t}$			-0.0000		0.0256***
			(-0.54)		(3.81)
$Mixmaxr_{i,t}$			-0.0001*		0.0003
			(-1.75)		(0.29)
$Fm_{i,t} \times Mixmaxr_{i,t}$			-0.0001		0.0048***
			(-0.80)		(2.71)
$Size_{i,t}$	-0.0023***	-0.0026***	-0.0023***	-0.0012***	-0.0012***
	(-4.65)	(-4.07)	(-3.51)	(-5.58)	(-5.60)
$Age_{i,t}$	0.0002**	0.0002**	-0.0000	-0.0003***	-0.0003***
	(2.22)	(2.06)	(-0.05)	(-6.81)	(-6.79)
$Roa_{i,t}$	0.7304	-0.1075	0.2462	2.6919***	2.6908***
	(0.67)	(-0.08)	(0.20)	(5.92)	(5.90)
$Lev_{i,t}$	0.0027	0.0002	-0.0011	-0.0010	-0.0009
	(0.71)	(0.04)	(-0.22)	(-0.70)	(-0.67)
$Cf_{i,t}$	0.0246***	0.0235**	0.0233**	0.0295***	0.0296***
	(2.68)	(1.98)	(1.99)	(7.54)	(7.55)
$Market_{i,t}$	0.0128**	0.0168**	0.0162*	0.0375***	0.0375***
	(2.06)	(2.13)	(1.89)	(9.99)	(9.95)
$Tecstaff_{i,t}$	0.0282***	0.0269***	0.0353***	0.0408***	0.0408***
	(6.11)	(4.78)	(5.03)	(15.34)	(15.34)
$Constant$	0.0557***	0.0642***	0.0647***	0.0476***	0.0426***
	(5.07)	(4.64)	(4.39)	(5.89)	(9.33)
行业	Yes	Yes	Yes	Yes	Yes
年度	Yes	Yes	Yes	Yes	Yes
N	688	512	512	5536	5536
$Adj-R^2$	0.479	0.431	0.485	0.350	0.350

注：*、**、***分别表示10%、5%、1%水平显著。括号内为稳健标准误调整的 t 统计量。

为了增加结论的稳健性，本书将有异质股东的样本划分为未发生控制权转移和已发生控制权转移的样本组，分别观测金融资源错配与股权混合度的交乘项（$Fm \times Mixmax$、$Fm \times Mixmaxr$）系数的差异。其中，对于发生过控制权转移的企业，为了保证控制权转移前后股权混合度的计算结果具有可比性，需要对控制权转移后样本股权混合度的计算进行重新调整，使同一家企业控制权转移前后计算股权混合度时最大异质股东为同一性质。[①] 回归结果如表 6-15 第 2 列至第 5 列所示，无论采用绝对值还是相对值度量股权混合度，金融资源错配与股权混合度的交乘项（$Fm \times Mixmax$、$Fm \times Mixmaxr$）系数在发生了控制权转移的企业中均不显著，而在未发生控制权转移的企业中 1% 水平下显著为正。

按照同样的逻辑，股权混合度的调节作用在有异质股东且控制权转移的样本中不显著，会不会是因为控制权转移后的企业金融资源错配程度本来就低？为了排除这一解释，观测发生终极控制权转移的企业所面临的金融资源错配程度是否显著低于未发生终极控制权的企业，于是本书通过构建是否具有实际控制人与企业金融资源错配的回归模型，验证二者之间的关系。回归结果显示是否发生终极控制权转移（$Transfer$）与金融资源错配程度在 10% 水平下具有显著正相关关系（回归结果见附表 A2），也就是说发生终极控制权转移会使企业面临的金融资源错配程度更高。那么，结合表 6-15 的回归结果，当企业发生终极控制权转移后面临更高的金融错配程度时，股权混合度的继续升高并未缓解金融资源错配对创新投入的抑制作用，再次说明只有在保证企业控股股东地位的前提下，异质股东参股比例越高才有利于缓解金融资源错配对企业创新投入的抑制，异质股东参股比例高到使控制权发生转移，对缓解金融资源错配对创新投入的抑制并非明智之举。究其原因，很可能与控制权转移后异质性大股东谋求控制权私利致使第二类代理成本升高不无关系。

二 机构股东参股的作用

投资机构者多为专业的金融投资机构，它们往往具有资金实力，通

---

① 若某企业在 t 年发生了控制权性质变更，那么 t 年开始假设实际控制人不变、最大异质性股东性质也不变的情况下计算变更后的股权混合度，此时在保证同一家企业控制权转移前后股权混合度的计算口径相同的前提下，观测相同性质的异质性股东持股比例的变化才具有意义。

过选取具有成长潜力的企业进行大规模资金投入,以赚取超额收益。由于机构投资者和产业投资者相比具有资本市场导向,无论国有还是非国有性质,其参股的目的更倾向于追求中短期投资收益的最大化,更关注行业周期和证券周期,因此前文度量股权混合度时,考虑到机构投资者的特殊性,将其进行了剔除。随着中国资本市场的发展,作为资本市场的中坚力量,机构投资者在股权结构中发挥的影响力将越来越大。为了能够全面反映参股股东对金融资源错配与创新投入关系的影响,本小节将单独对机构股东参股的影响进行分析。

表6-16中第1列和第2列呈现了金融资源错配与最大机构股东持股对企业创新影响的回归结果,结果显示金融资源错配与最大机构股东持股的交乘项($Fm \times Imixmax$、$Fm \times Imixmaxr$)与企业创新之间并不存在显著相关关系。第3列和第4列呈现了金融资源错配与机构股东持股之和对企业创新影响的回归结果,结果显示金融资源错配与机构股东持股之和的交乘项($Fm \times Imixsum$、$Fm \times Imixsumr$)系数在5%水平下显著为正,机构股东参股总数越大越有利于缓解金融资源错配对企业创新的抑制。以上结果的差异在一定程度上说明,由于机构股东与其他产业类股东参股目的有别,现阶段机构投资者参与公司治理的程度依然有限,因此,机构投资者持股总数比最大机构投资者持股数更能反映出机构投资者参股的实际情况和意义,机构参股的股东数量多比单一机构持股量大在缓解金融资源错配抑制企业创新方面更具效果。

表6-16　金融资源错配与机构股东参股与对创新投入的影响

Variables	(1) $Rd_{i,t}$	(2) $Rd_{i,t}$	(3) $Rd_{i,t}$	(4) $Rd_{i,t}$
$Fm_{i,t}$	-0.0011*** (-4.68)	-0.0010*** (-4.66)	-0.0010*** (-4.25)	-0.0011*** (-4.73)
$Imixmax_{i,t}$	-0.0001 (-0.80)			
$Fm_{i,t} \times Imixmax_{i,t}$	-0.0002 (-1.56)			

续表

Variables	(1) $Rd_{i,t}$	(2) $Rd_{i,t}$	(3) $Rd_{i,t}$	(4) $Rd_{i,t}$
$Imixmaxr_{i,t}$		−0.0028		
		(−1.59)		
$Fm_{i,t} \times Imixmaxr_{i,t}$		−0.0022		
		(−1.03)		
$Imixsum_{i,t}$			0.0001***	
			(3.12)	
$Fm_{i,t} \times Imixsum_{i,t}$			0.0002**	
			(2.53)	
$Imixsumr_{i,t}$				0.0002
				(1.61)
$Fm_{i,t} \times Imixsumr_{i,t}$				0.0007**
				(2.18)
$Size_{i,t}$	−0.0014***	−0.0014***	−0.0015***	−0.0014***
	(−10.11)	(−10.12)	(−10.60)	(−10.16)
$Age_{i,t}$	−0.0002***	−0.0002***	−0.0002***	−0.0002***
	(−8.98)	(−8.93)	(−8.99)	(−9.01)
$Roa_{i,t}$	3.2372***	3.2266***	3.1955***	3.2504***
	(12.15)	(12.12)	(11.95)	(12.15)
$Lev_{i,t}$	0.0017**	0.0018**	0.0018**	0.0017**
	(2.09)	(2.11)	(2.09)	(2.01)
$Cf_{i,t}$	0.0262***	0.0262***	0.0260***	0.0262***
	(11.86)	(11.89)	(11.78)	(11.86)
$Market_{i,t}$	0.0341***	0.0341***	0.0345***	0.0344***
	(15.61)	(15.61)	(15.72)	(15.68)
$Tecstaff_{i,t}$	0.0360***	0.0360***	0.0361***	0.0360***
	(23.59)	(23.61)	(23.66)	(23.63)
Constant	0.0459***	0.0457***	0.0489***	0.0469***
	(16.03)	(16.06)	(16.31)	(15.84)

续表

Variables	(1) $Rd_{i,t}$	(2) $Rd_{i,t}$	(3) $Rd_{i,t}$	(4) $Rd_{i,t}$
行业	Yes	Yes	Yes	Yes
年度	Yes	Yes	Yes	Yes
N	15447	15447	15422	15422
$Adj-R^2$	0.320	0.320	0.321	0.320

注：*、**、***分别表示10％、5％、1％水平显著。括号内为稳健标准误调整的 t 统计量。

参考前文股权混合度的度量方式，本书分别采用十大名义股东中最大机构投资者持股比例（Imixmax）、最大机构投资者持股与实际控制人持股之比（Imixmaxr）、机构股东持股比例之和（Imixsum）以及机构股东持股之和与实际控制人持股之比（Imixsumr）四种方式反映机构投资者的参股程度。

机构投资者通常采取中短期投资策略，在企业中的治理作用上存在一定争议。但可以肯定的是机构投资者毕竟与中小投资者不同，它们掌握的资金量大、持股比例高，为了实现投资收益，机构股东积极充分地挖掘公司的经营信息，参与股票交易，这不但可以有效发挥市场价格发现功能[1]，还可以触发对管理层的外部约束。如果机构股东还能够积极主动地参与到公司治理中，将有助于缓解代理人问题，防范风险蔓延，因此对缓解金融资源错配抑制创新投入具有积极作用。但这种缓解作用在多大程度得以充分有效的发挥，仍需要持续关注。

第五节　本章小结

股权结构是现代企业制度的基础，本章致力于从微观企业视角寻找缓解金融资源错配抑制创新投入的机制。研究分别从股权多元度和股权混合度两个维度反映股权结构特征，就多元化混合式股权结构所带来的内部治理效应和外部资源效应，剖析了金融资源错配与股权结构对企业

---

[1] Bok Baik, Jun‑Koo Kang and Jin‑Mo Kim, "Local Institutional Investors, Information Asymmetries, and Equity Returns", *Journal of Financial Economics*, Vol.97, No.1, 2010, pp.81–106.

创新投入的影响。同时，利用2011—2020年制造业上市公司面板数据，分别实证检验了股权多元度、股权混合度对金融资源错配抑制企业创新投入的缓解作用。

研究发现，股权多元度提升对金融资源错配抑制企业创新投入的缓解作用不够稳健，但股权混合度提升可以使金融资源错配对企业创新的抑制得到有效缓解，这种缓解作用在金融资源供给不足型错配的企业和供给过度型错配的企业中均表现显著，其中对供给过度型错配抑制企业创新投入的正向调节作用更强。

在异质性分析中，考察不同产权性质下金融资源错配与股权混合度对企业创新投入的影响发现，股权混合度对金融资源错配抑制企业创新投入的缓解，主要在金融资源供给不足型错配的民营企业和供给过度型错配的国有企业中发挥作用，而且在国有企业中的缓解作用更强。考察不同金融发展水平下金融资源错配与股权混合度对企业创新的影响发现，股权混合度对金融资源错配抑制企业创新投入的缓解作用，越是在金融市场发达的地区越得以有效发挥。可见宏观环境下的金融体制改革和微观企业下的产权制度完善，二者需并行不悖、不可偏废，才能够真正改善企业创新所面临的金融资源错配问题。

为了探究缓解金融资源错配对企业创新的抑制，企业股权混合度是不是越高越好？本书进一步研究发现，股权混合度并非越高越好，只有在保证企业控股股东地位的前提下，异质股东参股比例越高才能有利于缓解金融资源错配对企业创新投入的抑制。单独就机构投资者参股对缓解金融资源错配抑制企业创新投入的作用进行分析发现，机构参股的股东总量多比单一机构持股量大在缓解金融资源错配抑制企业创新投入方面更有效果。

第 七 章

研究结论与展望

第一节 研究结论与政策建议

中国经济进入从追求数量增长到追求质量发展以来，作为中国经济支柱的制造业也迎来了机遇与挑战，虽然近年来中国制造业企业研发投入和产出取得了喜人的成果，但是对外技术依存度仍然远高于日、美等发达国家，尤其是核心技术和关键技术的自给率偏低，"卡脖子"的困境严重阻碍了中国制造业的发展效率。制造业的产业升级向完善金融体系提出了更高要求，作为现代经济命脉，金融支持制造业向中高端迈进至关重要。然而，长期以来由于金融体制不完善，以信贷为主的金融资源错配问题严重，尤其当实体经济面临很大下行压力时，金融资源错配会造成大量资金沉淀在创新效率偏低的部门，而高效的市场主体却很难得到充分的资金支持。为丰富和完善金融资源错配对制造业企业创新投资行为影响的研究，本书基于中国经济进入增速换挡期以来2011—2020年制造业上市公司面板数据展开实证研究，首先明确了金融资源错配对企业创新投入的影响；其次深入剖析了金融资源不同错配类型对创新投入的影响机制；最后试图从微观企业制度完善的视角探讨股权结构对金融资源错配抑制企业创新的缓解作用，以期为金融资源错配、股权结构影响企业创新提供理论基础和经验证据。研究结果如下。

（1）总体而言，金融资源错配程度越高对企业创新投入的抑制作用越强，这种抑制作用主要是由供给不足型错配的抑制作用所引起的，而供给过度型错配对企业创新投入无显著影响。

进一步研究发现金融资源错配对企业创新持续性的影响方向，与对创新投入的影响方向基本一致，供给不足型错配程度越高，对创新持续性的抑制作用越强，而供给过度型错配对创新持续性无显著影响。以不同专利类型反映企业的创新偏好发现，供给不足型错配对任何一种创新偏好均具有显著的抑制作用，而且这种抑制作用随创新质量由高到低呈递减趋势；供给过度型错配对发明专利和实用新型专利均无显著抑制作用，但对外观设计专利反而具有促进作用，说明低质量创新行为很可能是供给过度型错配企业为了迎合政策的一种策略性创新选择。最后关注金融资源错配对创新投入与未来业绩敏感性的影响发现，供给不足型错配程度越高，越有利于创新投入对未来业绩的提升作用；而供给过度型错配程度越高，越发降低了未来业绩对创新投入的敏感性。

（2）金融资源不同错配类型影响企业创新投入的机制所有不同：供给不足型错配主要通过加剧融资约束效应和寻租挤占效应进而抑制了创新投入，融资约束和寻租活动在供给不足型错配对创新投入的影响中表现为中介效应；然而供给过度型错配通过缓解融资约束效应促进创新投入的同时，还会通过加剧投资替代效应抑制创新投入，融资约束与金融资产投资在供给过度型错配对创新投入的影响中表现为遮掩效应，也恰恰由于同时存在这两种作用力相反的间接效应，使得供给过度型错配对企业创新投入的总效应被遮掩。

（3）以股权多元度和股权混合度表征企业股权结构特征，检验金融资源错配与股权结构对企业创新投入的影响发现，股权多元度提升并不能有效缓解金融资源错配对创新投入的抑制作用，但股权混合度提升可以显著缓解金融资源错配对创新投入的抑制，并且在这种缓解作用在供给过度型错配企业中力度更强。考察不同产权性质下金融资源错配与股权混合度对创新投入的影响发现，股权混合度对金融资源错配抑制创新投入的缓解，主要在金融资源供给不足型错配的民营企业和供给过度型错配的国有企业中发挥作用。考察不同金融发展水平下金融资源错配与股权混合度对创新投入的影响发现，越是在金融市场发达的地区，股权混合度对金融资源错配抑制企业创新的缓解作用越得以有效发挥。

进一步研究发现，缓解金融资源错配抑制企业创新投入，股权混合度并非越高越好。只有在保证企业控股股东地位的前提下，异质股东参股比例越高才能越有利于发挥缓解作用。单独就机构投资者参股对金融资源错配抑制创新投入的缓解作用进行分析发现，机构参股的股东总量多比单一机构持股量大在缓解金融资源错配抑制企业创新方面更有效果。

混合所有制改革背景下，为着力化解金融资源错配对中国制造业企业创新的不利影响，释放企业技术溢出效应，根据研究结论，本书认为应从宏观金融体制的完善和微观企业制度的健全两方面双管齐下，具体提出以下政策建议。

第一，就金融制度而言，政府应继续深化金融市场化改革，进一步完善贷款市场报价利率的形成机制，疏通货币政策传导机制，提高市场利率向贷款利率传导效率，为金融资源的配置提供公平的政策环境。中国金融体系内部根深蒂固的非中性融资体制，其初衷更多是基于国有企业外部融资需求而设计的。在现行以信贷为主的金融资源配置体系下，市场的手有必要打破信息壁垒，促进公平、对等，营造透明的银企沟通机制，减少歧视性信贷政策。既要贯彻商业化、市场化经营，使企业自身基本面、信用质量、盈利能力等因素成为决定信贷成本高低的决定因素，让所有企业都依据风险来确定溢价，通过金融激励约束机制倒逼企业提升经营管理水平和盈利能力，促使小微企业和弱势群体自立自强；又要尽可能以更广的范围和更高的效率提供融资服务，持续推进多层次资本市场建设，强化商业银行信贷评估能力，提升金融服务水平，帮助中小制造业企业解决发展权问题，从整体上矫正制造业企业面临的供给不足型信贷错配问题。

第二，就创新政策而言，除了优化创新驱动的金融政策之外，还应从增强动力和提升能力设计双重激励机制，推进金融政策与财政政策、税收政策紧密配合，形成保障激励企业创新的长效机制。本着不可不干预也不可过度干预的原则，利用好已有金融政策，出台有利于支持制造业企业创新的政策机制，提升政策性金融对国家战略的支持效率。同时，谨慎使用行政手段对信贷利率进行干预，适当通过财政补贴、税收减免等方式支持制造业企业技术创新，减少政府失灵的可能性。2020年，受新冠肺炎疫情影响，金融机构可以通过专项再贷款方式获得人民银行提供的低成本资金，骨干企业可获得来自金融机构的优惠信贷支持，但是应格外警惕地方政府以行政手段直接干预银行机构贷款利率。

第三，就产权改革而言，持续高质量地推进制造业企业混合所有制改革，在保证控股股东地位的前提下，通过优化股权结构完善治理机制，以提升企业开展创新活动时应对金融资源错配的能力。在中国上市公司股权结构高度集中的情况下，倡导企业主动进行股权结构的优化，引导企业通过形成相互融合的异质性股权结构，一方面修炼内功，在股东内部形成有效的制衡机制，优化公司治理环境；另一方面向外借力，利用不同性质股东的资源差异与优势拓展外部融资渠道。对于国有企业，引入异质股东后应继续完善公司法人治理体系，既要防止国有资产的流失，又要充分发挥民营资本的优势。国有企业需要着力构建能够发挥民营股东作用的公司治理架构，引入非国有资本时，宜"精"不宜"多"，慎重选择和着重吸收优质民营资本进入，有效落实民营资本入驻国有企业后的权利与义务，为民营股东有效履职提供组织保障。对于民营企业，引入国有资本并非仅仅为了打破资源瓶颈，简单地将股权进行混合，关键是优化其中的治理机制，充分发挥民营资本和国有资本各自的优势。此外，无论是国有企业还是民营企业，均需对机构投资者持开放性鼓励性态度，重点培育和发展社保基金、养老基金、保险基金以及股权投资基金等机构投资者，充分发挥其作为财务投资者在资本金充盈和股权结构优化方面的优势。

第四，就创新机制而言，内因是事物发展变化的源泉，企业作为技术创新的主体，应当将主要精力放在提升自身的管理经营水平上，转变对粗放式经济增长方式和固化发展模式的依赖，而不是将希望更多寄托于外部环境和政策。金融资源对企业技术创新的支持作用能否充分发挥，关键取决于企业是否有能力利用好的政策做对的事情。因此，一方面政府聚焦政策、整合资源，积极倡导创新文化，着力建立和完善企业内部风险预警与防范机制，提升投融资管理能力和决策效率；另一方面企业要加强研发条件和人才队伍建设，根据自身技术创新能力和已有的 R&D 项目选择适合的创新策略，切实提高创新的投入产出比。

第二节 研究不足与研究展望

本书立足于中国制造业企业技术创新时所遇到的金融资源错配问题，研究了金融资源错配对企业创新的影响，以及能够缓解金融资源错配抑制创新的股权结构特征。结合本书不足之处，未来可以在以下领域继续展开研究。

第一，受融资渠道的限制，非上市公司所面临的金融资源错配通常比上市公司更加严重，二者在融资结构上存在一定差异。目前，中国近十年非上市公司财务和技术创新数据披露的及时性和完整性不足，致使本书研究仅局限于中国 A 股制造业上市公司，这可能会影响到本书结论的外部效度。未来可以考虑利用"中国工业企业数据库"或"世界银行企业调查数据"，将更广泛的非上市制造业企业样本纳入研究范围，尤其是中小民营企业样本。

第二，随着中国金融体制改革的深入和多层次资本市场的发展，直接融资和间接融资比例失衡现状将逐渐得到改善，在这种情况下，本书以信贷资源作为主要研究对象所得到的研究结论的普适性将受到影响，因此未来应考虑将其他融资方式也纳入研究范围。

第三，关于金融资源错配的度量方法，受微观企业数据限制，本书只能从金融资源供给的角度采用信贷成本偏离均值的程度度量微观企业金融资源错配程度，这种方法虽然可以识别出大部分存在错配的情况，是目前可行性较强的一种方法，但确实也存在不足之处，未来研究中应将反映配置效率的因素也考虑进来，进一步改进优化现有度量方法。

第四，本书发现股权多元度对金融资源错配与企业创新投入的负向变动关系的缓解作用并不稳健，在未来研究中仍需要进一步追踪导致这种现象的原因。混合所有制改革背景下，国有企业与非国有企业引入异质性股东的力度与方式具有一定差异。本书在探讨异质性股东制衡作用的边界尤其存在控制权转移时，未对不同产权性质的企业分开讨论，未来研究可以持续关注国有企业与非国有企业异质性股东制衡作用影响以及边界条件差异。

附　录

附录A1　有无实际控制人与金融资源错配程度的回归结果

表A1　　　有无实际控制人与金融资源错配程度的回归①

Variables	$Fm_{i,t}$
$Controller_{i,t}$	0.0672
	(1.45)
$Size_{i,t}$	-0.0382***
	(-6.43)
$Roa_{i,t}$	-92.8482***
	(-6.82)
$Growth_{i,t}$	-12.7929***
	(-6.30)
$Lev_{i,t}$	-0.2886***
	(-7.01)

---

① 构建面板固定效应模型，参考现有信贷配置的相关研究（王昱等，2014；邢志平和靳来群，2016；林梨奎，2019；周伯乐，2020），选取公司规模（Size，期末资产总额对数化）、盈利能力（Roa，资产收益率）、发展能力（Growth，营业收入增长率）、资产负债率（Lev，期末负债总额除以总资产）、固定资产占比（Far，固定资产除以总资产）、投资机会（Tobin，公司市值除以总资产）、市场风险（Risk，日市场回报率年化标准差）作为控制变量。

续表

Variables	$Fm_{i,t}$
$Far_{i,t}$	0.0702
	(1.55)
$Tobin_{i,t}$	0.0181***
	(4.36)
$Risk_{i,t}$	0.1010***
	(3.10)
Constant	1.5509***
	(11.78)
行业	Yes
年度	Yes
N	6050
$Adj-R^2$	0.109

注:*、**、***分别表示10%、5%、1%水平显著。括号内为稳健标准误调整的 t 统计量。

附录 A2 是否发生终极控制权转移与金融资源错配程度的回归结果

表 A2 是否发生终极控制权转移与金融资源错配程度的回归①

Variables	$Fm_{i,t}$
$Transfer_{i,t}$	0.0419*
	(1.68)
$Size_{i,t}$	-0.0417***
	(-6.41)
$Roa_{i,t}$	-104.5712***
	(-7.10)
$Growth_{i,t}$	-11.7208***
	(-5.21)

---

① 回归模型中选取的控制变量与表 A1 的回归模型相同。

续表

Variables	$Fm_{i,t}$
$Lev_{i,t}$	-0.1691***
	(-3.78)
$Far_{i,t}$	0.0566
	(1.20)
$Tobin_{i,t}$	0.0147***
	(3.25)
$Risk_{i,t}$	0.0467
	(0.74)
Constant	1.6066***
	(10.80)
行业	Yes
年度	Yes
N	6048
$Adj-R^2$	0.113

注：*、**、***分别表示10%、5%、1%水平显著。括号内为稳健标准误调整的 t 统计量。

参考文献

一 中文参考文献

白俊、宫晓云、赵向芳：《信贷错配与非金融企业的影子银行活动——来自委托贷款的证据》，《会计研究》2022年第2期。

白俊、刘园园、邱善运：《国有资本参股促进了民营企业技术创新吗?》，《金融与经济》2018年第9期。

白俊红、卞元超：《要素市场扭曲与中国创新生产的效率损失》，《中国工业经济》2016年第11期。

毕晓方、翟淑萍、何琼枝：《财务冗余降低了企业的创新效率吗？——兼议股权制衡的治理作用》，《研究与发展管理》2017年第2期。

卞元超、吴利华、白俊红等：《要素市场扭曲是否抑制了绿色经济增长?》，《世界经济文汇》2021年第2期。

蔡庆丰、陈熤辉、林焜：《信贷资源可得性与企业创新：激励还是抑制?——基于银行网点数据和金融地理结构的微观证据》，《经济研究》2020年第10期。

曹源芳：《金融错配对宏观经济下行风险存在异质性冲击吗？——基于规模效应与效率效应的维度》，《审计与经济研究》2020年第2期。

曹越、孙丽：《国有控制权转让对内部控制质量的影响：监督还是掏空?》，《会计研究》2021年第10期。

曹越、孙丽、郭天枭等：《"国企混改"与内部控制质量：来自上市国企的经验证据》，《会计研究》2020年第8期。

陈海强、韩乾、吴锴：《融资约束抑制技术效率提升吗？——基于制造业微观数据的实证研究》,《金融研究》2015 年第 10 期。

陈金勇、舒维佳、牛欢欢:《区域金融发展,融资约束与企业技术创新投入》,《哈尔滨商业大学学报》(社会科学版)2020 年第 5 期。

陈经伟、姜能鹏:《资本要素市场扭曲对企业技术创新的影响:机制、异质性与持续性》,《经济学动态》2020 年第 12 期。

陈骏、徐捍军:《企业寻租如何影响盈余管理》,《中国工业经济》2019 年第 12 期。

陈林、唐杨柳:《混合所有制改革与国有企业政策性负担——基于早期国企产权改革大数据的实证研究》,《经济学家》2014 年第 11 期。

陈林、万攀兵、许莹盈:《混合所有制企业的股权结构与创新行为——基于自然实验与断点回归的实证检验》,《管理世界》2019 年第 10 期。

陈乾坤、卞曰瑭:《股权制衡、代理成本与企业绩效——基于我国 A 股民营上市公司的实证分析》,《科学决策》2015 年第 5 期。

陈诗一、陈登科:《中国资源配置效率动态演化——纳入能源要素的新视角》,《中国社会科学》2017 年第 4 期。

陈艳、谭越、杨文青:《金融发展如何影响实体企业投资——基于融资约束与投资理性视角的分析》,《财务研究》2021 年第 3 期。

陈燕宁:《融资约束、研发投入与企业绩效相关性研究》,《经济论坛》2017 年第 5 期。

陈永伟、胡伟民:《价格扭曲、要素错配和效率损失:理论和应用》,《经济学》(季刊)2011 年第 4 期。

陈志军、赵月皎、刘洋:《不同制衡股东类型下股权制衡与研发投入——基于双重代理成本视角的分析》,《经济管理》2016 年第 3 期。

陈紫晴、杨柳勇:《融资结构,R&D 投入与中小企业成长性》,《财经问题研究》2015 年第 9 期。

成力为、温源、张东辉:《金融错配、结构性研发投资短缺与企业绩效——基于工业企业大样本面板数据分析》,《大连理工大学学报》(社会科学版)2015 年第 2 期。

戴静、张建华:《金融所有制歧视、所有制结构与创新产出——来自中国地区工业部门的证据》,《金融研究》2013 年第 5 期。

戴魁早、刘友金：《要素市场扭曲如何影响创新绩效》，《世界经济》2016年第11期。

邓路、刘瑞琪、廖明情：《宏观环境、所有制与公司超额银行借款》，《管理世界》2016年第9期。

邓向荣、张嘉明：《融资方式、融资约束与企业投资效率——基于中国制造业企业的经验研究》，《山西财经大学学报》2016年第12期。

杜兴强、陈韫慧、杜颖洁：《寻租，政治联系与"真实"业绩——基于民营上市公司的经验证据》，《金融研究》2010年第10期。

段军山、庄旭东：《金融投资行为与企业技术创新——动机分析与经验证据》，《中国工业经济》2021年第1期。

冯璐、张泠然、段志明：《混合所有制改革下的非国有股东治理与国企创新》，《中国软科学》2021年第3期。

盖庆恩、朱喜、程名望等：《要素市场扭曲、垄断势力与全要素生产率》，《经济研究》2015年第5期。

葛立宇：《要素市场扭曲对企业家寻租及创新的影响》，《科技进步与对策》2018年第13期。

耿伟：《要素价格扭曲是否提升了中国企业出口多元化水平?》，《世界经济研究》2013年第9期。

顾海峰、朱慧萍：《高管薪酬差距促进了企业创新投资吗——基于中国A股上市公司的证据》，《会计研究》2021年第12期。

郭嘉琦、李常洪、焦文婷等：《家族控制权、信息透明度与企业股权融资成本》，《管理评论》2019年第9期。

海本禄、杨君笑、尹西明等：《外源融资如何影响企业技术创新——基于融资约束和技术密集度视角》，《中国软科学》2021年第3期。

韩剑、郑秋玲：《政府干预如何导致地区资源错配——基于行业内和行业间错配的分解》，《中国工业经济》2014年第11期。

韩瑞栋、杜邢晔、薄凡：《资本错配对企业全要素生产率的影响研究》，《宏观经济研究》2022年第6期。

韩珣、李建军：《金融错配，非金融企业影子银行化与经济"脱实向虚"》，《金融研究》2020年第8期。

郝阳、龚六堂：《国有、民营混合参股与公司绩效改进》，《经济研究》2017年第3期。

何国华、刘林涛、常鑫鑫：《中国金融结构与企业自主创新的关系研究》，《经济管理》2011年第3期。

胡国柳、赵阳、胡珺：《D&O保险，风险容忍与企业自主创新》，《管理世界》2019年第8期。

胡艳、马连福：《创业板高管激励契约组合、融资约束与创新投入》，《山西财经大学学报》2015年第8期。

胡志安、邱智敏：《不确定性会导致企业寻租吗？——基于世界银行投资环境调查的实证研究》，《经济学报》2021年第2期。

黄玖立、李坤望：《吃喝、腐败与企业订单》，《经济研究》2013年第6期。

姬怡婷、陈昆玉：《股权混合主体深入性，高管股权激励与创新投入——基于国有混合所有制上市公司的实证研究》，《科技进步与对策》2020年第16期。

纪洋、王旭、谭语嫣等：《经济政策不确定性、政府隐性担保与企业杠杆率分化》，《经济学》（季刊）2018年第1期。

冀相豹、王大莉：《金融错配、政府补贴与中国对外直接投资》，《经济评论》2017年第2期。

贾俊生、伦晓波、林树：《金融发展、微观企业创新产出与经济增长——基于上市公司专利视角的实证分析》，《金融研究》2017年第1期。

贾凯威、马成浩、赵丰义等：《不充分外部竞争环境下企业股权结构与创新关系再审视——基于非平衡面板数据分析》，《科技进步与对策》2018年第20期。

简泽、徐扬、吕大国等：《中国跨企业的资本配置扭曲：金融摩擦还是信贷配置的制度偏向》，《中国工业经济》2018年第11期。

蒋含明：《要素价格扭曲与我国居民收入差距扩大》，《统计研究》2013年第12期。

蒋含明：《市场潜能、要素价格扭曲与异质性企业选址——来自于中国微观企业的经验证据》，《产业经济研究》2015年第4期。

解维敏：《混合所有制与国有企业研发投入研究》，《系统工程理论与实践》2019年第4期。

解维敏、方红星：《金融发展、融资约束与企业研发投入》，《金融研究》2011年第5期。

靳来群：《所有制歧视所致金融资源错配程度分析》，《经济学动态》2015年第6期。

鞠晓生、卢荻、虞义华：《融资约束、营运资本管理与企业创新可持续性》，《经济研究》2013年第1期。

康志勇：《融资约束，政府支持与中国本土企业研发投入》，《南开管理评论》2013年第5期。

康志勇：《金融错配阻碍了中国本土企业创新吗？》，《研究与发展管理》2014年第5期。

孔东民、徐茗丽、孔高文：《企业内部薪酬差距与创新》，《经济研究》2017年第10期。

赖永剑、贺祥民：《资本市场扭曲对地区创新两阶段效率的异质性影响——基于工具变量分位数模型》，《软科学》2020年第6期。

黎文靖：《所有权类型、政治寻租与公司社会责任报告：一个分析性框架》，《会计研究》2012年第1期。

黎文靖、郑曼妮：《实质性创新还是策略性创新？——宏观产业政策对微观企业创新的影响》，《经济研究》2016年第4期。

李汇东、唐跃军、左晶晶：《用自己的钱还是用别人的钱创新？——基于中国上市公司融资结构与公司创新的研究》，《金融研究》2013年第2期。

李健、盘宇章：《要素市场扭曲和中国创新能力——基于中国省级面板数据分析》，《中央财经大学学报》2018年第3期。

李杰义、何亚云：《双重融资约束、国际化程度与创新绩效——基于205家跨国制造企业的面板数据》，《科技管理研究》2019年第6期。

李凯风、夏勃勃、郭兆旋：《金融错配，环境规制与工业绿色全要素生产率》，《统计与决策》2021年第18期。

李平、季永宝、桑金琰：《要素市场扭曲对我国技术进步的影响特征研究》,《产业经济研究》2014 年第 5 期。

李爽:《要素价格扭曲、政治关联与中国工业企业的技术创新积极性》,《财贸研究》2018 年第 7 期。

李四海、邹萍、宋献中:《货币政策、信贷资源配置与金融漏损——来自我国上市公司的经验证据》,《经济科学》2015 年第 3 期。

李唐、李青、陈楚霞:《数据管理能力对企业生产率的影响效应——来自中国企业—劳动力匹配调查的新发现》,《中国工业经济》2020 年第 6 期。

李文贵、邵毅平:《产业政策与民营企业国有化》,《金融研究》2016 年第 9 期。

李文贵、余明桂:《民营化企业的股权结构与企业创新》,《管理世界》2015 年第 4 期。

李晓龙、冉光和、郑威:《金融要素扭曲如何影响企业创新投资——基于融资约束的视角》,《国际金融研究》2017 年第 12 期。

李晓龙、冉光和、郑威:《金融要素扭曲的创新效应及其地区差异》,《科学学研究》2018 年第 3 期。

李真、李茂林、黄正阳:《研发融资约束,融资结构偏向性与制造业企业创新》,《中国经济问题》2020 年第 6 期。

廖显春、耿伟:《要素价格市场扭曲推动了中国企业的出口增长吗》,《山西财经大学学报》2015 年第 3 期。

林滨、王弟海、陈诗一:《企业效率异质性、金融摩擦的资源再分配机制与经济波动》,《金融研究》2018 年第 8 期。

林伯强、杜克锐:《要素市场扭曲对能源效率的影响》,《经济研究》2013 年第 9 期。

林东杰、崔小勇、龚六堂:《金融摩擦异质性、资源错配与全要素生产率损失》,《经济研究》2022 年第 1 期。

刘冬冬、黄凌云、董景荣:《研发要素价格扭曲如何影响制造业创新效率——基于全球价值链视角》,《国际贸易问题》2020 年第 10 期。

刘贯春、张军、丰超:《金融体制改革与经济效率提升——来自省级面板数据的经验分析》,《管理世界》2017 年第 6 期。

刘佳伟、周中胜：《企业无实际控制人与审计收费》，《审计研究》2021年第3期。

刘任重、郭雪、徐飞：《金融错配、区域差异与技术进步——基于我国省级面板数据》，《山东财经大学学报》2016年第6期。

刘任重、刘冬冬、胡白杨：《金融错配与全要素生产率研究——基于2007—2014年上市公司的实证分析》，《天津商业大学学报》2016年。

刘瑞明：《金融压抑、所有制歧视与增长拖累——国有企业效率损失再考察》，《经济学》（季刊）2011年第2期。

龙小宁、林志帆：《中国制造业企业的研发创新：基本事实，常见误区与合适计量方法讨论》，《中国经济问题》2018年第2期。

鲁晓东：《金融资源错配阻碍了中国的经济增长吗》，《金融研究》2008年第4期。

伦晓波、杨竹莘、李欣：《所有制、对外直接投资与融资约束：基于金融资源错配视角的实证分析》，《世界经济研究》2018年第6期。

罗福凯、庞廷云、王京：《混合所有制改革影响企业研发投资吗？——基于我国A股上市企业的经验证据》，《研究与发展管理》2019年第2期。

吕承超、王志阁：《要素资源错配对企业创新的作用机制及实证检验——基于制造业上市公司的经验分析》，《系统工程理论与实践》2019年第5期。

马蓓丽、杨七中、袁奋强：《我国创新资本错配的深层原因及对策》，《科学管理研究》2017年第4期。

马红、王元月：《融资约束，政府补贴和公司成长性——基于我国战略性新兴产业的实证研究》，《中国管理科学》2015年第S1期。

马晶梅、赵雨薇、王成东等：《融资约束，研发操纵与企业创新决策》，《科研管理》2020年第12期。

马连福、王丽丽、张琦：《混合所有制的优序选择：市场的逻辑》，《中国工业经济》2015年第7期。

马连福、张晓庆：《非国有股东委派董事与国有企业双元创新——投资者关系管理的调节作用》，《经济与管理研究》2021年第1期。

宁青青、陈金勇、袁蒙菡：《产权性质，控股股东与企业自主创新》，《重庆大学学报》（社会科学版）2018年第4期。

宁薛平、张庆君：《企业杠杆率水平、杠杆转移与金融错配——基于我国沪深A股上市公司的经验证据》，《南开管理评论》2020年第2期。

潘士远、蒋海威：《融资约束对企业创新的促进效应研究》，《社会科学战线》2020年第5期。

潘英丽：《从战略高度关注与破解金融资源错配问题》，《探索与争鸣》2016年第12期。

潘越、潘健平、戴亦一：《公司诉讼风险，司法地方保护主义与企业创新》，《经济研究》2015年第3期。

庞廷云、罗福凯、李启佳：《混合股权影响企业融资约束吗——来自中国上市公司的经验证据》，《山西财经大学学报》2019年第5期。

秦华英：《混合所有制改革影响国有企业创新的机制分析》，《管理世界》2018年第7期。

冉茂盛、同小歌：《金融错配，政治关联与企业创新产出》，《科研管理》2020年第10期。

任广乾、罗新新、刘莉等：《混合所有制改革，控制权配置与国有企业创新投入》，《中国软科学》2022年第2期。

邵挺：《金融错配、所有制结构与资本回报率：来自1999—2007年我国工业企业的研究》，《金融研究》2010年第9期。

邵宜航、步晓宁、张天华：《资源配置扭曲与中国工业全要素生产率——基于工业企业数据库再测算》，《中国工业经济》2013年第12期。

邵云飞、李刚磊、徐赛：《参与混合所有制改革能否促进民营企业创新——来自中国民营上市公司的经验证据》，《管理学》（季刊）2019年第2期。

申宇、傅立立、赵静梅：《市委书记更替对企业寻租影响的实证研究》，《中国工业经济》2015年第9期。

施炳展、冼国明：《要素价格扭曲与中国工业企业出口行为》，《中国工业经济》2012年第2期。

石璋铭、谢存旭：《银行竞争、融资约束与战略性新兴产业技术创新》，

《宏观经济研究》2015年第8期。

宋春霞：《股东资源——资源基础理论的研究新视角》，《技术经济与管理研究》2015年第3期。

宋冬林、李尚：《混合所有制改革与国有企业创新研究》，《求是学刊》2020年第1期。

宋增基、冯莉茗、谭兴民：《国有股权，民营企业家参政与企业融资便利性——来自中国民营控股上市公司的经验证据》，《金融研究》2014年第12期。

孙博、刘善仕、姜军辉等：《企业融资约束与创新绩效：人力资本社会网络的视角》，《中国管理科学》2019年第4期。

孙光林、艾永芳、李淼：《资本错配与中国经济增长质量——基于金融效率与产能利用率中介效应实证研究》，《管理学刊》2021年第5期。

孙少勤、邱斌：《金融发展与我国出口结构优化研究——基于区域差异视角的分析》，《南开经济研究》2014年第4期。

孙早、肖利平：《产业特征、公司治理与企业研发投入——来自中国战略性新兴产业A股上市公司的经验证据》，《经济管理》2015年第8期。

覃家琦、杨雪、陈艳等：《再融资监管促进企业理性投资了吗？——来自中国上市公司的证据》，《金融研究》2020年第5期。

汤倩、罗福凯、刘源等：《CEO多职业背景对企业技术资本积累的影响——基于沪深A股上市公司数据的研究》，《会计研究》2021年第11期。

田彬彬、范子英：《征纳合谋、寻租与企业逃税》，《经济研究》2018年第5期。

同小歌、冉茂盛、李万利：《金融错配与企业创新——基于政策扭曲与金融摩擦研究》，《科研管理》2021年。

汪涛、王新、张志远：《双元创新视角下混改对国企创新决策的影响研究》，《技术经济》2022年第4期。

汪伟、潘孝挺：《金融要素扭曲与企业创新活动》，《统计研究》2015年第5期。

王春燕、褚心、朱磊：《非国有股东治理对国企创新的影响研究——基于混合所有制改革的证据》,《证券市场导报》2020 年第 11 期。

王道平、刘琳琳:《数字金融,金融错配与企业全要素生产率——基于融资约束视角的分析》,《金融论坛》2021 年第 8 期。

王红建、曹瑜强、杨庆等:《实体企业金融化促进还是抑制了企业创新——基于中国制造业上市公司的经验研究》,《南开管理评论》2017 年第 1 期。

王化成、曹丰、叶康涛:《监督还是掏空:大股东持股比列与股价崩盘风险》,《管理世界》2015 年第 2 期。

王京、罗福凯:《混合所有制、决策权配置与企业技术创新》,《研究与发展管理》2017 年第 2 期。

王娟、孙早:《股权融资是否抑制了上市公司的创新投入——来自中国制造业的证据》,《现代财经·天津财经大学学报》2014 年第 8 期。

王美英、陈宋生、曾昌礼等:《混合所有制背景下多个大股东与风险承担研究》,《会计研究》2020 年第 2 期。

王宁、史晋川:《中国要素价格扭曲程度的测度》,《数量经济技术经济研究》2015 年第 9 期。

王韧、张奇佳:《金融资源错配与杠杆响应机制:产能过剩领域的微观实证》,《财经科学》2020 年第 4 期。

王玮、梁诗、何红玲等:《国企混改与双元创新——基于股权多样性视角》,《华东经济管理》2021 年第 9 期。

王文波、周京奎:《资本要素价格扭曲与创新产出——基于微观数据的理论与经验分析》,《软科学》2021 年第 1 期。

王文寅、刘佳:《家族企业股权制衡度与研发投入的门槛效应分析》,《统计与决策》2021 年第 7 期。

王文珍、李平:《要素市场扭曲对企业对外直接投资的影响》,《世界经济研究》2018 年第 9 期。

王欣、曹慧平:《金融错配对中国制造业全要素生产率影响研究》,《财贸研究》2019 年第 9 期。

王新红、薛泽蓉、张行:《基于两阶段 DEA 模型的混合所有制企业创新效率测度研究——基于制造业上市企业的经验数据》,《科技管理研究》

2018 年第 14 期。

王艳：《混合所有制并购与创新驱动发展——广东省地方国企"瀚蓝环境"2001—2015 年纵向案例研究》，《管理世界》2016 年第 8 期。

王艳丽、类晓东、龙如银：《绿色信贷政策提高了企业的投资效率吗？——基于重污染企业金融资源配置的视角》，《中国人口·资源与环境》2021 年第 1 期。

王业雯、陈林：《混合所有制改革是否促进企业创新？》，《经济与管理研究》2017 年第 11 期。

王竹泉、王惠、王贞洁：《杠杆系列错估与信贷资源错配》，《财经研究》2022 年第 11 期。

温军、冯根福：《风险投资与企业创新："增值"与"攫取"的权衡视角》，《经济研究》2018 年第 2 期。

吴超鹏、唐菂：《知识产权保护执法力度、技术创新与企业绩效——来自中国上市公司的证据》，《经济研究》2016 年第 11 期。

吴秋生、独正元：《混合所有制改革程度、政府隐性担保与国企过度负债》，《经济管理》2019 年第 8 期。

吴祖光、孟祥龙：《混合所有制改革对研发投入强度的影响：政府透明度的调节作用》，《科技进步与对策》2021 年第 18 期。

武威、刘玉廷：《政府采购与企业创新：保护效应和溢出效应》，《财经研究》2020 年第 5 期。

武志勇、马永红：《融资约束、创新投入与国际化经营企业价值研究》，《科技进步与对策》2019 年第 9 期。

肖崎、廖鸿燕：《企业金融化对宏观经济波动的影响——基于杠杆率的中介效应研究》，《国际金融研究》2020 年第 8 期。

邢天才、庞士高：《资本错配、企业规模、经济周期和资本边际生产率——基于1992—2013 年我国制造业上市企业的实证研究》，《宏观经济研究》2015 年第 4 期。

邢志平、靳来群：《政府干预的金融资源错配效应研究——以中国国有经济部门与民营经济部门为例的分析》，《上海经济研究》2016 年第 4 期。

熊爱华、张质彬、张涵：《国有企业混合所有制改革对创新绩效影响研究》，《科研管理》2021年第6期。

熊广勤、周文锋、李惠平：《产业集聚视角下融资约束对企业研发投资的影响研究——以中国创业板上市公司为例》，《宏观经济研究》2019年第9期。

严若森、陈静、李浩：《基于融资约束与企业风险承担中介效应的政府补贴对企业创新投入的影响研究》，《管理学报》2020年第8期。

杨丹、陈希阳、胡舒涵：《新一轮国企混改降低了国企股权融资成本吗》，《经济社会体制比较》2020年第3期。

杨风、李卿云：《股权结构与研发投资——基于创业板上市公司的经验证据》，《科学学与科学技术管理》2016年第2期。

杨建君、王婷、刘林波：《股权集中度与企业自主创新行为：基于行为动机视角》，《管理科学》2015年第2期。

杨松令、田梦元：《控股股东股权质押与企业非效率投资——基于金融错配背景的分析》，《商业研究》2019年第12期。

杨兴全、任小毅、杨征：《国企混改优化了多元化经营行为吗?》，《会计研究》2020年第4期。

杨兴全、尹兴强：《国企混改如何影响公司现金持有?》，《管理世界》2018年第11期。

杨运杰、毛宁、尹志锋：《混合所有制改革能否提升中国国有企业的创新水平》，《经济学家》2020年第12期。

杨志强、石水平、石本仁等：《混合所有制，股权激励与融资决策中的防御行为——基于动态权衡理论的证据》，《财经研究》2016年第8期。

姚毓春、袁礼、董直庆：《劳动力与资本错配效应：来自十九个行业的经验证据》，《经济学动态》2014年第6期。

尹美群、高晨倍：《混合所有制企业控制权，制度环境和研发创新》，《科研管理》2020年第6期。

于泽、陆怡舟、王闻达：《货币政策执行模式、金融错配与我国企业投资约束》，《管理世界》2015年第9期。

余东华、孙婷、张鑫宇：《要素价格扭曲如何影响制造业国际竞争力》，

《中国工业经济》2018年第2期。

余明桂、回雅甫、潘红波：《政治联系、寻租与地方政府财政补贴有效性》，《经济研究》2010年第3期。

余明桂、钟慧洁、范蕊：《民营化、融资约束与企业创新——来自中国工业企业的证据》，《金融研究》2019年第4期。

袁建国、后青松、程晨：《企业政治资源的诅咒效应——基于政治关联与企业技术创新的考察》，《管理世界》2015年第1期。

战明华：《金融摩擦、货币政策银行信贷渠道与信贷资源的产业间错配》，《金融研究》2015年第5期。

张斌、李宏兵、陈岩：《所有制混合能促进企业创新吗？——基于委托代理冲突与股东间冲突的整合视角》，《管理评论》2019年第4期。

张峰、黄玖立、王睿：《政府管制、非正规部门与企业创新：来自制造业的实证依据》，《管理世界》2016年第2期。

张慧慧、张军：《中国分区域资源扭曲程度测算》，《上海经济研究》2018年第3期。

张建华、邹凤明：《资源错配对经济增长的影响及其机制研究进展》，《经济学动态》2015年第1期。

张建平、姜妍、葛扬：《要素市场扭曲对区域创新效率的影响研究》，《江西财经大学学报》2019年第4期。

张杰：《中国金融体系偏向性发展的典型特征、错配效应与重构路径》，《探索与争鸣》2018年第1期。

张杰、芦哲、郑文平等：《融资约束、融资渠道与企业R&D投入》，《世界经济》2012年第10期。

张杰、周晓艳、李勇：《要素市场扭曲抑制了中国企业R&D?》，《经济研究》2011年第8期。

张洁、唐洁：《资本错配，融资约束与企业研发投入——来自中国高新技术上市公司的经验证据》，《科技进步与对策》2019年第20期。

张辽、范佳佳：《金融资源错配如何阻碍技术创新——基于技术差距的视角》，《国际商务·对外经济贸易大学学报》2022年第3期。

张敏、张胜、王成方等：《政治关联与信贷资源配置效率——来自我国民营上市公司的经验证据》,《管理世界》2010 年第 11 期。

张庆君:《要素市场扭曲、跨企业资源错配与中国工业企业生产率》,《产业经济研究》2015 年第 4 期。

张庆君、李萌:《金融发展,信贷错配与企业资本配置效率》,《金融经济学研究》2018 年第 4 期。

张庆君、李雨霏、毛雪:《所有制结构、金融错配与全要素生产率》,《财贸研究》2016 年第 4 期。

张烁珣、独旭:《银行可得性与企业融资:机制与异质性分析》,《管理评论》2019 年第 5 期。

张同斌、李金凯、周浩:《高技术产业区域知识溢出、协同创新与全要素生产率增长》,《财贸研究》2016 年第 1 期。

张璇、李子健、李春涛:《银行业竞争,融资约束与企业创新——中国工业企业的经验证据》,《金融研究》2019 年第 10 期。

张璇、刘贝贝、汪婷等:《信贷寻租、融资约束与企业创新》,《经济研究》2017 年第 5 期。

张一林、龚强、荣昭:《技术创新、股权融资与金融结构转型》,《管理世界》2016 年第 11 期。

张玉娟、汤湘希:《股权结构、高管激励与企业创新——基于不同产权性质 A 股上市公司的数据》,《山西财经大学学报》2018 年第 9 期。

张志昌、任淮秀:《政府补贴,寻租与企业研发人力资本投入》,《云南财经大学学报》2020 年第 3 期。

张志平、凌士显、吕风光:《混合所有制改革背景下异质性大股东治理效应研究——基于并购价值视角的实证分析与检验》,《现代财经·天津财经大学学报》2021 年第 9 期。

章琳一、张洪辉:《无控股股东,内部人控制与内部控制质量》,《审计研究》2020 年第 1 期。

赵璨、阴晓江、曹伟:《隐性资本成本,银行贷款与资本使用效率——基于企业寻租视角的分析》,《商业研究》2019 年第 11 期。

赵放、刘雅君:《混合所有制改革对国有企业创新效率影响的政策效果分析——基于双重差分法的实证研究》,《山东大学学报》(哲学社会科学版）2016 年第 6 期。

赵晓鸽、钟世虎、郭晓欣：《数字普惠金融发展，金融错配缓解与企业创新》，《科研管理》2021 年第 4 期。

甄丽明、罗党论：《信贷寻租，金融错配及其对企业创新行为影响》，《产经评论》2019 年第 4 期。

钟凯、程小可、肖翔等：《宏观经济政策影响企业创新投资吗——基于融资约束与融资来源视角的分析》，《南开管理评论》2017 年第 6 期。

钟腾、汪昌云：《金融发展与企业创新产出——基于不同融资模式对比视角》，《金融研究》2017 年第 12 期。

钟腾、汪昌云、李宗龙：《股权结构，隧道效应与创新产出——来自制造业上市公司的证据》，《厦门大学学报》（哲学社会科学版）2020 年第 6 期。

钟昀珈、张晨宇、陈德球：《国企民营化与企业创新效率：促进还是抑制?》，《财经研究》2016 年第 7 期。

周海波、胡汉辉、谢呈阳等：《地区资源错配与交通基础设施：来自中国的经验证据》，《产业经济研究》2017 年第 1 期。

周开国、卢允之、杨海生：《融资约束、创新能力与企业协同创新》，《经济研究》2017 年第 7 期。

朱冰：《多个大股东与企业创新》，《管理世界》2018 年第 7 期。

朱德胜、周晓珮：《股权制衡、高管持股与企业创新效率》，《南开管理评论》2016 年第 3 期。

朱磊、陈曦、王春燕：《国有企业混合所有制改革对企业创新的影响》，《经济管理》2019 年第 11 期。

朱磊、亓哲、王春燕等：《国企混改提高企业突破式创新水平了吗?——基于企业生命周期视角》，《财务研究》2022 年第 1 期。

庄莹、买生：《国企混改对企业社会责任的影响研究》，《科研管理》2021 年第 11 期。

邹美凤、张信东：《供应商集中度影响企业创新吗?》，《投资研究》2020 年第 12 期。

邹涛、李沙沙：《要素价格扭曲阻碍了企业有效市场退出吗?——来自中国制造业企业的微观证据》,《产业经济研究》2021年第6期。

周煜皓、张盛勇:《金融错配、资产专用性与资本结构》,《会计研究》2014年第8期。

二 英文参考文献

Abhijit V. Banerjee and Benjamin Moll, "Why does Misallocation Persist?", *American Economic Journal: Macroeconomics*, Vol. 2, No. 1, 2010.

Allen Berger, W. Frame and Nathan Miller, "Credit Scoring and the Availability, Price, and Risk of Small Business Credit", *Journal of Money, Credit and Banking*, Vol. 37, 2005.

Benjamin Moll, "Productivity Losses from Financial Frictions: Can Self-Financing undo Capital Misallocation?", *American Economic Review*, Vol. 104, No. 10, 2014.

Bok Baik, Jun-Koo Kang and Jin-Mo Kim, "Local Institutional Investors, Information Asymmetries, and Equity Returns", *Journal of financial economics*, Vol. 97, No. 1, 2010.

Chang-Tai Hsieh and Peter J. Klenow, "Misallocation and Manufacturing TFP in China and India", *Quarterly Journal of Economics*, No. 4, 2009.

Christian Rammer, Dirk Czarnitzki and Alfred Spielkamp, "Innovation Success of Non-R&D-Performers: Substituting Technology by Management in SMEs", *Small Business Economics*, Vol. 33, No. 1, 2009.

Chun Chang, Xin Chen and Guanmin Liao, "What are the Reliably Important Determinants of Capital Structure in China?", *Pacific-Basin Finance Journal*, Vol. 30, 2014.

Diego Restuccia and Richard Rogerson, "Misallocation and Productivity", *Review of Economic Dynamics*, Vol. 16, No. 1, 2013.

Fabrizio Rossi and Richard J. Cebula, "Ownership Structure and R&D: An Empirical Analysis of Ltalian Listed Companies", *PSL Quarterly Review*, Vol. 68, No. 275, 2015.

Francisco J. Buera, Joseph P. Kaboski and Yongseok Shin, "Finance and Development: A Tale of Two Sectors", *American Economic Review*, Vol. 101, No. 5, 2011.

Guiying Laura Wu, "Capital Misallocation in China: Financial Frictions or Policy Distortions?", *Journal of Development Economics*, Vol. 130, 2018.

H. Cai, H. Fang and Alc Xu, "Eat, Drink, Firms and Government: An Investigation of Corruption from Entertainment and Travel Costs of Chinese Firms", *Food & Machinery*, Vol. 54, No. 1, 2011.

James R. Brown, Gustav Martinsson and Bruce C. Petersen, "Do Financing Constraints Matter for R&D?", *European Economic Review*, Vol. 56, No. 8, 2012.

James R. Brown, Steven M. Fazzari and Bruce C. Petersen, "Financing Innovation and Growth: Cash Flow, External Equity, and the 1990s R&D boom", *The Journal of Finance*, Vol. 64, No. 1, 2009.

Jing Song, Yinghong Susan Wei and Rui Wang, "Market Orientation and Innovation Performance: The Moderating Roles of Firm Ownership Structures", *International Journal of Research in Marketing*, Vol. 32, No. 3, 2015.

Joel M. David, Hugo A. Hopenhayn and Venky Venkateswaran, "Information, Misallocation, and Aggregate Productivity", *The Quarterly Journal of Economics*, Vol. 131, No. 2, 2016.

John P. Walsh, You – Na Lee and Taehyun Jung, "Win, Lose or Draw? The Fate of Patented Inventions", *Research Policy*, Vol. 45, No. 7, 2016.

Kenneth J. Arrow, "Informational Structure of the Firm", *The American Economic Review*, Vol. 75, No. 2, 1985.

Kenza Benhima, "Financial Integration, Capital Misallocation and Global Imbalances", *Journal of International Money and Finance*, Vol. 32, 2013.

Kurt Matzler, Viktoria Veider and Julia Hautz, etc, "The Impact of Family Ownership, Management, and Governance on Innovation", *Journal of Product Innovation Management*, Vol. 32, No. 3, 2015.

Lily Fang, Josh Lerner and Chaopeng Wu, etc, *Corruption, Government Subsidies, and Innovation: Evidence from China*, National Bureau of Economic

Research, September, 2018.

Loren Brandt, Trevor Tombe and Xiaodong Zhu, "Factor Market Distortions Across Time, Space and Sectors in China", *Review of Economic Dynamics*, Vol. 16, No. 1, 2013.

Luigi Benfratello, Fabio Schiantarelli and Alessandro Sembenelli, "Banks and Innovation: Microeconometric Evidence on Italian Firms", *Journal of Financial Economics*, Vol. 90, No. 2, 2008.

M. Faccio, RW Masulis and JJ McConnell, "Political Connections and Corporate Bailouts", *The Journal of Finance*, Vol. 61, No. 6, 2006.

Michael Faulkender and Rong Wang, "Corporate Financial Policy and the Value of Cash", *The Journal of Finance*, Vol. 61, No. 4, 2006.

Michael Song and Jeff Thieme, "The Role of Suppliers in Market Intelligence Gathering for Radical and Incremental Innovation", *Journal of Product Innovation Management*, Vol. 26, No. 1, 2009.

Minho Kim, Jiyoon Oh and Yongseok Shin, "Misallocation and Manufacturing TFP in Korea, 1982 – 2007", Vol. 99 (2017), https://ssrn.com/abstract = 2952263.

Morten Bennedsen and Daniel Wolfenzon, "The Balance of Power in Closely Held Corporations", *Journal of Financial Economics*, Vol. 58, No. 1 – 2, 2000.

Narisa Tianjing Dai, Fei Du and S. Mark Young, etc, "Seeking Legitimacy through CSR Reporting: Evidence from China", *Journal of Management Accounting Research*, Vol. 30, No. 1, 2018.

Nezih Guner, Gustavo Ventura and Yi Xu, "Macroeconomic Implications of Size – Dependent Policies", *Review of Economic Dynamics*, Vol. 11, No. 4, 2008.

Paul Shum and Grier Lin, "A Resource – Based View on Entrepreneurship and Innovation", *International Journal of Entrepreneurship and Innovation Management*, Vol. 11, No. 3, 2010.

Pedro S. Amaral and Erwan Quintin, "Limited Enforcement, Financial Intermediation, and Economic Development: A Quantitative Assessment", *International Economic Review*, Vol. 51, No. 3, 2010.

Philippe Aghion, Philippe Askenazy and Nicolas Berman, etc, "Credit Constraints and the Cyclicality of R&D Investment: Evidence from Micro Panel data", *Journal of the European Economic Association*, Vol. 10, No. 5, 2012.

Philippe Aghion, Stephen Bond and Alexander Klemm, etc, "Technology and Financial Structure: Are Innovative Firms Different?", *Journal of the European Economic Association*, Vol. 2, No. 2 – 3, 2004.

Po – Hsuan Hsu, Xuan Tian and Yan Xu, "Financial Development and Innovation: Cross – Country Evidence", *Journal of Financial Economics*, Vol. 112, No. 1, 2014.

Raoul Minetti, Pierluigi Murro and Monica Paiella, "Ownership Structure, Governance, and Innovation", *European Economic Review*, Vol. 80, 2015.

Raquel Ortega – Argiles, Rosina Moreno and Jordi Surinach Caralt, "Ownership Structure and Innovation: Is There a Real Link?", *The Annals of Regional Science*, Vol. 39, No. 4, 2005.

Robin Greenwood and David Scharfstein, "The Growth of Finance", *Journal of Economic Perspectives*, Vol. 27, No. 2, 2013.

Scott L. Newbert, "Empirical Research on the Resource – Based View of the Firm: An Assessment and Suggestions for Future Research", *Strategic Management Journal*, Vol. 28, No. 2, 2007.

Sebastiano Cupertino, Costanza Consolandi and Alessandro Vercelli, "Corporate Social Performance, Financialization, and Real Investment in US Manufacturing Firms", *Sustainability*, Vol. 11, No. 7, 2019.

Silvia Magri, "The Financing of Small Innovative Firms: The Italian Case", *Economics of Innovation and New Technology*, Vol. 18, No. 2, 2009.

Simon Johnson, Rafael La Porta and Florencio Lopez – de – Silanes, etc, "Tunneling", *American Economic Review*, Vol. 90, No. 2, 2000.

Stijn Claessens and Enrico Perotti, "Finance and Inequality: Channels and Evidence", *Journal of Comparative Economics*, Vol. 35, No. 4, 2007.

Stijn Claessens, Erik Feijen and Luc Laeven, "Political Connections and Preferential Access to Finance: The Role of Campaign Contributions", *Journal of Financial Economics*, Vol. 88, No. 3, 2008.

Taiyuan Wang and Stewart Thornhill, "R&D Investment and Financing Choices: A Comprehensive Perspective", *Research Policy*, Vol. 39, No. 9, 2010.

Toni M. Whited and Guojun Wu, "Financial Constraints Risk", *The Review of Financial Studies*, Vol. 19, No. 2, 2006.

Virgiliu Midrigan and Daniel Yi Xu, "Finance and Misallocation: Evidence from Plant – Level Data?", *Social Science Electronic Publishing*, Vol. 104, No. 2, 2014.

Xinshu Zhao, John G. Lynch Jr and Qimei Chen, "Reconsidering Baron and Kenny: Myths and Truths About Mediation Analysis", *Journal of Consumer Research*, Vol. 37, No. 2, 2010.

Zhaozhao He and M. Babajide Wintoki, "The Cost of Innovation: R&D and High Cash Holdings in US Firms", *Journal of Corporate Finance*, Vol. 41, 2016.